幼儿园教师
入职必备

幼儿园教师用语常识与规范

YOU'ERYUAN JIAOSHI
YONGYU CHANGSHI YU GUIFAN

徐 慧 吴艳丽 / 主 编
刁红梅 / 副主编

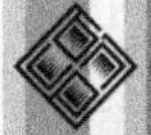

北京师范大学出版集团
BEIJING NORMAL UNIVERSITY PUBLISHING GROUP
北京师范大学出版社

图书在版编目（CIP）数据

幼儿园教师用语常识与规范/徐慧，吴艳丽主编．—北京：北京师范大学出版社，2019.2（2022.6 重印）
（幼儿园教师入职必备）
ISBN 978-7-303-24180-4

Ⅰ.①幼… Ⅱ.①徐… ②吴… Ⅲ.①幼教人员－语言艺术 Ⅳ.①G615

中国版本图书馆 CIP 数据核字（2018）第 210591 号

营销中心电话 010-58802181 58805532
北师大出版社职业教育与教师教育分社网 http://zjfs.bnup.com
电子信箱 zhijiao@bnupg.com

出版发行：北京师范大学出版社 www.bnupg.com
北京市西城区新街口外大街 12-3 号
邮政编码：100088
印　　刷：北京虎彩文化传播有限公司
经　　销：全国新华书店
开　　本：787 mm×1092 mm 1/16
印　　张：19.5
字　　数：360 千字
版　　次：2019 年 2 月第 1 版
印　　次：2022 年 6 月第 2 次印刷
定　　价：45.00 元

策划编辑：罗佩珍　　责任编辑：董洪伟
美术编辑：焦　丽　　装帧设计：天泽润
责任校对：段立超　　责任印制：马　洁

前 言

Preface

幼儿园教师口语训练是师范院校学前教育专业学生必修的专业技能课，也是一门以训练为主的实训课程。师范教育是要教学生当“先生”的，师范院校学生(以下简称“师范生”)必须过“语言关”，即要掌握必要的教师规范用语，具有较强的教师口语基本功，善于表达和沟通，将来才能胜任教师的工作。在幼儿园教育实践中，幼儿园教师口语也是幼儿教师必备的教学基本功，在工作中发挥着至关重要的作用。因此，幼儿园教师口语训练不仅是师范生在校期间的专业必修课，也是幼儿园教师职前上岗培训、职后教育培训的重要内容。

为了满足师范院校“幼儿园教师口语”课程教学改革的需要，满足广大幼儿教师群体尽快提高自身的规范化教师用语水平的需要，根据2018年中共中央和国务院印发的《关于全面深化新时代教师队伍建设改革的意见》、1993年国家教育委员会颁发的《师范院校教师口语课程标准》(试行)以及2012年教育部颁布的《幼儿园教师专业标准(试行)》的有关规定，我们特地编写了这本《幼儿园教师用语常识与规范》。

本教材旨在强化对师范生和幼儿教师的口语训练，力求突出新时代实践性教材特色，创新教材体例和教学内容，突出教材内容的可训练性，竭力满足师范生职前培养和幼儿教师职后培训所需。总体而言，本教材具有以下几个特点。

一、突出“幼儿园教师职业口语”特色

国内现有的同类教材普遍把教材体例分成普通话训练、一般交际口语训练和幼儿园教师职业口语训练三部分，存在的共性问题是对如何训练

“幼儿园教师职业口语”的关注度不够，缺乏具体、有针对性的指导。实际上，师范生在就业之前，最需要掌握的是幼儿园教师用语常识以及规范化的教师用语能力，以确保在实习阶段和今后的工作岗位上，能够恰当地使用规范化的教师用语，开展一日活动。基于此种考虑，本教材将重点放在了幼儿园教师职业口语训练上面，同时兼顾一般交际口语训练。

二、教材内容和体例新颖

在内容上，本教材以理论为先导，逐步引入了实训内容。首先，通过分析当前幼儿园教师语言修养存在的问题，本教材强调了加强现代语言学理论学习的重要性，突出强调了树立科学语言观和语言教学观的重要性。其次，本教材阐明了幼儿园教师用语的基本概念和基本原则，突出强调了幼儿园教师用语的“五项基本原则”，即准确规范性原则、直观生动性原则、简练启发性原则、情感支持性原则、审美艺术性原则。再次，本教材着重从幼儿教育实践层面，把相关理论和应用举例相结合，做到环环相扣，便于学习者掌握。另外，各章会推荐应知应会的幼儿教师用语常识部分，以及规范化训练部分，便于学习者通过接受常规训练，转化知识。最后，各章课后练习部分采用了通过实战演练进行考核的方式，强调了幼儿教师职业口语的可检验性，同时指出了提高幼儿教师职业口语的“高语言修养”“高语言技能”的培养路径。

在体例上，本教材体现了“展开渐进式”风格。本书写作框架以循序渐进为主导思想，根据幼儿园不同的教育情境，采用全面展开、逐层推进、逐渐深入的框架模式。在“展开渐进式”框架中，我们把幼儿园教师用语详细划分为幼儿园生活活动用语、幼儿园区域活动用语、幼儿园教育活动用语、幼儿园教研活动用语、幼儿园家长工作用语、幼儿园日常行政工作用语共六个层面。每个层面主要包含三个部分：①教师用语常识（用语的内容、推荐用语百句举例、技能的培养）；②运用的策略；③规范化训练。

三、紧密联系幼儿园实际，具有广泛的应用价值

本教材无论是在体例结构上还是在内容呈现上，均考虑到了幼儿园教学实际，如选编了大量幼儿园教学实践案例，丰富了拓展阅读资料和训练策略，力求使师范生和幼儿园教师能够尽快熟悉教师用语运用现场，在最短的时间内快速掌握幼儿园教师口语技能及其运用策略。

本教材适用于师范院校学前教育专业的教师口语教学，各师范院校可根据实际教学需要，开设“幼儿园教师用语常识与规范”课程，本教材也可作为幼儿教师园本培训或职后继续教育的教材。

四、彰显立体化教材特色

本教材彰显了教师职业口语立体化教材特色，是运用现代教育技术、体现现代最新教育思想的新型教材，具有一定的开拓性。

本教材由徐慧、吴艳丽担任主编，由刁红梅担任副主编。参与编写人员及分工如下：徐慧（长春师范高等专科学校）参与编写了第一章、第四章；吴艳丽（吉林省军区直属机关幼儿园）参与编写了第七章、第八章；刁红梅（东北师范大学附属幼儿园）参与编写了第五章、第六章；胡晓双（长春师范高等专科学校）参与编写了第二章；马乐（吉林省直文化系统幼儿园）参与编写了第三章；陈喆（精思教育雅马哈音乐中心）参与编写了第二章、第三章。全书插图由刁红梅、徐慧提供。全书由徐慧、吴艳丽、刁红梅统稿。

感谢各位作者的辛勤付出，特别感谢吴艳丽园长在百忙之中对各章内容进行了认真的修改、校对；感谢刁红梅老师对部分章节内容进行了认真的修改完善；感谢参与立体化教材内容录制的教师们。正是依靠集体的智慧和集体的力量，我们才取得了可喜的研究成果。

同时，本书在编写过程中借鉴并参考了许多同行的最新研究成果，在此一并表示感谢。由于作者学识所限，书中难免有疏漏之处，恳请读者批评指正。

编者

2019 年 1 月

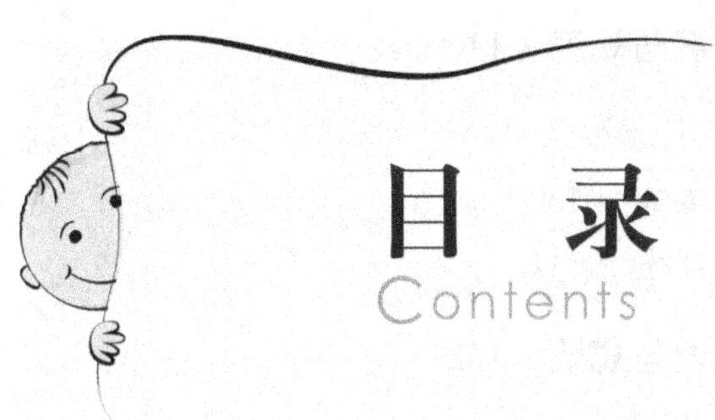

目录

Contents

第一章 绪论

2018年中共中央、国务院发布的《关于全面深化新时代教师队伍建设改革的意见》指出：全面提高幼儿园教师质量，建设一支高素质善保教的教师队伍。那么立足当前，着眼未来，培养一支热爱学前教育事业，以幼儿为本、才艺兼备、擅长保教的高素质、高水平、高规格的幼儿园教师队伍，是新时代学前教育领域的一项新课题和新任务。

《幼儿园教师专业标准(试行)》从专业理念与师德、专业知识、专业能力三方面对幼儿园教师提出了行业规范，其中“语言规范健康”“使用符合幼儿年龄特点的语言进行保教工作”等是对幼儿园教师语言素养的具体要求。规范化的教师用语不仅能够促进教师专业化发展，而且能够促使幼儿园教育教学工作朝着高标准、高质量的方向发展。

第一节 树立科学的语言观和语言教学观

著名教育家叶圣陶说：“谁的说话能力差，往往间接造成社会的损失。”这句话实质上体现了语言的重要性。他指出，“语文——语言文字”是非常重要的交际工具，口语交际能力是现代公民的必备能力，是人类文化的重要组成部分。

在新形势下，教师应树立科学的语言观和语言教学观，提高语言综合素质。教师要树立科学的语言观，强调“语文”所代表的是一门进行祖国语言教育的课程。教师要借鉴语言理论，将其运用于语文教育之中，具备以“学习语言”为中心的语文教育观念。科学的语言观在科学的语言教学观的形成中起首要作用。可以说，教师有什么样的语言观就决定了他有什么样的语言教学观。我们主张在科学的语言教学观指导下进行教师口语教学实践，主要体现在两个方面。

首先，我们强调教师用语技能的规范化训练。如果忽视这种教师用语技能的基本训练，师范生就无法打好语文基础，无法培养良好的语言综合素养。只有进行扎实的实际操作训练，师范生才能提高教师用语能力。

其次，我们强调通过教师用语技能训练，感受和体验语言的文化内涵，陶冶性情和塑造良好的品格。我们不可一味地强调语言技能训练，摒弃语言训练过程的文化涵养功能。我们必须在提高师范生的教师用语技能的同时，滋养师范生的精神家园，提高其文化底蕴和做人的品格。

一、 常见的语言修养问题

目前，师范生的口语表达能力普遍较差，表现为：一是口语表达缺乏条理性，思路紊乱；二是口语词汇贫乏，用语不准，缺乏生动性和吸引力；三是心理素质较差，提问交谈时未语脸先红，不知如何应付，需要申论辩白时更是“大汗淋漓”，语无伦次；四是缺少自信，和教师交流时缩颈低头，支支吾吾，不知所云。总之，师范生的语言修养亟待提高。

当前，幼儿园教师在语言修养上存在的主要问题表现为以下几个方面。一是教师用语缺乏规范性。研究发现，有的幼儿园教师的语言随意性较强，表达不够准确；有的幼儿园教师的语言平淡、内容贫乏，啰唆，无意识重复，语调缺乏变化，语速失调等，不能吸引幼儿的注意力；有的幼儿园教师的发音不准，甚至使用夹杂着方言的普通话，口头禅多等。二是教师用语缺乏严谨性。有的幼儿园教师信口开河，想当然地解释词语，含糊其词，模棱两可，常犯知识性错误。究其根源，幼儿园教师对学科知识理解和掌握得不够扎实、思维混乱、缺乏钻研精神，从而导致了教师用语缺乏严谨性。三是教师用语缺乏情感性。在师幼互动过程中，一些幼儿园教师经常使用指令性、强制性的语言，让幼儿乖乖听话，按照教师理想的进程开展活动，而缺少鼓励性的语言，忽略了师幼之间的情感交流，忽视了幼儿的情感需要。四是教师用语缺乏艺术性。有的教师的教学语言枯燥乏味、抽象难懂，不符合幼儿的认知特点；有的教师言之无物，缺乏一定的语言艺术素养，难以激起幼儿学习的兴趣。可以说，一个教师的语言艺术素养直接影响到了语言表达的效果。

二、 加强现代语言学理论学习的重要意义

国内一些学者就高等师范院校现代语言教学提出了许多富有建设性的意见和建议。他们认为在国家高度重视语文学科教育的宏观背景下，师范院校教师应加强现代语言学理论学习，提高自身的语言综合素养。学校教务管理部门应加强对现代语言教学学科的规范化管理，营造良好的校园语言教学环境，不断提高教师的教学技能和人文素养。加强现代语言学理论学习的重要意义包括以下三点。

首先，从普通语言学和具体语言学的关系来看，普通语言学对科学研究有指导意义。普通语言学研究所有语言的共同规律和语言的一般原理，这些原理对师范生和幼儿园教师规范用语的研究具有指导意义。

其次，从理论语言学和应用语言学的关系来看，理论语言学为应用语言学提供了理论基础和指导原则。现代语言学的理论研究越来越深刻了，理论应用越来越广泛了。加强现代语言学理论学习，对师范生和幼儿园教师学习规范用语具有指导意义。

最后，从语言学与其他学科的关系来看，语言学与其他学科相互渗透，密不可分。语言在人类的一切活动中都起着十分重要的作用。语言学是学科知识体系中最接近自然科学的学科之一，它同社会学、文化学、历史学、文学等人文科学也有着密切的联系，语言学在人文科学体系中的地位可谓举足轻重。

总之，加强现代语言学理论学习对提高师范生和幼儿园教师的专业素质和综合能力具有重要价值。

习近平主席指出：一个国家的文化魅力、一个民族的凝聚力主要通过语言来表达和传递。语言是通往一国文化的钥匙。党的十八大以来，我国非常重视国民的语言素养、人文素养的提高，全国各地都在深化改革，创新语文教学模式，语文教材的选文质量不断提高了，学习目标的难度不断加大了，如北京中小学将在教学中增加古诗词、汉字书法、楹联以及红色经典等内容的学习，旨在全面提升在校生的汉语言应用水平与人文素养，传承中华优秀传统文化。壮阔东方潮，奋进新时代。党的十九大的召开，在党和国家发展史、中华民族复兴史上具有里程碑意义。教育工作者要准确把握、全面贯彻习近平新时代中国特色社会主义思想和党的十九大精神，全面开创教育改革发展新局面。

第二节 规范幼儿园教师用语的重要性

一、 促进教师专业发展

师范生要想成为一名合格的幼儿园教师，必须要过“语言关”。师范生只有具备了良好的教师用语技能和语言修养，将来才能更好地运用于幼儿教育实践之中。苏霍姆林斯基指出，幼儿园教师的语言修养，在很大程度上决定着幼儿在活动中脑力劳动的效率。教师积极的态度会使幼儿产生正面的情绪，反之，教师消极的态度会使幼儿产生负面的情绪。因此，规范幼儿园教师用语的意义在于提升师范院校学生和幼儿园教师的语言修养，增强师范生的教师角色意识，促进幼儿园教师专业化发展。

为了贯彻落实《中华人民共和国国家通用语言文字法》，遵循语言文字使用规范化管理制度，提高用语技能、语言修养和综合素质，教师必须对师范院校学生进行系统的、规范化的幼儿园教师用语训练，使其掌握幼儿园教师用语策略和技能。

二、 提高教师的教学质量

教师用语规范性是展现高技能教师职业口语的重要标志，是衡量高素质教师队伍的重要标准之一，也是决定教育教学质量的关键要素。

通过学习这门课程，师范生要认真贯彻国家语言文字工作方针政策，增强语言规范意识，用标准的普通话进行口语交际，初步掌握幼儿教师职业语言的规律，进而提高教学口语和教育口语的运用能力，为教育教学实践工作打好坚实的语言基础，从而提升教育教学质量。

三、 促进幼儿语言能力的发展

幼儿教师应增强语言规范意识。教师用语规范性表达传递的是热爱幼儿、尊重幼儿的师爱情感，是良好的师德修养的重要体现。我们很难想象一个整日生活在训斥、指责、批评等语言冷暴力环境中的幼儿能够健康快乐地成长。幼儿期是语言能力发展、智力发展的关键期，因此，教师用语规范性表达会直接影响幼儿语言能力和认知能力的发展，影响幼儿对事物的探索精神和求知兴趣，影响幼儿参与活动的情绪和动机，影响幼儿良好行为规范的养成，进而影响教育教学质量的提高。

★本章考核方案★

请同学们根据拓展阅读的内容，分小组讨论教师暗示性语言对幼儿心理的影响，并做好讨论记录。

拓展阅读1

论教师暗示性语言对幼儿心理的影响

什么是暗示？所谓暗示其实就是指在无对抗条件下，人体通过行为、言语、体语、手势语、情境等含蓄的、间接的方式，来释放主体能量，对别人的心理和行为产生影响的过程。暗示的结果会使人的心境、兴趣、情绪、爱好、心愿等方面发生变化，从而又使人的某些生理功能、健康状况、工作能力发生变化。它广泛地存在于人类交往生活之中，由于暗示不具有强制的特点，因此暗示对幼儿往往影响很大。暗示的影响对幼儿有积极和消极两方面。其积极作用突出表现在：儿童易于在潜移默化中接受教育，我们可以利用儿童的暗示感受性来影响他们的行为和习惯，在教育上可以取得事半功倍或意想不到的效果。其消极作用是我们不自觉地运用或过多利用儿童的暗示性，可能会给儿童带来不良影响。

正向的、积极的暗示性语言是以一种间接含蓄的方式作用于幼儿的。在教育幼儿时，这种语言克服了简单命令中强制性的缺陷，使幼儿在愉快轻松的环境中接受教育。它能很好地保护幼儿的自尊心，增强幼儿的自信心，调动幼儿活动的积极性、主动性。如：在早操过后，幼儿回到教室脱外衣、叠衣服、换鞋子，有的幼儿把衣服叠得又快又好，摆放得也很整齐，有的幼儿边叠边玩，摆放得较乱，如果这时老师暗示说“哇！这个小朋友的衣服叠得真好，摆得好整齐啊！太棒了！”，那么其他幼儿就会积极主动地向这位幼儿学习，也会努力让自己的小衣柜变得舒适整洁。之后如果教师再用“巧巧手，比一比”的游戏巩固这一技能，那么很快就能让幼儿养成整齐摆放衣物的好习惯。教师一句轻松的暗示语言胜过简单、刻板的命令，同时让幼儿在潜移默化中得到了改变。

在幼儿园里，我们还能看到一些教师无意识地运用消极的暗示性语言与孩子进行互动，对孩子的心理及行为造成了一定的伤害和影响。如：因为家庭生活习惯有问题，所以××小朋友经常晚来幼儿园，影响了班级正常活动的开展，教师第一次说“你来晚了”，幼儿不好意思地低下了头，教师第二次说“你又来晚了”的语气中包含着批评与斥责，幼儿变得畏惧与胆怯了。幼儿开始害怕上幼儿园，哭闹纠缠父母无果后，幼儿带着消极情绪进班了。众所周知，情绪影响着幼儿认知的发展。当一个孩子的情绪处在积极状态时，他快乐向上，乐于学习，思维灵活，想象大胆、丰富并具有创造性。而当一个孩子的情绪处在消极状态时，他变得沉默、呆板、反应迟钝且少言寡语。不良的情绪往往会直接诱发心理障碍。此时教师依然没有察觉到幼儿心理的变化。在第三次来晚后，教师说“你羞不羞!”，幼儿趴在桌子上埋头哭了起来，此时幼儿的自尊心受到了极大的伤害。从此一个正常的孩子变得沉默、胆怯、不爱与同伴交往了。

当然，教师无意识地运用消极暗示的语言与教师的素质是分不开的，教师的素质是“蕴蓄于中，形之于外”的，良好的素质和健全的人格潜移默化地影响着幼儿，发挥着至关重要的作用。教师是幼儿心目中绝对的权威，在幼儿园生活中，如果教师以正向的、平和的方式开启与幼儿之间的互动，针对幼儿的具体情况给予耐心、细致的帮助、引导，经常对幼儿的行为给予正向的鼓励与赞扬，让幼儿感觉到自己是被尊重的，那么幼儿的心理需要就很容易得到满足，相应地，他们会表现出情绪安稳、愉快、做事主动、自信心强等特征。反之，教师在互动中经常向幼儿说出不满、厌恶甚至恼怒、愤恨的言语，幼儿非但不能满足最基本的心理需要，还在某种程度上消除着被爱感、安全感、被信任感与自尊感，助长着自卑、自我感觉弱小无能等有碍于他们人格健康和谐发展的心理体验。因此幼儿园教师在孩子面前就必须要“谨言慎行”。在日常的教育教学活动中，训斥只会使孩子沮丧，而表扬才会激励他们不断进取，教师千万不要吝啬使用激励性暗示语言，多表扬，多赞美，会使幼儿更加自信，充分发挥潜在的力量。暗示性语言会让幼儿在不知不觉中感受到来自你的力量，你也会在不知不觉中享受到成功的快乐。

（新疆军区司令部幼儿园　陈惠洁）

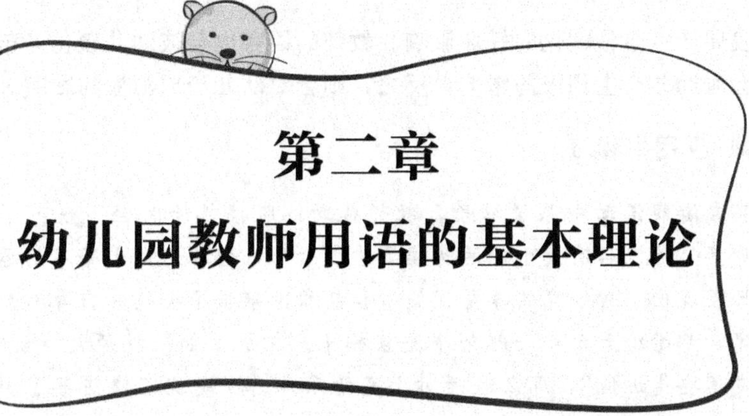

第二章 幼儿园教师用语的基本理论

第一节 幼儿园教师用语概述

一、 幼儿园教师用语的概念

幼儿园教师用语是一种符合幼儿园教师职业特点的工作语言，是幼儿教师在从事幼儿教育工作时所使用的规范性语言，是一门听与说的口头语言艺术，紧密结合了独白言语与对话言语。幼儿园教师的语言表达规范与否，最能体现其语言素养的高低。

二、 幼儿园教师用语的分类

根据不同的幼儿园教育情境，我们把幼儿园教师用语分为以下六个方面。

(一)幼儿园生活活动用语

幼儿园生活活动用语是指幼儿园教师在一日活动中经常使用的规范化的教师用语。在幼儿园的生活活动中，教师和幼儿交往时所运用的语言规范与否，会对

幼儿的发展产生潜移默化的好坏影响。教师的语言也会被幼儿模仿，教师的语言规范，会对幼儿产生积极的影响，反之，则会对幼儿产成消极的影响。

应用举例 1

小亮在游戏活动中尿了裤子，教师帮助他脱换裤子时轻声说："没关系的，老师帮你换。你以后有大小便的时候要告诉老师，好不好?"小亮不好意思地点点头。教师表现出了对小亮的尊重、关心和包容，维护了小亮的自尊心。其他的孩子看见了，都纷纷表示要一起帮小亮换裤子。相反，如果教师大声说"真臭，其他小朋友不要走近他"，那么教师对小亮的斥责、冷漠就不仅伤害了小亮的自尊心，而且旁边的幼儿会跟着教师一起斥责和嘲讽小亮。教师的消极语言会使幼儿直接习得消极态度与行为，影响幼儿的社会性和道德品质的发展。

(二)幼儿园区域活动用语

幼儿园区域活动用语是指幼儿园教师在区域教育活动中经常使用的规范化的教师用语。在幼儿园区域活动中，教师不要急于指导，也不要放任不管，而应通过仔细观察幼儿的行为表现，以适当的方式介入幼儿的区域游戏之中，给予幼儿适合的指导。在幼儿园区域活动中，教师所使用的教师用语应注意以下几个方面。

1. 多用引导性、建议性、帮助性言语

在区域活动中，教师要留意观察每个幼儿的兴趣点，利用恰当的时机介入幼儿的游戏活动中，与孩子们一起探索、操作、发现、讨论、解决问题，随时观察幼儿活动的情况，给予及时的引导、帮助，满足幼儿的需要。教师要真正尊重孩子们的主体地位，而不是在发现问题时，把自己的意见和想法强加给幼儿，要避免使用强制性、指令性言语。

应用举例 2

玩娃娃家时，许多幼儿喜欢做饭，教师提议："何不开家小饭店呢?"于是在教师的提议下，"小饭店"开业了！许多幼儿争着当小厨师、服务员或小客人，这里人头攒动，"生意兴隆"……孩子们摆脱了以前单一的"做饭"模式，模拟体验了新的游戏方式和人际互动。

应用举例 3

在玩过家家的游戏时，默默发现没有角色可以演了。教师引导他："你想一想怎样才能和小朋友一起做游戏呢?"当他提出"我想当一名客人"的时候，扮演爸爸、妈妈的小朋友同意了，默默终于以一名"客人"的身份融入了过家家的游戏中。

应用举例 4

在一次搭建游戏中，强强不小心碰坏了小朋友搭的动物园，孩子们一时情绪激动，有的埋怨强强，有的不知所措……这时，教师马上说："动物园是不是'地震'了？我们赶快抢救动物，把动物园修好吧!"于是，孩子们又重新投入了新游戏当中，教师巧妙地化解了一次即将发生的纠纷。假如教师此时用强制性或命令性语言，就不仅破坏了游戏气氛，还会影响幼儿的情绪和参加游戏的积极性。

2. 多用鼓励语，常用儿化的评价语

为了调动幼儿的积极性，教师的指导应尽量用鼓励和肯定的语言。幼儿之间存在着个体差异，只要幼儿主动参与、积极思考，不管结果如何，教师就要给予表扬和鼓励。否则能力弱的孩子总是失败，会产生畏惧情绪和自卑感，最后导致对区域游戏活动失去兴趣。

应用举例 5

萌萌性格内向，自信心比较差，平时总是沉默寡言。久而久之，小朋友都不愿意和她交朋友。有一次，在表演区中，教师有意请她表演，她慢慢地站起来，低着头用很小的声音唱了一首歌。这时老师走到她的身边对她说："萌萌唱得真棒，那么我们请萌萌大声地再唱一遍，好吗?"萌萌看看面带微笑的教师，慢慢地抬起头，大声唱了一遍。"萌萌真棒！我们谢谢萌萌，好吗?"小朋友们都鼓起掌来。萌萌非常开心。

教师的赞许、激励有强化幼儿活动动机的作用。当幼儿受到表扬时，他们马上会意识到自己的努力得到了肯定，于是信心倍增，动机加强了，由此产生的积极情绪会使其行动更加积极主动。

应用举例 6

小毅在"小餐馆"端盘子的时候，总是把盘子里的东西弄洒，很是沮丧。老师

对他说："真可惜，你刚才就是手没有端平，努力一下，把手端平，我们就成功了，再来一次好不好?""来！老师会在你身边和你一起来做的。"老师要用一颗母亲般的心去关怀幼儿、爱护幼儿，给幼儿以亲切感，加深彼此间的感情。在幼儿遇到困难、挫折的时候，教师的激励会让幼儿勇敢地坚持下去。

教师经常会对小朋友说："太棒了!""×××真厉害，我们大家给他鼓鼓掌!""你做得真好!"这样的激励语会使幼儿更加积极地参与到区域活动中，并从中得到快乐，找到自信。因此，教师有必要常常深入到幼儿中间去，了解他们的玩法、规则意识等，还要常用"耶!""真棒！真棒啊!""加油!"等儿化的评价语对幼儿进行评价，并努力使每个幼儿都能体验到成功的喜悦。

(三)幼儿园教育活动用语

幼儿园教育活动用语是指幼儿园教师在教育活动中经常使用的规范化的教师用语。幼儿园教师要想取得良好的教育效果，必须掌握一定的语言表达技巧。当幼儿出现问题时，教师往往说了一大堆道理，幼儿还是一意孤行，达不到预期的效果。这是因为教师总是从自己的角度考虑问题，而忽略了幼儿的认知水平，或是教师的要求和说话的语气让幼儿不容易接受。

应用举例 7

某幼儿玩完玩具后总是不把玩具收好，这个时候教师说："宝贝，请帮老师一起把玩具收好，怎么样?"幼儿是乐意照做的。

我们在实际工作中也不难发现，每当教师发现幼儿有问题并与其沟通时，他们往往会不配合，不愿意把心里话说出来。这个时候就需要教师运用语言技巧，引导幼儿说出来。另外，掌握恰当的肢体语言是幼儿园教师必不可少的一项技能，教师可以用身体各个部位的动作表达出自己喜怒哀乐的情绪，而面部表情也可以把这些情绪表现得淋漓尽致。教师的一个手势、一个眼神就可以暗示幼儿，让幼儿心领神会，自觉改正错误或形成良好的习惯。教师把嘴巴闭紧，就是暗示幼儿安静下来，这样要比说话效果好。总之，恰当地使用肢体语言能够使我们的教育锦上添花。

(四)幼儿园教研活动用语

幼儿园教研活动用语是指幼儿园教师在教研活动中经常使用的规范化的教师用语。幼儿园的教研活动以促进每个幼儿的发展为宗旨，以教育活动过程中出现的各种具体问题为对象，以教师为研究主体，要达到研究和解决教育教学实际问题、总结教育教学经验的效果。由于教研活动的内容主要来源于自己的幼儿园、自己的课堂、身边存在或发生的现实问题，教师发现问题后需要分析、解决问题，研究、归纳和提升，因此在教研活动中，教师要使用规范的、严谨的、准确的语言。

应用举例 8

在“小班幼儿生活行为习惯培养”的教研活动中，张老师说：“孩子小，入园一段时间以来，如果教师管严点儿，他们应该就能做好。”李老师说：“幼儿入园后，日常生活要形成规矩，教师要规范幼儿的行为，老师每天要监督和提醒幼儿按照规矩做事。坚持下来，幼儿才会在规矩中形成良好的生活习惯。”

在举例中，张老师在教研活动中的用语“管严点儿”宽泛，而且缺乏实质内容支撑，因此缺乏科学性，“应该”带有猜测性，这些用语都是不规范的、不严谨的、不准确的表现。而李老师的用语则更符合教研用语标准。

（五）幼儿园家长工作用语

幼儿园家长工作用语指幼儿园教师与家长沟通时经常使用的规范的教师用语。幼儿园必须重视教师与家长的沟通工作，让家长主动参与到幼儿教育中来，使家长和教师成为共同育儿的合作伙伴。家园只有合作，才能有效地提高保教工作质量，促进幼儿身心健康发展。

1. 交流幼儿情况时的工作用语

当教师与家长交流幼儿情况时，教师要用简洁的、清晰的语言进行情况说明，并借助具体事件反映孩子的表现。这样会让家长更直观地了解孩子的状况，真切地感受到教师对孩子的爱与关心。教师笼统地说“很好，很聪明”，会让家长感觉到老师在应付自己，认为孩子是被忽视的。

2. 反映孩子问题时的工作用语

在反映孩子在园的一些缺点时，老师更要注意措辞，避免用一些过激的词语伤害到家长的自尊。所以，老师要多使用就事论事的评价方式和发展性评价。老师切忌用“告状”的口吻，要注意维护家长的自尊，不当着其他家长和孩子的面反映孩子的缺点，同时要遵循“一表扬、二建议、三希望”的原则。

应用举例 9

在与家长沟通孩子的情况时，教师可以说："孩子在幼儿园里很喜欢参与各种活动，这是值得表扬的，如果他多学习一些与人合作的方法，就更好了。相信我们好好帮助他后，他的合作能力会变得更强，他会变得更加优秀。"

应用举例 10

浩浩的生活自理能力很差，原因是平时家长什么事都喜欢包办代替。一天家长来接孩子时，老师对家长说："浩浩受宠爱太多，生活自理能力稍差一点儿，但人很聪明，我们试着让他学穿衣，还蛮像样的，你们回去也让他多练习……"家长听了很高兴地接受了，回到家按照老师的要求，试着让孩子自己动手做一些力所能及的事，经过一段时间的练习，孩子的生活自理能力得到了很大的提高。可见，教师有时讲话注意使用一些技巧，既有利于给家长创造和谐轻松的环境，也有利于家长乐于接受教师的意见，培养孩子乐观的性格。

3. 布置配合工作时的工作用语

教师要明确交代任务，语言要言简意赅，任务要具体，原因如下。第一，家长对幼儿园的工作不是十分了解；第二，每次教师与家长见面的时间有限。同时，教师要尽量让家长理解工作的目的，使家长心里清楚，以便更好地做好配合工作。

4. 出现突发事件时的工作用语

遇到突发事件时，教师要判断准确、送医及时、处理规范，安抚好家长。首先，教师要勇于承认工作中的过失，诚心向家长表示歉意，赢得家长的理解。其次，教师要详细向家长反映事故情况，让家长清楚事实真相，减少家长因迷惑而带来的焦虑、担忧和不安全感。最后，教师和家长要一起协商做好孩子的恢复工作，包括以后对孩子伤口的观察、对孩子活动时的特殊照顾，等等。

5. 家长因误解而情绪过激时教师的工作用语

在幼儿园中，种种原因可能会让家长产生误解，使得家长情绪过激。教师一定要理智，控制好自己的情绪，不要急于辩解，要耐心等家长说完，尽量避免与家长抬杠。与家长争执，只会让家长认为教师对自己的孩子或者对自己有偏见，或者认为教师是不负责任的，更不易于沟通。教师要从家长疼爱孩子的角度理解家长的心理，并从关爱孩子的角度谈论问题。教师可以通过说"你说得很有道理。不过……""你的心情我能理解，你看这样……如何?"等，用先认可再建议的方法提出自己的观点。如果是自己做错了，教师要诚恳地向家长道歉，要始终尊重家长。家长嗓门越大，教师自己讲话的声调就要越轻，速度要越慢。教师可以向家长询问一些可以自由回答的问题，如："这是如何发生的?""如果您是我，怎样做才好呢?"教师尽量不要反问，否则会让家长反感，如："为什么别的家长没意见?""为什么你要我这样做?"教师要让家长将不满、抱怨甚至愤怒发泄出来，如果家长的言辞带有侮辱性，教师就可以暂时找个借口回避，以后再谈。当听到家长的指责和抱怨时，教师不要一味地为自己辩护，这样只会激化矛盾。老师应把"不可能""我绝对没有说过那种话"等辩解词换成"别着急，我查查看""让我们看看这件事该怎么解决""您放心，我一定给您满意的答复"。对于那些蛮不讲理的家长，教师要不卑不亢、理性地将事情解释清楚。

6. 沟通无效时的工作用语

遇到沟通无效的情况时，教师要冷静分析沟通失败的原因，尝试采用迂回的沟通策略，辅以灵活巧妙的方式，让家长感觉到老师确实是为孩子着想的，才能使沟通获得成功。教师要尽量绕开态度强硬、性格固执的家长，主动和孩子家庭中较开明的家长进行沟通；在各种建议都无效时，教师可以说"您想怎么办?"或"您有什么要求?"等，让家长直接面对问题；教师可以推荐一些相关的育儿杂志、书籍让家长阅读，或建议、安排家长参加有关的专家讲座，以丰富家长的育儿知识，提高家长的认识；教师可以安排家长参加开放日活动，用事实说话，让家长自己发现问题，在家长产生解决问题的意愿时，再与其进行沟通。

总之，跟家长沟通交流是一门艺术，这需要教师从关心幼儿的角度出发，把握好家长的心理，对症下药，因人而异。"家园共育"的实质就是家庭和幼儿园共同教育幼儿。老师和家长之间只有相互配合，才能共同促进幼儿更好地成长。

(六)幼儿园日常行政工作用语

幼儿园日常行政工作用语指教师在进行日常行政工作中经常使用的规范化的语言。掌握必备的语言表达艺术，是做好日常行政工作的重要条件之一。教师应该使自己的语言表达起到吸引人、折服人、教育人、感召人、激励人、影响人的作用，教师要善于研究语言艺术，形成自己的语言风格。

1. 看准对象，掌握分寸

无论谦、敬、褒、贬，教师都应注意分寸，恰如其分。有个成语叫"过犹不及"，说过头话或者说话不到位都会让人感到不诚恳、不得体。

2. 适应场合，巧妙用语

在庄重场合中，教师用语要庄重、规范，一般用典范的书面语。

在工作场合中，教师用语要准确、扼要，经常使用术语和行话。

在日常场合中，教师用语要自然、亲切、灵活，一般多用日常用语。

在娱乐场合中，教师用语要有趣、生动，有时教师还要有点儿幽默感。

3. 尊重对方，文明礼貌

教师要注意使用谦辞和敬辞，遣词用语要尊重别人，使用文明礼貌的语言。

三、幼儿园教师用语的特点

(一)口语化

幼儿园的教育活动最大的特点就是教师用语的口语化，这是由幼儿心理发展特点所决定的。在幼儿园的一日活动中，对幼儿进行讲解、引导、实施个别教育等，都离不开教师的口头言语指导，即便是示范和演示，在多数情况下也离不开教师的口语。

1. 因人而语

教师在口头言语使用中，一定要尊重幼儿的个体差异。对性格较为敏感、容易紧张、心理能力较差的孩子，教师的口语应多些亲切的语调、关怀的语气，以缓解幼儿紧张的心理；对反应较慢的幼儿，教师在语速上要适当地慢一些，要有耐心；对性格较急的孩子，教师的语调要沉稳，语速要适中，以便缓和幼儿焦躁的情绪。教师要注意观察了解幼儿，对不同的幼儿采用不同的言语表达形式，才能达到良好的教育效果。

2. 注重情境

在生活情境中，教师应注意语调上要舒缓有致，语气上要柔和，语速的变化要适中、富有节奏感。比如，午睡时，教师要求幼儿轻轻地走进寝室，教师应用轻柔的语调说："轻轻地走进寝室。"当幼儿将盛着水的杯子放到桌子上时，教师应用缓慢的语调提醒幼儿："慢慢地放下来。"教师如果善用语气词，并配合生动的肢体语言、夸张的表情，就一定能激发幼儿强烈的好奇心和参与活动的积极性，如："好大的一艘船啊！""今天的饭菜好香啊！""你说得很对呀！"

幼儿期思维的特点是具体形象思维占优势。因此，在教学情境中，教师要用生动形象、富有情趣的语言来叙述教学内容和教学要求，才会使幼儿感受到一种审美的愉悦，才会吸引他们的注意力，调动起他们思考的积极性。教师要像慈母般用温柔的表情、优美的声音去表达自己的思想感情。与幼儿沟通时，教师要处理好语气的轻重缓急、语句的停顿、儿化音以及变调。教师说重要的内容时要加重语气，要做到抑扬顿挫，同时教师还可以采用形容词叠用、摹声等修辞手段，以求达到娓娓动听的效果。只有这样做，幼儿才能在轻松、愉快的气氛中获得知识，师幼之间才能加深情谊。那些富有诗意、具有韵律美、节奏明快的语言可以起到画龙点睛的作用。总之，教师要用亲切、自然的表情和语言让幼儿感受到教师的爱和未泯的童心。

(二)通俗化

“通俗化”的语言要求教师巧妙地运用语言艺术，把深奥的道理简单化，把抽象的事物形象化，使幼儿易于接受。3～6岁幼儿的年龄特点决定了幼儿园教师用语必须通俗化。教师与幼儿的交流必须结合幼儿的实际，坚持“以幼儿为本”的理念，教师的语言就应该具有通俗易懂的特点，这也是对幼儿园教师的基本要求。教师语言通俗化更容易拉近幼儿和教师的距离，使幼儿积极参与到各项活动中，提高积极性，加深理解和记忆，幼儿模仿教师的语言也比较容易。

幼儿教师语言通俗化的特点主要体现在以下几点。

1. 结构简化

幼儿的理解能力较弱，教师的语言应避繁求简，使用句法结构较为简短、词汇涉及的范围较小的语句，语言应力求简单、平白，句子不宜过长，复合句、并列句不宜过多，语法和语义关系也应限定在一定的范围之内。教师要做到语调轻柔缓慢，语气词增多，语气夸张。教师应使用幼儿能理解、听得懂、易接受的语言。

结构简化并不意味着越简短越好，必要时，教师通过重复话语，可以使幼儿理解教师想要表达的意思和让双方围绕同一个话题进行交谈，以达到交流信息、表达情感等目的。

2. 生活化

语言的生活化，是指幼儿教师在组织幼儿活动时应当较多地使用常用的非概念化的日常生活交际语言。幼儿在幼儿园中学习的内容既包括认识周围世界和发展心智的认知经验和方法，也包括一些基本的生活和“做人”所需要的态度和能力，这些内容都与他们的生活直接相关。幼儿需要在生活中学习如何生活、与人交往、学会做人。如果教师使用脱离幼儿已有生活经验和生活实际的抽象概念的语言，那么幼儿就无法理解教师的语言。我们要善于从幼儿活动的实际出发，结

合幼儿的特点，使用贴近幼儿生活的语言，有效地激发幼儿的兴趣。

幼儿教师也会偶尔使用一些书面语形式的词语和专门化的科技语言，这些必须是幼儿生活中常见的和符合幼儿认知水平的。

3. 形象生动

教师可以通过编拟儿歌、故事等把枯燥乏味的词语概念转化为生动、直观的事物形象。教师可以用拟人、比喻、夸张等手法，施展绘声绘色的描述技巧，来刺激幼儿的“内视觉”，激发起他们对新事物的再造想象力。教师的语言要形象、生动，富有感情、具有感染力，有趣味性，能够贴近幼儿心理，还能激发幼儿的兴趣，把幼儿潜在的学习积极性充分调动起来，使他们在愉快的气氛中自觉、主动地学习，活动也会进行得顺利，充满活力。教师恰当地利用故事、儿歌，能更好地调节幼儿的情绪，集中幼儿的注意力，融洽教师和幼儿之间的关系。相反，空洞无物、枯燥无味、呆板无力的语言会使幼儿昏昏欲睡，毫无兴趣。

应用举例 11

师幼结合有趣的儿歌来开展画菠萝的活动。“一个大土豆”：画出菠萝的轮廓；“穿上格子衣”：画出花纹；“添上小花纹”：在每个格子中画上点；“长出绿头发”：在菠萝上方画上绿色的叶子。伴随着儿歌，幼儿画好了菠萝。

4. 游戏化

游戏是幼儿的天性，游戏化的语言能增加趣味性，使幼儿愉快地参与到活动中。幼儿对同一事件的兴趣保持的时间不会很长，游戏化的语言富有童趣、直观生动，使幼儿容易理解与接受，更能激发他们的兴趣，使他们的兴趣保持时间延长。游戏化的语言还容易使幼儿产生轻松、愉悦的心理，使他们更加乐于参与到活动中，放松、大胆地表达意愿。可见，游戏化的语言是幼儿最易于接受和喜欢的。

应用举例 12

在数学活动中，教师组织幼儿做游戏：“小动物的家”。教师请幼儿观察图片，提问：“小兔子住在第几层、第几间的屋子里？”幼儿找到之后，教师又说：“请你在表格上找到小兔子的家，用红色做个记号。”幼儿在表格中相对应的地方做好了记录。教师将枯燥的数学活动寓于幼儿喜欢的游戏之中，幼儿从游戏的角度观察图片，思考教师的提问，很容易就理解了一一对应的关系，轻松地掌握了知识。

四、幼儿园教师忌语

老师在孩子心目中有特殊的地位和威信，有时老师的一句话就会影响孩子的身心发展，如果语言不当，甚至会给孩子的一生带来负面的影响。幼儿园教师应真正把幼儿当作教育主体，充分尊重幼儿，以幼儿的发展为最高目标，乐观开朗，亲切活泼，有朝气，切忌把个人不良的情绪带进幼儿园，在教育工作中一定要避免使用教师忌语。

(一)嘲笑侮辱

应用举例 13

教师看见一个瘦小的幼儿不好好吃饭，就责怪他说："你还不快点吃饭，瘦得像个电线杆!"

应用举例 14

教师看到孩子把常做的事做错时，就对孩子说："你怎么这么笨啊？告诉你多少遍了，你就是记不住，没长脑子啊?""我说话你听见没有，没长耳朵啊?"

应用举例 15

教师对调皮的孩子说："你真是个讨厌鬼。""你可真惹人烦。"

孩子能体会出这类话包含的恶意。尤其是生活中的口头语，教师可能是随口说出的，却伤害了幼儿。其他幼儿会模仿老师的语言来嘲笑被批评的幼儿。时间久了，幼儿会把教师的话深深地印在心里，心灵受到隐性创伤。批评幼儿并没有错，但嘲笑侮辱幼儿会使幼儿产生叛逆心理，拒绝接受批评教育。

(二)威胁恐吓

应用举例 16

当小朋友非常调皮而老师教育之后没有效果时，老师很生气地恐吓他们说："再调皮就不要你们了。"

应用举例 17

孩子哭泣的时候，教师说：“再哭就不让爸爸、妈妈来接你回家了！”“把你送到其他班级去！”

3～6 岁是幼儿个性开始形成的时期，这个时期的教育对幼儿良好个性的形成至关重要。由于幼儿的认知水平有限，他们往往不知道如何消除负面情绪，受到语言威胁的幼儿害怕承担后果，内心紧张，易形成胆小怯懦的性格，不利于个性健康发展。有研究表明，在小时候受过语言威胁的幼儿，长大后会比其他幼儿更缺乏安全感和信任感。

(三)讽刺挖苦

应用举例 18

老师看见孩子的画没画好，就说：“你画的是什么破画啊？简直就是四不像！”

应用举例 19

老师听完顽皮又无音乐天赋的孩子唱歌后说：“就你五音不全，还想当歌唱家？门儿也没有！”

这些讽刺挖苦的语言，狠狠地打击了孩子的自信，严重伤害了孩子的自尊，有些幼儿可能会信以为真而自暴自弃，丧失自信，产生心理阴影，这些伤害会影响幼儿一生的个性发展。

(四)居高临下

应用举例 20

幼儿不听话时，老师就对幼儿说：“你不听话也得听。”

应用举例 21

幼儿不听话时，老师当着幼儿的面对别人说：“他要是我儿子，我早就把他丢出家门了。”

教师老是“高高在上”，孩子在接受批评时心理就不平衡，即使教师的批评是正确的，幼儿也会出现“口服心不服”的心理。

幼儿由于自身力量弱小，很难对这种内心的伤害进行正向的调节，教师的“语言暴力”会给他们造成难以言喻的精神负担和心理伤害。随着孩子年龄的增长，他们会渐渐地分辨出这些话语的分量。为了幼儿的心理健康，我们要消除“语言暴力”，细心呵护幼儿脆弱的心灵。

五、幼儿园教师推荐用语

推荐用语：

- “做错了不要紧，老师相信你一定会改正的。”
- “别着急，你一定会学会的。”
- “你真爱动脑筋，能发现这么多问题。”
- “每样菜都有营养，吃了身体好。”
- “闭上眼睛，你一会儿就能睡着。”
- “没关系，老师帮你换洗一下。”
- “别哭了，老师和小朋友都很喜欢你，我们一起玩吧。”
- “如果你喜欢别人的东西，那么就可以跟他商量一下，请他借给你玩。”
- “发生什么事了？你自已能解决吗？”
- “我们一起分析原因，密切配合，共同教育您的孩子。”

第二节　幼儿园教师用语的基本原则

通过分析幼儿园教师用语的特点，我们深刻认识到学习和掌握规范的幼儿园教师用语是有规律可循的，并进一步概括出了相对应的五项基本原则。

一、准确规范性原则

幼儿园阶段正是幼儿语言发展的关键时期，爱模仿是幼儿期的年龄特点之一。因为幼儿每天与教师生活在一起，幼儿的模仿对象主要是教师，教师每一字每一句的发音都影响着幼儿，所以教师的语言一定要准确，必须使用标准的、规

范的普通话，要做到发音清晰，力求做到字正腔圆，语速适中，特别要杜绝使用方言，引导幼儿正确发音。

任何一种语言的学习都离不开良好的语言环境，语言环境有助于语言的习得与提高。幼儿的语言是在运用的过程中发展起来的，而幼儿语言的运用又是在实际的语言交流中实现的。在生活中我们发现，有些幼儿是由爷爷、奶奶或者姥姥、姥爷带大的，如果这些长辈有方言或者口音，幼儿在日常用语中就会出现同样的问题，如：把扔[rēng]说成[lēng]，把水[shuǐ]说成[suǐ]，把取东西[qǔ dōng xi]说成[qiǔ dōng xi]等。所以幼儿园教师使用语言的准确和规范显得尤为重要，教师要让幼儿知道发音方面的基本要求，使用标准的普通话。

幼儿园教师面对的是幼儿，这就要求教师说话时要严谨有序，避免说出的话前后矛盾。例如，某教师在表扬幼儿时说，今天表现最好的是某某、某某和某某。“最”表达的意思是独一无二，只有一个才是最好的，而教师说出这么多幼儿的名字，起不到鼓励和树立榜样的作用。这种失误看似是小错误，幼儿可能也听不出来，但会使教师的表扬大打折扣，不能很好地提高幼儿的积极性。所以，我们在使用语言时要谨慎，把语言组织好后再说，避免因为语言失误影响幼儿的积极性。

二、直观生动性原则

具体形象性是幼儿园教育阶段幼儿思维的基本特点，并且这种具体形象思维中还伴有感知运动思维的特点，即幼儿在依赖表象、具体形象进行思考的同时，还常常需要具体操作等感官运动辅助。这些特点决定了幼儿更容易理解和接受直观、生动、具体的教育影响，特别是对观念的感知和理解，更需要借助于形象。因此，幼儿园教师必须善于运用语言创造直观形象，来帮助幼儿理解和感知各种抽象事物、词语、概念等。为了诱发幼儿思考并让他们有所领悟，教师要有针对性地提问、机智地点拨和诱发幼儿联想地讲述等。启发性的语言非常重要，教师只有用生动、形象、具有儿童情趣的语言，才会吸引他们的注意，调动起他们的积极性。

直观生动性原则的具体要求如下。

一是教师要选用拟人、比喻、夸张等手法，施展绘声绘色的描述技巧，来刺激幼儿的感觉器官，激发他们对新事物的想象力。

二是教师要通过创作儿歌、故事，把枯燥乏味的词语概念转化为生动、直观的事物形象。

应用举例 1

教师出示图片，请幼儿观察："谁在水中游?"(鸭子在水中游。)"鸭子在水中游。小鸭子的头是什么样的?"(小鸭子的头是弯弯的。)"上面弯弯的，像半个圆。小鸭子像数字几?"(小鸭子像数字 2。)"2 像谁?"(2 像小鸭子在水中游。)

三、简练启发性原则

幼儿的有意注意时间短、瞬时记忆不发达，因此他们对较长或复杂的语句理解起来较困难。如果一句话太复杂、太长，那么幼儿就会听了后面而忘了前面。所以，这就要求教师使用简练、富有节奏感、符合幼儿心理发展水平的语言，幼儿才会乐于接受。教师还要善于用启发性的语言和问题，引发幼儿观察、思考和探究，积极参与活动。

下面请看教师教儿歌《春天在哪里》时的提示语："这首儿歌写到的春天的景物可多啦！小朋友们要一边听，一边想：春天到底在哪里？从儿歌中把春天找到。"

在这里，教师如果使用常规句"请小朋友们认真听完儿歌后，找出《春天在哪里》这首儿歌中所描写的有关春天的景物"，那么教学效果就会相差很多。幼儿教师如果经常在课堂中使用这样的语言，那么课堂就会变得沉闷而缺少生气，也不利于幼儿理解和接受。

简练启发性教学用语的基本要求如下。

第一，教师要多用"散句"。即教师将一个长句拆零为几个较短的词语单位来表达意思，但是要注意语法和语言规范。

第二，教师要多用儿童熟悉的、富有表现力的词语与句式，避免使用过多生疏的附加成分。

第三，教师要结合实际提出要求幼儿通过观察思考可得到答案的问题。

四、情感支持性原则

孩子的情感丰富、敏感而脆弱，在说话的过程中，教师提供情感支持有时尤

为重要。教师的语气、语调、眼神、微笑、每一种肢体语言，都应真切而热情地向幼儿传达着这样的信息：孩子，你是最棒的。这种情感性语言有利于营造宽松的学习氛围。在日常生活中，当孩子遇到委屈或做了值得骄傲的事情时，老师的情感支持会给孩子莫大的安慰，对坚定孩子心中的是非观念，对孩子今后的个性形成，有着重要影响。莎士比亚说过："赞赏是照在人心灵上的阳光。"每个孩子的内心都渴望得到阳光。因此教师要竭力睁大眼睛寻找幼儿的闪光点，哪怕幼儿的发言中只有一个用得好的词，只有一句说得好的话，教师也要立即给予热情的鼓励。如："你表演得像极了，可爱的亮亮！""这个句子真好听！""你懂得比老师还要多，都可以成为小科学家啦！"即使他们的发言实在没有值得夸奖的词句，教师也可以夸夸他们："声音响亮！""真大方！""你敢于发表自己的意见，进步真大！"这样可以让每一个幼儿意识到教师在时时关注着自己的细微进步，共同分享这种进步带来的快乐。教师鼓励的言语、期待的目光给了幼儿一股无穷的动力，不仅有利于提高幼儿的学习兴趣，而且可以帮助幼儿在获得成功体验的过程中不断激励自我，大胆表达。

应用举例 2

在活动中，老师问幼儿："一个爸爸加一个妈妈再加上孩子等于几？"一个幼儿说："等于二。"幼儿们一片哗然。老师微笑着示意幼儿们安静下来："你们别急，她肯定有原因，只是没说完。"接着老师对那位幼儿说："你为什么说等于二，请你告诉我好吗？"幼儿在老师的鼓励下说："爸爸出车祸没了，所以只剩下我和妈妈啦。"老师看到了幼儿那苦涩的神情，连忙说："虽然你没有了爸爸，但奶奶和妈妈喜欢你，老师和全班小朋友都喜欢你。"幼儿终于露出了一丝笑容。这些充满爱心、智慧的话语化解了幼儿的尴尬，教师小心翼翼地保护了幼儿受伤的心灵。

五、审美艺术性原则

语言表达形式是多种多样的。有声语和体态语的有机结合，能使教师的语言表达富有艺术感染力；预设语和随机语的有机结合，使教师可以根据幼儿的反馈信息或突发情况，临时调整原先预设的活动流程，巧妙应对。

每个教师都应有自己独特的语言风格，不应拘泥于一种形式，应因人而异，因时而异，因活动而异，因发生的情况而异。教师不仅要"能说"，还要说得

“巧”，说得美。诗意的语言易引发幼儿的联想，机智幽默的语言能调节课堂气氛，激情的语言能感染幼儿的情绪。机智幽默是教师语言艺术的重要组成部分，最能体现教师的内涵与应变能力。幼儿的回答不可能每次都正确，幼儿不可能时刻注意力集中，回答有时会出现跑题的现象。优秀的老师可以运用巧妙、机智的语言来纠正幼儿的回答及改变注意力导向，做到引而不发，起到调节幼儿的情绪、集中他们注意力的作用。教师应缓解紧张的气氛，使幼儿的心理得到放松，使幼儿在笑声与顿悟中不忘体验、牢记知识、受到教育。

应用举例 3

一个幼儿在说有关春天的句子，说得很不错，此时刚好一只蝴蝶从窗外飞了进来，于是老师就借题发挥：“你说得多好，看，就连蝴蝶也赶来倾听你讲述春天里有趣的事情了！”那个幼儿激动得涨红了脸，引得所有的幼儿羡慕不已。大家纷纷发言，力争得到老师别具匠心的奖赏，不知不觉中就形成了一个教学高潮。

一、根据幼儿园教师推荐用语，写出相应的幼儿园教师忌语

推荐用语：

- “做错了不要紧，老师相信你一定会改正的。”
- “别着急，你一定会学会的。”
- “你真爱动脑筋，能发现这么多问题。”
- “每样菜都有营养，吃了身体好。”
- “闭上眼睛，你一会儿就能睡着。”
- “没关系，老师帮你换洗一下。”
- “别哭了，老师和小朋友都很喜欢你，我们一起玩吧”。
- “如果你喜欢别人的东西，那么就可以跟他商量一下，请他借给你玩。”
- “发生什么事了？你自己能解决吗？”
- “我们一起分析原因，密切配合，共同教育您的孩子。”

二、根据本章应用举例中教师不规范的用语，写出正确的教师用语

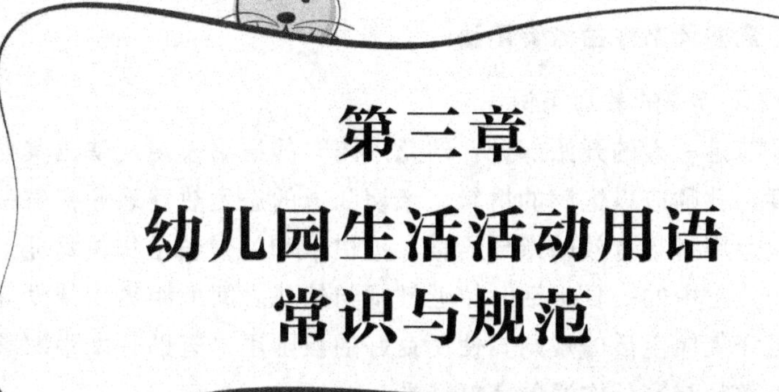

第三章 幼儿园生活活动用语常识与规范

第一节　幼儿园生活活动用语常识

幼儿园一日活动的合理组织和安排，关系到幼儿良好的生活习惯的养成，有助于提高幼儿的生活自理能力和社会适应性，促进幼儿身心全面和谐地发展，同时，有利于各项工作有计划、有步骤地进行，从而提高教师组织各项活动的效率。幼儿园教师要善于运用规范化的生活活动用语，适度地引导幼儿开展一日生活各环节的活动，促进幼儿的社会性发展和良好行为习惯的养成。

一、 幼儿园生活活动用语的内容

幼儿的生活活动是指满足其基本生活需要的活动，主要包括来园、户外、盥洗、进餐、如厕、睡眠、整理、离园等常规性活动。生活活动贯穿在一日生活始终，在幼儿生活中占有重要的地位，对幼儿的身心发展起着重要作用。教师的语言必须明确、简洁、具有概括性，使幼儿易懂、易学，有助于幼儿养成良好的生活习惯，建立良好的生活秩序。

(一)入园、离园环节中的教师用语

1. 入园接待环节中的教师用语

入园接待环节是一天的开始部分，幼儿入园时的情绪表现反映出其对幼儿园生活的适应程度。教师应以饱满的情绪、亲切和蔼的态度热情地迎接每一位家长与幼儿，教师应运用科学有效的指导语言，把快乐和关爱送给每位幼儿，使幼儿愉快地开始在幼儿园中的一日生活，拉近教师与幼儿之间的距离，使幼儿在各项活动中都容易遵守集体生活的规则。使用良好的教师用语有助于增强家长对教师的信任度，也是教师与家长沟通的良好开端。

应用举例 1

为了让幼儿在温暖而充满信任感的气氛中入园，教师对幼儿说："宝贝，又看见你了，真好!"教师拉着幼儿的手自然而然地进入教室，又不忘提醒幼儿："和爸爸、妈妈说再见。"对依恋亲人、哭吵不止的幼儿，教师蹲下来亲切地说："×××小朋友，今天是不是有什么不开心的事情啊？老师很愿意倾听并帮助你来解决，你愿意和老师说一说吗?"教师亲切而诚恳的语言，使幼儿感到安全、温暖，感到教师喜欢他、欢迎他。幼儿很快进入了教师预设的情境中，消除了不良情绪。

应用举例 2

晨间接待时，教师发现一名幼儿的口袋里有一把小刀，对幼儿说："你的衣服口袋里有什么?"幼儿听了以后，马上回头跑到家长那里，将口袋里的小刀交给了家长。幼儿说："老师，我在家里忘拿出来了。"教师笑着摸摸幼儿的头，并对他点点头。

2. 离园环节中的教师用语

离园环节是幼儿一日生活的最后环节。离园时，教师的语言应使幼儿感到轻松，让幼儿高高兴兴地回家，为一日活动画上快乐的句号。

应用举例 3

离园前，教师表扬幼儿的进步。"今天梅梅吃饭有进步了，添饭了。""东东今天午睡表现得好，躺在床上一会儿就睡着了。""小刚学会扫地了，以后一定会扫得更好!""小朋友们把玩具柜整理得非常整洁。我真为你们高兴!"幼儿高高兴兴

地回家了。有了教师的表扬和鼓励，幼儿会做得越来越好。

应用举例 4

一位教师患了急性咽炎，不便讲话，在幼儿离园时，教师抱抱这个幼儿，抚摸一下那个幼儿，充满深情地望向幼儿。虽然这名教师没有说话，但是通过肢体语言让幼儿感知到了教师的和善可亲，体会到了教师对他们的爱，也使家长感受到了教师对幼儿照顾的细微、周到。

(二)户外活动环节中的教师用语

《幼儿园工作规程》强调："在正常情况下，幼儿户外活动时间(包括户外体育活动时间)每天不得少于 2 小时……"可见，幼儿户外活动是一日生活活动的重要组成部分。幼儿园的卫生保健工作也要求教师做好幼儿的体格锻炼记录。教师要合理科学地组织户外活动，有效地开展晨间锻炼活动、户外体育活动、午饭后散步活动、离园前户外活动等，使幼儿拥有健康强壮的体质，发展各方面的能力，身心和谐发展。教师应多用鼓励的话语激发幼儿参与活动的积极性，用规范的语言指导幼儿完成户外活动。教师既要让幼儿玩得快乐，也要让幼儿玩得有度、玩得安全。

1. 入园后、离园前的户外活动中的教师用语

幼儿入园后和离园前的户外活动多以自由活动为主，幼儿自由选择活动内容，自由选择玩具，自由选择伙伴，教师要给予幼儿充分的自主权。教师应注意观察幼儿，必要时再给予适当的指导。幼儿对户外活动的喜欢是不容置疑的。入园后的户外活动是幼儿入园后一日生活的开始，教师的语言要使幼儿精神饱满、愉快地开始一天的生活和学习。离园前的户外活动氛围应是轻松的，使幼儿在游戏中更加真实自然，怀着对幼儿园、教师、小朋友的依依不舍离开幼儿园，期待着第二天来幼儿园。

应用举例 5

早上晨间锻炼时，几名幼儿自发地玩起了跳圈的游戏，幼儿对这个游戏产生了兴趣，玩得很认真。有的将圈摆成一排，一个一个地跳过去；有的将圈摆成了小房子形状。玩了一会儿，他们停了下来，这时，小明拿起了圈，教师看了说："你是在开车吗?"小东听了，也拿起了地上的圈，套在了小明的身上，嘴里还说着："滴滴。"其他的幼儿也都拿起圈，套在别人的身上，说："开火车啦。

呜——”就这样，在教师的暗示引导下，幼儿开始了新的游戏。

应用举例 6

做早操的音乐响起来了，小朋友们将玩具放到玩具框里后，到班级场地站队去了。教师注意观察幼儿，不时对动作好的幼儿点头，微笑地看着幼儿表示肯定；对个别幼儿用语言提醒：“小军。”小军听到了教师的声音，马上停止了东张西望，看着教师，随着音乐认真地做起了早操。

应用举例 7

离园前的户外活动时间到了，教师带领幼儿来到班级活动场地，教师说：“请小朋友玩大型玩具的时候不倒爬滑梯，互相谦让，不推挤，注意安全。”幼儿开始了喜欢的户外活动，教师细心地观察幼儿，幼儿玩得很快乐，快乐的一天就要结束了。离园前的户外活动深受幼儿的喜爱。

2. 户外体育活动中的教师用语

户外体育活动是非正规性体育活动，组织较松散，教师大多采取间接指导的方式来组织和实施活动。户外活动一般以体育游戏为主，但教师不应忽略其他游戏的穿插进行，如智力游戏、娱乐游戏、音乐游戏等。

应用举例 8

户外活动时，幼儿对绳子产生了兴趣。他们先是把绳子摆成直线当作独木桥，在中间走，之后又把绳子当作小沟来跨跳，玩了一会儿，他们把绳子摆成 8 字形玩跳圈游戏，又玩了一会儿，几名幼儿把绳子的两头连了起来，绳子变成了一个大圈。他们钻进去，把绳子放在腰部的位置，每个人都用力地向自己的前方使劲，只见这几名幼儿一会儿被拉到这边，一会儿被拉到那边，眼看有的幼儿体力不支，就要松下来了。教师看到了，说道：“你们这是在开火车吗？火车司机得轮流休息。”幼儿听了教师的话，就商量起了谁当火车司机，绳子又变成了长方形，被当作了火车的车厢。“呜——”，新的游戏开始了。教师的适时引导，使绳子的多种玩法交替进行，达到了一种玩具有多种玩法的效果，变一种游戏为多种游戏，提高了玩具的使用率，又培养了幼儿的创造能力。

应用举例 9

户外体育活动时，教师发现某位幼儿胆小，不愿参加攀爬活动，教师蹲下来，轻声询问：“×××小朋友，老师很想知道谁是我们班里最勇敢的宝贝儿，你是因为身体不舒服才不愿意参加攀爬的活动对吗？如果不是，老师相信你一定能勇敢地爬上去。”这名幼儿听了教师的话，犹豫了一会儿，教师笑着望着他，这名幼儿终于鼓起勇气慢慢地参加了攀爬活动。教师适宜的话语既维护了幼儿的自尊心，又帮助幼儿勇敢地参与了攀爬活动。

3. 午饭后的散步活动中的教师用语

午饭后的散步活动是轻松的。教师要让幼儿充分地接触自然界，用多种感官立体地感受自然界的美。教师要注重引导幼儿进行观察，描述散步中的见闻。教师的语言要充满感情，要生动形象。

应用举例 10

在餐后散步活动中，教师带领幼儿来到了幼儿园的种植区，幼儿观察自己种植的植物，教师指着一株植物说：“这是什么?”幼儿围拢过来仔细观察，并开始议论起来：“啊！是长出西红柿了吗？快看，小小的，怎么不红啊?”“太小了，大的才红呢。”“还有一个，在这儿呢。”教师问幼儿：“你们发现有几个西红柿?”幼儿一边找，一边数了起来。“请小朋友记住今天西红柿的样子，以后再来看有什么变化。”幼儿对观察西红柿产生了兴趣。

拓展阅读 1

做操环节的儿歌

1. 小朋友来做早操，大家都在点上站；一臂距离排整齐，点点头来伸伸臂；坚持锻炼身体好，高高兴兴做早操。

2. 小朋友排好队，伸胳膊，扬扬头，踢踢腿，弯弯腰。大家一起来做操，小朋友们多快乐，天天做操身体好。

(三)盥洗环节中的教师用语

盥洗活动是幼儿一日生活活动的重要部分之一，包括洗手、喝水、如厕等，是在幼儿玩沙、玩泥等活动以后以及餐前、便后都要进行的活动，也是幼儿在园的基本活动。盥洗环节的教师用语要亲切、柔和，使幼儿感到像在家中一样温暖，自然地接受教师的指导，这样就有助于帮助幼儿养成良好的盥洗习惯，使他们学会正确的盥洗技能，提高生活自理能力与养成良好的卫生习惯。

1. 洗手环节中的教师用语

一日生活皆教育，教师应抓住生活中的每一个细节，合理安排幼儿盥洗的时间，教会洗手、洗脸的程序，使幼儿能够自觉在用餐前、便后、户外活动结束后养成自觉洗手的好习惯。对于小班幼儿，教师应帮助他们卷衣袖，可以请他们一边唱儿歌一边洗手，有利于他们掌握洗手的正确顺序和方法，帮助他们把手洗干净，避免玩水和洗不干净的情况出现。对于中班、大班幼儿，教师可着重对他们进行提示和检查。推荐用语如下："请小朋友相互帮助卷袖子，在洗手后擦干手上的水。""大家要有秩序地排队洗手，不玩水和肥皂，不推不挤。""洗完手要在水池中甩掉手上的水再离开，不要把水甩在别人身上和地上。"

应用举例 11

对于刚刚入园的幼儿来讲，掌握洗手的方法尤为重要，教师可以运用朗朗上口的儿歌帮助幼儿掌握基本方法，便于幼儿理解和体会。"挽起衣袖，打湿小手，香香肥皂，擦擦小手，搓搓手心，搓搓手背，小手开满朵朵白花，清清水儿流过手心，一二三，甩三下，小手洗得真干净。"

对于中班、大班幼儿，养成自觉洗手的卫生习惯极其重要，教师可以教会他们一些洗手的歌曲，在适当的时机播放，把音乐作为一种指令。"哗哗流水清又清，洗洗小手讲卫生，伸出小手比一比，看谁洗得最干净。"

拓展阅读 2

洗手环节的儿歌

1. 洗手儿歌：

• 排队洗手不拥挤，挽起袖子不湿衣；小小肥皂手中拿，指尖指缝都要洗；洗完关闭水龙头，小手擦干要牢记。

• 搓搓搓，搓手心，搓搓搓，搓手背，换只手，再搓搓，冲冲冲，冲冲手，冲冲冲，冲干净，关上龙头甩三下，一二三。

• 大小便，要洗手，不让细菌进入口。

2. 节水儿歌：小朋友们来洗手，洗完关掉水龙头。不让清水白白流，我是节水小能手。

3. 擦手儿歌：小毛巾，真正好，天天帮我擦干手；擦手心，擦手背，我的小手真干净。

4. 洗脸儿歌：小毛巾，放手心；洗洗眼，洗洗鼻，洗洗嘴，洗洗脖子；我的小脸真干净。

2. 喝水环节中的教师用语

幼儿每天要多次喝水，在提醒幼儿按时喝水时，教师的语言要亲切，切忌使用生硬的强制性语言，要让幼儿了解喝水对身体的益处。

应用举例 12

小班幼儿养成良好的饮水习惯尤为重要，配合该年龄段幼儿语言发展特点，教师可自创三字儿歌，使幼儿喜欢喝水。如："小水杯，手儿拿，开龙头，把水接，接好水，关龙头。小心喝，不浪费，喝好后，归原位，多喝水，身体棒！"

拓展阅读 3

喝水环节的儿歌

1. 手拿小水杯，大家来喝水。喝多少，倒多少，全部喝完不浪费。

2. 小水杯，真可爱，我们大家来喝水。你一杯，我一杯，多喝水来身体好。

3. 小杯子，手中拿，排好队，喝水啦。不要推，不要抢，开水热，别烫伤。喝多少，接多少，手端平，水不洒。坐下来，吹一吹，慢慢喝，别呛着。喝一口，歇一下，咕噜噜，喝完啦。

3. 如厕环节中的教师用语

我们应准确把握如厕教育的适宜性，从幼儿身心和谐发展的角度出发，将如厕环节的教育价值定位于"轻松"二字，教师要对幼儿使用亲切的语言，满足幼儿正常的生理排泄需要，让幼儿觉得轻松。教师要教给幼儿使用便池的方法，让幼儿养成便后主动冲厕、洗手的习惯；中班、大班幼儿学习在便后自己擦拭的技能，"大便后要从前向后擦"。教师要帮助幼儿学习并掌握如厕的基本技能，实现如厕的自理；让幼儿养成良好的排泄习惯，让幼儿遵守如厕常规，形成一系列关于如厕的健康行为方式，使他们的身心和谐发展。

教师应用亲切的语言提醒幼儿按时如厕，整理衣物，养成良好的卫生习惯。

应用举例 13

一名新入园的幼儿尿裤子了，教师对他说："宝贝，没关系！老师小时候还尿裤子呢，我来帮你。"教师、保育员帮助这名幼儿清洗更换裤子，并轻声细语告诉他："有大小便时可以告诉老师。"当有幼儿主动地告诉教师自己要小便时，教

师夸张地说："你能自己主动和老师说要小便，我非常喜欢你！"

应用举例14

当教师发现一名幼儿在洗手间门口徘徊时，不直接询问幼儿："为什么不去小便？"教师以理解的态度来处理此事，对幼儿说："便池宝宝等着你快去呢。"教师用拟人化的表达方式，便于幼儿接受，又安抚了幼儿的紧张情绪。

拓展阅读4

如厕环节的儿歌

1. 男孩左，女孩右，要小便，脱裤子；要大便，请阿姨擦屁股；洗洗手，回教室；找小凳，乖乖坐。

2. 两只小手抓裤腰，轻轻往下拉，小脚跨开蹲下去，嘘嘘嘘嘘尿好了，快把裤子提好了。

3. 小朋友，讲卫生，上完厕所冲一冲。小手按下水阀门，水儿哗哗流出来。冲掉异味空气好，我是健康的乖宝宝。

4. 裤子向下脱，露出小鸡鸡；小手轻轻扶，对准小便池；尿完抖一抖，提好小裤子。

(四)进餐环节中的教师用语

进餐活动也是幼儿在园的主要活动。在幼儿园里，幼儿一人吃一份饭、一份菜，要让幼儿在幼儿园吃得好、吃得卫生、吃得愉快，教师要帮助幼儿学会正确的用餐方法，培养幼儿良好的饮食习惯。教师的语言要使幼儿的进餐活动在整洁、轻松、愉快的氛围中进行。

1. 餐前准备中的教师用语

进餐前半小时左右结束其他活动，请幼儿收拾玩具，整理活动室。教师安排餐桌，组织幼儿如厕、洗手。"请小朋友收好玩具，摆好椅子，然后如厕、洗手，准备吃饭。"教师提醒幼儿："洗手后要保持手的清洁，不摸其他东西。"教师可以播放一些优美、轻松的音乐，也可以进行一些语言或手指的安静游戏，安抚幼儿的情绪，培养他们安静等待同伴一起进餐的习惯。教师向幼儿介绍食物，引起他们的食欲，帮助他们克服挑食和偏食的毛病，培养良好的饮食习惯。推荐用语如下："小朋友看，今天我们吃什么？""胡萝卜很有营养，小朋友吃了会长身体。""西红柿说了，小朋友快来吃我吧。""小朋友，请用餐。"

2. 进餐过程中的教师用语

幼儿进餐时，环境应是安静、愉快、轻松的，而不是令他们紧张、压抑的。

在进餐时，教师应认真细致地观察幼儿进餐的情况，针对幼儿的实际情况给予照顾或指导、帮助，切勿大声呵斥幼儿。教师根据幼儿饭量大小随时添饭，不催食。推荐用语如下：“你添饭了没有？”“把碗里的饭吃干净，把嘴里的饭咽干净，再来添饭。”“放下勺子和筷子来添饭。”“晓梅吃得真香。”“咽下最后一口再站起来。”

拓展阅读 5

进餐环节的儿歌

1. 吃饭儿歌：

• 洗好手，吃午饭，不挑菜来不剩饭。

• 小朋友，开饭了！坐端正，手扶碗；水果蔬菜我爱吃，细嚼慢咽吃个饱；自己吃饭真干净。吃早餐，心情好，高高兴兴吃得饱。

• 手洗净，动作轻，细细嚼，慢慢咽，不挑食，不剩饭，身体长得健又壮。

• 小调羹手中拿，一口饭一口菜，吃饭时不喧哗，垃圾扔进小碗里，自己的饭菜都吃光，桌面地面都干净。

• 小朋友，准备好，午饭香香已摆好；老师话，切记清，一口饭菜，一口汤，细嚼慢咽吃得香。嘴里有饭不说笑，追逐打闹更不要，饭后洗手擦擦嘴，收拾碗筷习惯好。

• 小小手，真灵巧，扶住碗，拿起勺。轻轻舀，慢慢送，自己吃饭真正好。

• 娃娃比我小，吃饭要人喂。我比娃娃大，吃饭不用喂。

• 小小筷子本领大，吃饭夹菜全靠它。我用小手稳稳拿，不乱翻，不敲打，不让饭菜满桌撒。

• 我把饭菜都吃了[liǎo]，嘴里食物都咽下，桌面地面全干净，小碗小勺送回家。

• 小手绢，四方方，拿起它，擦嘴巴。一二三，左右擦，嘴巴乐得笑哈哈。

2. 吃点心儿歌：梳洗后，吃点心，香香甜甜吃干净。

3. 漱口中的教师用语

在幼儿园的生活活动中，我们要培养幼儿养成饭后洗手、漱口、擦嘴的良好习惯。“请吃完饭的小朋友去漱口、擦嘴、洗手。”教师向幼儿渗透关于保护牙齿、注意口腔卫生等方面的内容，帮助幼儿了解保护牙齿的重要性。教师运用拟人化的语言时，幼儿非常乐于接受。

应用举例 15

幼儿进餐过后，教师提醒幼儿："接下来到小牙齿洗澡的时间了，请小朋友拿出漱口杯，帮助你的牙齿洗个温水澡，让你远离蛀牙。"教师提醒幼儿正确漱口的方法："把漱口水含在嘴里鼓漱 3～5 次，再轻轻吐进水池中，不能把水咽进肚子里。"教师关注幼儿漱口的过程，发现一名幼儿漱口不正确，教师说："你看红红小朋友是怎样漱口的。把嘴鼓起来 3～5 下，给牙齿洗澡，再吐到水池里。"教师帮助幼儿纠正不正确的做法。幼儿漱完口后把自己的水杯放回原处并摆放整齐。

拓展阅读 6

漱口

1. 教师对幼儿的漱口指导要点：

• 组织幼儿餐后拿着自己的饭碗或者取出自己的水杯，接半碗或者半杯漱口水，安静有序地漱口。

• 引导幼儿用鼓漱法进行漱口，提醒幼儿将漱口水含在嘴里鼓漱 3～5 次，再轻轻吐进水池中，不要把水咽进肚子里。

• 关注漱口过程，发现漱口不正确的幼儿，及时耐心地给予语言和动作提示。

2. 漱口歌：手拿小杯子，喝口清清水，抬起头，闭起嘴，咕噜咕噜吐出水。

（五）午睡环节中的教师用语

午睡前，教师应尽量安排安静的活动内容，也可播放安静舒缓的音乐，创设午睡的氛围，提醒幼儿："请小朋友上厕所，准备午睡了。"教师要轻声讲解要求："让我们像小花猫一样，轻轻地走进寝室，把自己的衣物、鞋子整理好，盖好小被子，轻轻地闭上眼睛，睡个甜甜的午觉吧。"教师的要求要明确，自然而然地将幼儿带入午睡的氛围中来。教师切忌大声斥责入睡困难的幼儿，以免让幼儿造成午睡压力或恐惧午睡。

对于入睡晚和入睡困难的幼儿，教师应坐在他身边小声督促他尽快入睡："闭上眼睛，就要睡着了。"教师还可以轻声唱《摇篮曲》："摇啊摇，摇啊摇，我的宝宝要睡觉。小花被，盖盖好，两只小手放好了。摇啊摇，摇啊摇，我的宝宝睡着了[liǎo]。”对爱做小动作的幼儿，注意不要让他影响其他幼儿，教师可以采取一些方法帮他入睡：握住他的小手，或轻轻地抚摸他。对生病的幼儿，教师尤其要细心照顾，要时刻关注他们的体温变化、是否咳嗽、是否呕吐等情况。教师要用轻柔的声音说：“好些了没有？”“来，再量一下体温。”“老师在你身边，有哪里不舒服，你就告诉老师。”对有蒙头睡觉习惯的孩子，教师轻声提醒他们：“小花被喜欢让你把头露出来。”

起床时，教师带着笑容亲切地对小朋友说：“小朋友，下午好，起床了。”教师提醒幼儿“今天外面风很大，请你们多穿一件衣服”“今天天气很热，请你们不要穿长袖衣服了”等，请他们根据天气增减衣物。

应用举例 16

午睡时间到了，教师提醒幼儿说：“请小朋友去厕所排便，回来睡一个甜甜的午觉吧。”幼儿如厕后，教师观察和指导幼儿脱衣服：“红红的衣服叠得越来越整齐了。”“美美帮助丽丽拉拉锁，丽丽帮助美美拉裤腿，你俩真是一对互相帮助的好朋友！”幼儿都上床后，教师说：“今天咱们讲《小猫钓鱼》的故事吧。”幼儿伴着教师的讲故事声，很快入睡了。

拓展阅读 7

午睡环节的儿歌

1. 睡前要小便：幼儿园，静悄悄。小朋友，要睡觉。睡觉前，要小便。呼噜呼噜睡得好。

2. 脱衣歌：提衣服，抓住袖口缩缩手，缩左手，缩右手，提着领口露出头；宝宝的衣服脱好了。

3. 脱袜子：缩起小脖子，钻出小洞子，拉起小鼻子，脱掉小袜子。

4. 午睡歌：

- 枕头放放平，花被盖盖好；小枕头，小花被。跟我一起睡午觉，看谁先睡着。
- 午睡到，午睡到，小朋友们准备好，先放枕头后铺被，再把小鞋摆放好。先脱衣，后脱裤，钻进被子睡着了。
- 午饭后，睡午觉，安安静静睡得好。
- 小被子，盖盖好，小眼睛，闭闭牢。不用怕，不用摇，宝宝自己会睡觉。

5. 穿袜子：袜跟朝下张开口，小脚轻轻往里游，袜头套住脚趾头，袜跟套

住脚后跟，轻轻一拉穿好了。

6. 穿裤歌：一条裤子两个筒，两个裤筒像山洞。左脚钻进左山洞，右脚钻进右山洞。呜呜呜，呜呜呜，两列火车进山洞。

7. 穿衣歌：

• 小花衣，真漂亮，小手儿，要穿衣；左穿洞，右穿洞，哗！穿好啦！我的小手真能干。

• 小胳膊，穿袖子，穿上衣，扣扣子，小脚丫，穿裤子，穿上袜子穿鞋子。

• 抓领子，盖房子。小老鼠，出洞子。吱扭吱扭上房子。

• 花花衣，真美丽，宝宝自己学穿衣。小手伸进衣袖里，再把领子理一理，扣子扣进小扣眼，一个一个对整齐。最后衣襟拉一拉，对着老师笑眯眯。

• 你帮我穿衣，我帮你扣扣。衣服穿好了，扣子扣好了。看看你和我，都是好朋友。

8. 扣纽扣：

• 小纽扣，要扣好。从下面，往上扣。一颗颗，要扣牢。

• 小扣子，圆溜溜，好像眼睛找朋友，小洞洞，忙招手，欢迎扣子钻洞洞。

• 纽扣是宝宝，扣眼是妈妈，宝宝找妈妈，纽扣找扣眼。衣服底边要对齐，从下向上找妈妈，纽扣钻进扣眼里，扣眼妈妈找到了。

9. 穿鞋子：两只小鞋是朋友，穿错两边歪着头，分清正反并不难，两个朋友碰碰头。

10. 系鞋带：小鞋带，手中拿。一左一右先交叉；一根弯腰钻过门，两手拉住系紧它。折成两只小耳朵，再一交叉钻门下；一左一右快系紧，开出一朵蝴蝶花！

11. 我真棒：自己坐起来，自己穿衣裳。袜子、裤子和上衣，顺序穿好不慌张。自己穿鞋系鞋带，自己叠被四方方。自己刷牙又洗脸，干干净净真漂亮。自己的事情自己做，大家都夸我真棒！

（六）整理活动环节中的教师用语

幼儿在园内生活，自己的个人生活用品、学习用品及游戏时使用的材料等部分物品，都需要自己收拾、整理。教师应根据他们需要自己整理的物品的实际情况，运用简洁明了的语言，指导幼儿掌握整理物品的方法。教师可以将物品拟人化，使整理活动在游戏的气氛中完成，增添乐趣。“我们把皮球送回家吧。”“布口袋妈妈召唤布口袋宝宝回家了。”年龄小的幼儿整理物品的能力相对较弱，教师可利用儿歌帮助幼儿掌握方法。

1. 幼儿管理生活用品环节中的教师用语

(1)幼儿管理个人生活用品环节中的教师用语

管理个人生活用品包括入园后、运动后脱下的衣物、鞋帽的折叠、整理；下雨天换下的雨鞋、雨衣、雨伞的摆放、整理；自己的毛巾、水杯、餐具等物品的放置、整理；离园前的整理，等等。进餐结束后，教师要求幼儿收拾自己的餐具，放在指定的地方，然后有礼貌地、轻轻地搬椅子。小班幼儿可以先吃完先离开，中班、大班幼儿则可以请值日生专门在指定地点收拾整理餐具。推荐用语如下："请小朋友吃完饭后把餐具放到装碗盆里。""看看谁的小碗最干净。""比比哪桌最干净。""看看谁是爱惜粮食的好孩子。"起床后，教师鼓励先整理完床铺的幼儿帮助其他幼儿整理床铺："乐乐叠被子又快又整齐，她现在帮助别的小朋友叠被子了，真好!"教师也可以请幼儿相互帮助整理衣物："小朋友互相帮助扣纽扣、拉拉链、系鞋带，都是团结友爱的好孩子!"

(2)幼儿值日整理公共生活用品环节中的教师用语

教师安排中班、大班幼儿轮流做值日生，做摆碗筷、擦桌子、扫地等力所能及的事。"今天的值日生把桌子擦得真干净。""小明摆碗筷摆得真整齐。"

2. 幼儿管理学习用品环节中的教师用语

管理学习用品包括自己的水彩笔、油画棒、本子、作业纸等物品的放置和用后的整理等。比如，在美工活动之后，教师对将学习用品整理干净的幼儿给予肯定："红红把笔和本都摆好了，把碎纸片也都收到垃圾桶里了，真好。"如果有忘记整理的幼儿，教师就要提醒他们："请小朋友看看桌子上面收拾干净了没有。"

3. 幼儿管理游戏材料环节中的教师用语

管理游戏材料包括体育活动的器械、角色和区域游戏的材料、自然角、图书等的收拾整理。比如，在区域活动之后，教师注意观察幼儿是否主动将游戏材料放回原来的地方整理好，对需要指导的幼儿强调："看看积木回到原来的家里没有。"

应用举例 17

教师引领刚刚走入更衣室的幼儿，亲切地说："衣柜是衣服的家，请你帮助外套回家吧!"幼儿顺理成章将衣服脱下，放入自己的衣柜里。教师采用儿歌的形式说："小衣服，放放好，小鞋子，摆整齐!"幼儿易于理解教师的指令，又对换衣服、鞋子充满了兴趣。

应用举例 18

在游戏活动结束时，教师说："这次的游戏结束了。请小朋友把玩具(游戏材料)都送回家吧，看谁摆得又快又整齐。"幼儿开始整理游戏材料，教师注意观察幼儿。"红红摆得好整齐。""东东的速度真快。""小明和小雨一起抬着'房子的门'，合作得真好。"不一会儿，幼儿将游戏材料都整理好了。教师说："玩具们说谢谢小朋友，欢迎小朋友下次再来玩，小朋友再见。"

拓展阅读 8

整理环节的儿歌

1. 叠衣服儿歌：

• 衣服展开来，小门关关紧。双手抱一抱，衣服叠整齐。

• 放平衣服对整齐，先将两袖向前抱，再把腰儿弯一弯，看看是否叠好了。

2. 叠裤子儿歌：

• 脱下小裤子，两腿变一腿，裤腰裤腿碰碰头。

• 叠裤子，很简单，展平裤子在面前。裤腿兄弟心贴心，裤腰裤脚面对面，叠平裤子摆整齐，妈妈夸我真能干！

3. 卷袜子儿歌：两个袜子并并拢，脚尖脚尖卷啊卷。袜筒轻轻钻过去，袜子变成小球球。

4. 叠被子儿歌：小朋友，叠被子。先叠长边对中间，再叠短边向中折，对折整齐放床边。

5. 小木梳：小木梳，手里拿，对着镜子来梳头，左梳梳，右梳梳，梳得头发亮光光。

6. 送玩具回家：宝宝有个家，玩具也有家。你有家，我有家，游戏结束都回家。

7. 捡积木：小花猫，不当心，碰倒积木撒一地。小宝宝，不生气，一块一块捡回去。一二三，三二一，一块一块放整齐。

8. 整理图书：图画书，真好看；轻轻翻来静静看；图书是我的好朋友，看完把它送回家。

二、 推荐幼儿园生活活动用语百句举例

（一）小班

1．兴趣态度方面

◆如何引导入园适应困难的幼儿？

案例描述：×××小朋友入园已经有一段时间了，可是直到现在还会时常哭闹，家长为此十分苦恼。

推荐用语：

• 教师走过去对她亲切地说："宝贝，告诉老师你有什么不开心的事吗？"

• 教师说："让我带你认识一位新朋友，好吗？"

• 入园时，教师再次帮助幼儿调整不良情绪："让我们一起把心中的大乌云赶跑，做个快乐的小朋友。"

• 教师利用课堂上集中教育活动时的教育契机鼓励该幼儿："今天早上，我欣喜地看到了×××小朋友的笑脸，让我们一起为她鼓掌吧！"

2．知识经验方面

◆如何引导家中被溺爱不想自己独立进餐的幼儿？

案例描述：×××是爷爷、奶奶的心肝宝贝，他们在家里不让幼儿做任何力所能及的事情，导致幼儿缺乏自我服务的意识，进餐时总是等待老师像爷爷、奶奶一样喂着吃。

推荐用语：

• 在巡视幼儿进餐过程中，教师提示幼儿："拿起小勺子，大口大口吃，我们比一比，谁把米饭先装进小肚子里！"

• 教师鼓励幼儿独立进餐，对幼儿说："×××，告诉爷爷、奶奶，我们在幼儿园里自己吃饭真香！"

• 餐后，教师总结幼儿进餐情况，评比出进餐小明星，并鼓励幼儿："你在家里也要当一名进餐小明星，把自己的进步告诉爸爸、妈妈。"

• 教师培养幼儿为他人服务的意识，如进餐前，教师组织值日生分餐具，做力所能及的事。"今天的值日生分餐具做得很好。"

3. 技能方面

◆如何引导因缺乏运动技能而不愿意参加户外活动的幼儿？

案例描述：×××，在户外活动时，因缺乏一定的运动技能，所以，总是带着消极的情绪，不爱参与户外运动，更不爱挑战新奇的体育游戏。

推荐用语：

• 教师走过去问他："今天我们玩一个特别有趣的体育游戏，邀请×××小朋友帮助老师做示范，好吗？"

• 教师对他说："参加体育锻炼可以使我们的身体棒棒的，做个健康的宝贝多好啊！不会做没关系，来！跟着老师一起做。"

• 教师对全体小朋友说："今天的户外活动小明星是×××小朋友，因为老师看见他一直努力地练习新动作，让我们把掌声送给他！"

(二)中班

1. 兴趣态度方面

◆如何引导在晨间活动中不能遵守游戏规则的幼儿？

案例描述：×××总是第一个来园，但是在晨间活动中，他不能耐心地完成一项活动，常常走来走去，干涉他人的活动。

推荐用语：

• "今天老师设计了一些好玩的晨间游戏，我想邀请一些有耐心的小朋友一起玩。"

• 教师引导×××："如果每一个小朋友都不能在晨间活动中独立完成一项活动，那么我们的时间就白白地浪费了，多么可惜啊。"

• 教师说："如果没有想好自己要做什么活动，可以和喜欢的小朋友共同商量，合作完成。"

• 教师说："我们近期要评选晨间活动小明星，大家要积极努力，希望你也能成为大家的好榜样。"

2. 知识经验方面

◆如何引导不会自己穿脱衣服的幼儿？

案例描述：×××小朋友，不会自己穿脱衣服，午睡时常常趁老师不注意，悄悄穿着外衣上床睡觉，离园时，总是磨磨蹭蹭地不肯穿衣服。

推荐用语：

• 教师说："小朋友们，最近老师发现我们班的×××小朋友穿衣服的速度明显加快了，说明我们的小手为自己服务的本领又增长了，让我们继续加油吧！"

• 教师说："灵巧的双手为我们自己服务，只有多多锻炼，才能让小手发挥更大的作用。"

• 教师说："我相信，今天×××小朋友只要用心找方法，专注做事，一定能第一个穿好衣服离园。"

• 教师说："午睡的时候，我们的大脑得到了很好的休息，我们小朋友的衣服也要休息，请你主动把它叠好，让它在小椅子上休息吧。"

3. 技能方面

◆如何引导在日常生活中遇到身体不舒服的情况时不善于表达的幼儿？

案例描述：×××小朋友，回家之后便开始发烧，并告诉妈妈，在幼儿园时感觉不舒服，不愿告诉老师。

推荐用语：

• 教师鼓励小朋友："遇到身体不舒服一定马上告诉老师，老师和保健医生会帮助你。"

• "教师很关注小朋友的身体健康，如果你感到不舒服，那么，请你告诉老师你的感受，我们一起打电话通知爸爸、妈妈，好吗？"

• 教师说："×××小朋友能够及时告诉老师他的肚子不舒服，真是一个会照顾自己的孩子，让我们一起鼓励他。"

（三）大班

1. 兴趣态度方面

◆如何引导在日常生活中不愿意独立整理自己的物品的幼儿？

案例描述：×××已进入大班阶段，还不能整理自己的物品，每天离园时老师都会在他的桌子上发现落在幼儿园的文具或图书。

推荐用语：

• 教师说："昨天老师在小朋友离园时发现了一些书和文具，我们一起猜猜，它们的小主人是谁呢？"

• 教师和蔼地说："这些物品的小主人会有什么样的心情呢？"

• 教师耐心地劝他："每天来园时记住自己的小书包内有几种物品，离园之前要逐个数一数，好吗？"

• 教师说："你是个非常聪明的孩子，知道自己该怎么做，对吗？老师相信你！"

2. 知识经验方面

◆如何引导不按照盥洗要求，在卫生间打闹的幼儿？

案例描述：×××，经常在洗手间里主动和小朋友打闹，不按照要求在老师规定的时间回到教室、活动室。

推荐用语：

• 教师引导大家共同讨论一个话题：洗手间的设施怎么样才能为小朋友提供更好的服务呢？

• 教师说："小朋友想一想，我们洗手的时候打闹会使地面变得湿滑，如果其他小朋友不小心会有什么样的后果呢？"

• 教师说："如果我是小小的水龙头，我会更喜欢谁？"

◆如何引导秩序感较差的幼儿？

案例描述：×××不和小朋友一起排队下楼，拿过的物品不愿意放回原处，以自己为中心，不懂得遵守秩序。

推荐用语：

• 教师说："今天老师和小朋友共同分享一个故事：《大卫，不可以》。我们一起讨论一下，我们怎样帮助大卫纠正自己的行为呢？"

• 教师与×××小朋友约法三章："如果今天户外活动时你能够自觉排队，老师就请你第一个参加游戏。"

• 教师在"小小值日生"的活动中，发现×××帮助小朋友维持秩序的行为，树立正面的榜样。教师说："今天的×××小朋友真是一个称职的值日生，下楼梯的时候，他不断地提醒小朋友排好队，不争吵，不打闹。我相信他平时也是这样做的。"

3. 技能方面

◆如何引导自理能力较弱、不会独立整理被子的幼儿？

案例描述：×××午睡之后第一个离开寝室，其原因是不想自己整理被子，平时也表现出自理能力较弱的一面。

> 推荐用语：
>
> • 教师说："今天我们来进行一次叠被子比赛，看看谁的被子叠得又快又整齐，能得到老师的奖励？"
>
> • 教师面对全班小朋友，表情严肃地说："我看见有的小朋友不喜欢为自己服务，他的小被子很伤心，说午睡时不想为他服务了，为什么呢？怎么办呢？"
>
> • 教师说："今天老师发现第三张床上的被子比以前整齐多了，我们一起说出他的名字，给他鼓掌！"

三、　生活活动用语技能的培养

教师的语言训练一般来说要经过两个阶段："刻意雕琢"期和"回归自然"期。在前一个阶段中，教师要完成从不注意语言技巧到重视语言技巧的转变，而在后一个阶段中，教师要完成从着意设计运用语言技巧到淡化技巧雕琢痕迹的转变，这两个阶段都是不可缺少的。师范生和教师要通过加强训练，熟练掌握生活活动用语的技能技巧。

(一)在生活中练习

1. 了解幼儿的生活活动内容和要求

我们在做一件事情之前，应该先对事情有所了解，这样才能做好。好比我们选择走路去一个地方，前提是我们会走路，然后才是在路上我们要注意避让车辆、行人，遵守交通规则，还可以欣赏沿路的风景。同样，教师掌握规范的生活活动用语，首先要了解期望幼儿在生活活动各方面达到的目标的内容和要求，才能做到有的放矢。

幼儿的生活活动与健康领域的教育密不可分。教育部颁发的《3—6 岁儿童学习与发展指南》健康领域部分，在学习与发展目标中分别对 3～4 岁、4～5 岁、5～6 岁三个年龄段末期幼儿应该知道什么、能做什么，大致可以达到什么发展水平提出了合理期望，指明了幼儿学习与发展的具体方向；教育建议部分列举了一些能够有效帮助和促进幼儿学习与发展的教育途径与方法。我们对以上内容的掌握，有利于提高在幼儿生活活动语言方面的运用能力。

拓展阅读 9

《3—6 岁儿童学习与发展指南》节选

(三)生活习惯与生活能力

目标 1　具有良好的生活与卫生习惯

3～4 岁	4～5 岁	5～6 岁
1. 在提醒下，按时睡觉和起床，并能坚持午睡。 2. 喜欢参加体育活动。 3. 在引导下，不偏食、挑食。喜欢吃瓜果、蔬菜等新鲜食品。 4. 愿意饮用白开水，不贪喝饮料。 5. 不用脏手揉眼睛，连续看电视等不超过 15 分钟。 6. 在提醒下，每天早晚刷牙、饭前便后洗手。	1. 每天按时睡觉和起床，并能坚持午睡。 2. 喜欢参加体育活动。 3. 不偏食、挑食，不暴饮暴食。喜欢吃瓜果、蔬菜等新鲜食品。 4. 常喝白开水，不贪喝饮料。 5. 知道保护眼睛，不在光线过强或过暗的地方看书，连续看电视等不超过 20 分钟。 6. 每天早晚刷牙、饭前便后洗手，方法基本正确。	1. 养成每天按时睡觉和起床的习惯。 2. 能主动参加体育活动。 3. 吃东西时细嚼慢咽。 4. 主动饮用白开水，不贪喝饮料。 5. 主动保护眼睛。不在光线过强或过暗的地方看书，连续看电视等不超过 30 分钟。 6. 每天早晚主动刷牙，饭前便后主动洗手，方法正确。

教育建议：

1. 让幼儿保持有规律的生活，养成良好的作息习惯。如：早睡早起、每天午睡、按时进餐、吃好早餐等。

2. 帮助幼儿养成良好的饮食习惯。如：

• 合理安排餐点，帮助幼儿养成定点、定时、定量进餐的习惯。

• 帮助幼儿了解食物的营养价值，引导他们不偏食不挑食、少吃或不吃不利于健康的食品；多喝白开水，少喝饮料。

• 吃饭时不过分催促，提醒幼儿细嚼慢咽，不要边吃边玩。

3. 帮助幼儿养成良好的个人卫生习惯。如：

• 早晚刷牙、饭后漱口。

• 勤为幼儿洗澡、换衣服、剪指甲。

•提醒幼儿保护五官，如不乱挖耳朵、鼻孔，看电视时保持3米左右的距离等。

4. 激发幼儿参加体育活动的兴趣，养成锻炼的习惯。如：

•为幼儿准备多种体育活动材料，鼓励他选择自己喜欢的材料开展活动。

•经常和幼儿一起在户外运动和游戏，鼓励幼儿和同伴一起开展体育活动。

•和幼儿一起观看体育比赛或有关体育赛事的电视节目，培养他对体育活动的兴趣。

目标2　具有基本的生活自理能力

3～4岁	4～5岁	5～6岁
1. 在帮助下能穿脱衣服或鞋袜。 2. 能将玩具和图书放回原处。	1. 能自己穿脱衣服、鞋袜、扣纽扣。 2. 能整理自己的物品。	1. 能知道根据冷热增减衣服。 2. 会自己系鞋带。 3. 能按类别整理好自己的物品。

教育建议：

1. 鼓励幼儿做力所能及的事情，对幼儿的尝试与努力给予肯定，不因做不好或做得慢而包办代替。

2. 指导幼儿学习和掌握生活自理的基本方法，如穿脱衣服和鞋袜、洗手洗脸、擦鼻涕、擦屁股的正确方法。

3. 提供有利于幼儿生活自理的条件。如：

•提供一些纸箱、盒子，供幼儿收拾和存放自己的玩具、图书或生活用品等。

•幼儿的衣服、鞋子等要简单实用，便于自己穿脱。

目标3　具备基本的安全知识和自我保护能力

3～4岁	4～5岁	5～6岁
1. 不吃陌生人给的东西，不跟陌生人走。 2. 在提醒下能注意安全，不做危险的事。 3. 在公共场所走失时，能向警察或有关人员说出自己和家长的名字、电话号码等简单信息。	1. 知道在公共场合不远离成人的视线单独活动。 2. 认识常见的安全标志，能遵守安全规则。 3. 运动时能主动躲避危险。 4. 知道简单的求助方式。	1. 未经大人允许不给陌生人开门。 2. 能自觉遵守基本的安全规则和交通规则。 3. 运动时能注意安全，不给他人造成危险。 4. 知道一些基本的防灾知识。

教育建议：

1. 创设安全的生活环境，提供必要的保护措施。如：

• 要把热水瓶、药品、火柴、刀具等物品放到幼儿够不到的地方；阳台或窗台要有安全保护措施；要使用安全的电源插座等。

• 在公共场所要注意照看好幼儿；幼儿乘车、乘电梯时要有成人陪伴；不把幼儿单独留在家里或汽车里等。

2. 结合生活实际对幼儿进行安全教育。如：

• 外出时，提醒幼儿要紧跟成人，不远离成人的视线，不跟陌生人走，不吃陌生人给的东西；不在河边和马路边玩耍；要遵守交通规则等。

• 帮助幼儿了解周围环境中不安全的事物，不做危险的事。如不动热水壶，不玩火柴或打火机，不摸电源插座，不攀爬窗户或阳台等。

• 帮助幼儿认识常见的安全标识，如：小心触电、小心有毒、禁止下河游泳、紧急出口等。

• 告诉幼儿不允许别人触摸自己的隐私部位。

3. 教给幼儿简单的自救和求救的方法。如：

• 记住自己家庭的住址、电话号码、父母的姓名和单位，一旦走失时知道向成人求助，并能提供必要信息。

• 遇到火灾或其他紧急情况时，知道要拨打 110、120、119 等求救电话。

• 可利用图书、音像等材料对幼儿进行逃生和求救方面的教育，并运用游戏方式模拟练习。

• 幼儿园应定期进行火灾、地震等自然灾害的逃生演习。

2. 在生活中加强练习

我们的日常生活也都离不开吃喝拉撒，为了更好地掌握幼儿园生活活动用语技能，提高自身的言语水平，教师要注重在生活中强化生活用语的练习，常言道：熟能生巧，功夫不负有心人。只要坚持练习下去，教师就一定会有所收获。比如：教师在洗手的时候，注意观察周围的人，并使用生活活动用语：“你开小水洗手，注意了节约用水，你真棒！”“你吃饭细嚼慢咽，不挑食，真好！”同寝室的人，也可以练习睡觉时的生活活动用语：“你的被子叠得很整齐，真好看！”

（二）模拟情境练习

师范生运用模拟情境的练习方法，可以有效地掌握职业技能素质的实践教学方法，激发学习兴趣。在模拟实践中，学生要“身临其境”地自主学习、探究，自我完成对知识、意义的构建；全面提高言语技能，掌握在幼儿园生活活动中应运用的言语表达技巧和非言语表达技巧。

模拟练习 1

整理物品

一、场景布置

玩具柜：散落的玩具。

图书柜：看过的图书。

书包：用过的文具。

二、角色分配

教师和师范生分别扮演“教师”和“幼儿”。

三、模拟情境练习

(一)“教师”指导“幼儿”整理物品

①整理活动开始时，“教师”说：“游戏时间结束了，现在请小朋友将自己玩过的玩具和用品送回家吧。看谁整理得又快又好。”

②在“幼儿”整理物品的过程中，“教师”要注意观察整理的情况，必要时给予指导和肯定、鼓励。

“玩具妈妈欢迎玩具宝宝回家。”“玩具宝宝着急了：我的家在哪里呢?”“玩具妈妈着急了：我的宝宝在哪里呢?”

③整理活动结束后，“教师”对“幼儿”的整理情况进行评价(或者互相评价)。

“××小朋友帮助玩具宝宝回到了家，玩具宝宝谢谢小朋友。”“××小朋友帮助玩具妈妈都找到了宝宝，玩具妈妈谢谢小朋友。”

“玩具柜的玩具最整齐。”“图书柜里的图书是最先摆好的。”“文具也都装到书包里了。”

“请小朋友以后用完物品就把它们送回家。”

(二)更换角色练习

请师范生扮演“教师”和“幼儿”。“幼儿”玩玩具柜中的玩具，玩过一会儿之后，“教师”组织“幼儿”整理物品。

(三)岗位练习

对于师范生来讲，岗位练习就是实训。实训是职业技能实际训练的简称，是指在学校控制状态下，按照人才培养规律与目标，教师对学生进行职业技术应用能力训练的教学过程。这也是提升师范生语言运用实践能力的有效方法。

1. 见习

师范生要充分利用在幼儿园中的见习活动，这是师范生难得的学习机会。在见习活动之前，师范生要计划好侧重点，准备好记录工具。在见习过程中，师范生要仔细观察幼儿园教师是如何运用语言组织幼儿生活活动的，在用餐、午睡、盥洗等各个环节中又是如何指导幼儿的，将看到的、听到的及时记录下来，之后进行分析整理，并进行归纳，整理出哪些语言更规范、效果更好。

2. 实习

师范生要珍惜在幼儿园中的实习活动，反思自己的语言运用情况是否规范，好的方面继续发扬，一定要找出不足，以便及时改正，在实习期间组织幼儿活动的过程中不断提升自己的语言能力。在语言方面，优秀教师与普通教师的最大区别就在于语言表达能力。越是优秀的教师，语言的表达越丰富、越富有变化，语言有着强大的合力和作用。因此，师范生要优化自己的语言，就必须虚心地学习优秀教师的语言长处，为自己树立一个榜样，有意识地加强自己的语言修养。

师范生要积极参加幼儿园组织的观摩活动和教研活动，注意发现其他教师的语言长处，寻找差距，经常对比反思，提升自己的语言技能。师范生可以将自己组织幼儿的活动录音下来，回放听一下，也是很好的反思形式；请有经验的教师对自己的言语进行评价。经过经常性的强化练习，师范生一定会提升自己的语言运用水平。

在校的师范生也可以将自己设定为幼儿园的教师，提前进入角色，组成学习小组，定期进行生活活动用语的练习，一定会提升作为幼儿园教师的特质。

第二节　幼儿园生活活动用语运用的策略

一、安抚语运用的策略

安抚性语言是指能消除听者的不安和消极情绪的语言。在幼儿园的生活活动中，幼儿难免会遇到困难，教师的语言要亲切温柔，使幼儿在心理上接受教师的安抚。

(一)将抽象的语言变为直观的语言

幼儿的思维是直觉行动思维，针对幼儿的这一年龄特点，教师要运用直观的语言，使幼儿易于接受、易于行动。如：新入园幼儿在午睡时，总是喜欢把头抬起来到处张望，肩和手都露在外面，教师不断地提醒“睡下去，睡下去”，结果他们还在抬头。怎么才能让孩子不再抬头，将头放在枕头上躺好呢？老师换了一种方式和幼儿交流：“请让小脑袋和枕头交朋友。”教师和蔼可亲的态度和恰当的比喻使幼儿消除了不安的情绪，幼儿很容易就听懂了，知道把头挨着枕头躺好。

(二)将熟悉的物品拟人化

幼儿喜欢将物品拟人化，他们常常会对着物品自言自语，教师要利用幼儿这一特点，与幼儿沟通、交流时把“物”比作“人”，使幼儿听懂、听明白。例如，每次在洗手前，教师不断地强调“开小水洗手”，可他们还是开大水。怎样才能使他们理解并落实在行动上呢？通过不断商议、评价、调整语言，教师将水管拟人化，对幼儿说：“听听，水管喜欢小声说话，不喜欢大声说话。它可喜欢朵朵、小白兔啦，因为他们俩开小水，他们的水管在小声说话。”一段时间下来，幼儿就能自觉开小水洗手了。

二、维序语运用的策略

在幼儿园日常活动中，秩序成为实现一日活动的一个决定性的条件，是各项活动得以顺利进行的基础。儿童心理学表明，幼儿从一岁开始就有对秩序的爱好

和追求，具有秩序感。马斯洛在谈到人的安全需要时指出："儿童在安全方面的另一种表现，是喜欢某种常规的生活节奏。他们仿佛希望有一个可以预测的有秩序的世界。"

(一)常规性维序语运用的策略

常规性维序语言策略是一种普通的维序语言策略，这种策略对于活动的组织非常重要，它有利于教师管理幼儿和构建活动。常规性维序语体现在一日生活的各个环节中，以进餐结束即将进入教学活动衔接为例，教师为了使幼儿的注意力集中到下一个活动上，经常使用的口令有"小眼睛，看老师""小小手，听指挥"等。在使用这些口令时，一般是教师说出上半句，幼儿说出下半句，幼儿按照要求做好。同时，每个班级的口令不同，教师也可以说出口令的全句或上半句，幼儿不用说，只按教师说的做出相应的动作就行了。

(二)情境性维序语运用的策略

在教师和幼儿的互动中，以一定的情境为背景，暗示所传达的意义能被教师和幼儿双方理解和把握，教师的暗示也就能发挥表达情感、态度、意向以及提示幼儿、调控幼儿行为的作用。根据年龄特点，幼儿还处于他律阶段，自律能力差，经常会做出意想不到的事情，但许多情况下不允许教师随意停下来批评幼儿。在此种情况下，教师要采用非语言信号来向幼儿传递暗示信息，如突然停顿、走近幼儿、用眼神暗示等，向幼儿传递反对和制止的信息，使活动能够顺利地进行。

应用举例 1

在晨间活动中，教师发现明明总是打扰别人的安静活动，便轻轻地走到他的身边，把食指放在嘴边："嘘——"教师用眼神提示明明，使明明理解了教师的意图。

三、 鼓励语运用的策略

一个人的成长、成功离不开鼓励，尤其是幼儿遇到困难时，更需要教师的鼓励，教师要给予幼儿克服困难的勇气，帮助他们战胜困难。"嗯，真不错!""好孩子，继续做下去一定行!"等语言，加上教师亲切的表情、关爱的动作，会使幼儿受到极大的鼓舞，信心百倍地参与到活动中来。只有当我们对幼儿有信心时，才能有效地鼓励幼儿，而只有在幼儿对自身有信心时，他们才能无障碍地接受鼓励，做得更好。

一位著名的教育家多次讲过："孩子需要鼓励，就如植物需要浇水一样。离开鼓励，孩子就不能生存。"可见鼓励的作用对教育孩子有多么重要。教师如果用尖刻的语言奚落、讽刺、挖苦幼儿，会极大地影响幼儿的心理健康。给幼儿一束期待的目光、一句激励的话语，一定会激发幼儿的上进心。教师应当注意幼儿一点一滴的改善和进步并及时给予鼓励："你今天把图书摆得整齐多了！""你今天比昨天多喝了一点儿水。"在鼓励的作用下，幼儿会不断地进步，健康、快乐地成长。

经常鼓励幼儿可以体现教师的管理艺术，好的管理方法不在于常常下命令，而在于如何调动幼儿的积极性。最有效的鼓励是传达给幼儿信任的信息：无论你是否达到了某些标准，我都相信你，我都爱你，等等。用积极的心态多多鼓励幼儿，幼儿一定会更加喜欢老师，教师和幼儿的关系会越来越好。

鼓励幼儿并不是说对幼儿的错误视而不见，如果幼儿犯了错，教师就不要侧重批评幼儿所犯的错误了，而应该在肯定幼儿的同时，明确指出他的不足。教师在肯定的基础上对幼儿提出批评，幼儿往往更容易接受。"你今天吃饭时表现挺好的，可是把小朋友推倒就不应该了。"

（一）多用鼓励语

德国教育家第斯多惠曾说过："教学艺术的本质不在于传授，而在于激励、唤醒和鼓舞。"教师在组织一日活动时需要发出各种各样的指令，因为幼儿处于直觉思维时期，多以自我为中心，在活动中较难克制自己，所以很容易产生争先恐后、七嘴八舌的现象。为了使活动顺利地开展，教师可以通过发出适当的指令使活动顺利地进行，教师应该告诉幼儿能够做什么，怎样去做，如："大声一点儿好吗？""请你在后面排队。""请你来回答这个问题。"教师不要一味地指责他们不能做什么、不应该做什么，如："上课不要讲话！""不要插队！""快点儿走！"事实证明，积极的建议比消极的命令更为有效，更能拉近教师与幼儿之间的关系，有利于师幼互动。

（二）巧用表扬语

教师在幼儿完成任务时要给予及时的表扬，即使只是一件微不足道的小事，

或许对多数大人来说只是随口的一句话，但对幼儿来说却提供了动力。教师在幼儿解决问题后要及时地进行表扬。

案例 1

老师表扬我了

时间：餐前时间。

地点：活动室。

教育对象：冬冬。

事件：冬冬洗手后爱乱摸东西。

餐前准备的时候，小朋友们洗完了手，正在玩着“开火车”的游戏：“嘿嘿！我的火车就要开了。”“去哪里?”“去北京。”“谁来开?”“××来开。”这时，教师发现班级里平时好动的冬冬的小手忍不住又要碰东西了，教师当即用眼神制止了冬冬，冬冬的小手不动了。过了一会儿，冬冬的小手又忍不住要摸其他东西，教师马上说：“今天我发现冬冬小朋友比以前有进步了，洗完手后，小手没有乱摸东西。我们大家为冬冬鼓鼓掌吧。”全班小朋友都为冬冬鼓起掌来。冬冬的手终于在吃饭前没有乱摸东西。离园时，冬冬很开心地对来接他的姥姥说：“老师表扬我了!”之后，教师经常用鼓励的语言帮助冬冬树立信心，冬冬很快就养成了良好的生活卫生习惯。

案例评析：

爱听好话是人的特点，幼儿也不例外，鼓励可以给幼儿增添信心，使他们做起事来更加认真。教师的欣赏在幼儿成长中具有极其重要的作用。教师充满希望的眼神、支持性的点头、鼓励的微笑、善意的沉默、热烈的拥抱、温柔的亲吻等都会传递出尊重、信任和激励，使幼儿体验到成功的乐趣。

（案例提供：吴艳丽）

（三）多用正面的词汇

1. 多用正向引导词汇

幼儿与成人一样，也喜欢被表扬，而不愿意老是被否定、被指责。教师与幼儿交流时，一种话可以有两种表达方式。教师想让幼儿愉快地做事，达到好的效果，最好说正向引导词汇，而不要说负面语言。比如，在幼儿穿衣服的时候，教师对待慢的幼儿，不要说：“你怎么这么慢。”教师强调的是“慢”，这样幼儿的耳边总是“慢”的声音，不利于幼儿的改变。教师应该说：“你穿衣服快一点儿，我相信你能快起来。”教师强调的是“快”，幼儿就会逐渐快起来。

应用举例 2

在幼儿如厕环节，有的幼儿跑了起来，教师没有说“看谁又跑了!”或者“谁在那里跑呢?”，而是说：“请小朋友走着去厕所，看谁走得好。”幼儿停止了跑步，变成了走。

2. 不说反话

由于幼儿的理解能力不够成熟，难以理解成人的反话，所以教师在幼儿面前不要说反话。如果成人经常说反话，幼儿就会很困惑，而成人与话语完全不同的表情也会让幼儿无法猜测到成人的真实意思，这对幼儿理解能力的发展是非常不利的。

应用举例 3

一位教师很喜欢班里的一名幼儿，一天，教师对这名幼儿说：“你这个小笨蛋。”过了几天幼儿问教师说：“老师，我是不是比别的小朋友都笨?”教师说：“谁说你笨了？你怎么问我这个问题呢?”幼儿说：“老师说过我笨。”教师恍然大悟，原来是教师的反话造成的，幼儿完全不理解教师的反话，以为教师嫌弃、责怪她，结果伤害了幼儿的自尊心。

四、 情感语运用的策略

情感语就是把情感和态度表达出来的语言。正向性情感语策略是教师向幼儿表达自己对幼儿、活动或事件的赞许，以及表达对幼儿的感情、安慰、亲近等所采取的手段。教师的积极情感语为幼儿的学习提供了强大的情感支持。教师的情感支持能使儿童产生安全感，这是儿童心理健康的后盾。教师对幼儿正确的回答、富有创意的言行给予热情的肯定和赞扬，会激发幼儿奋发向上的激情；教师对幼儿的不足给予理解和引导，让幼儿看到老师对自己的期待、信任，会促使幼儿增强自信、不断成长。因此教师规范而亲切的语言能使幼儿处于积极的心态参与幼儿园的各项活动。

(一)用肢体语言亲近幼儿

肢体语言是指眼神的接触、身体的距离、身体动作、面部表情、手势动作等所传达的信息、情感。在幼儿园的教育中，肢体语言起着重要的情感交流作用。

例如，教师经常蹲下来和幼儿说说话，常抚摸、拥抱幼儿，和幼儿进行亲密的肢体接触，会带给幼儿内心的温暖，使幼儿愿意亲近与依恋教师。特别是对于小班刚入园和性格内向又胆小的幼儿来说，肢体语言可以使他们柔弱的心灵感到莫大的安慰，使他们愿意亲近老师，感受到老师的关怀和温暖。另外，教师微笑的表情也会带给幼儿放松、愉快的情感体验，有利于创造关爱、放松、愉悦的心理环境。

(二)用亲切、柔和的语调与幼儿对话

美国科学家的研究证明，一段话是否被他人接受，最重要的是说话者的语调，其次才是说话的内容，这说明说话者的语调是至关重要的。在幼儿园这个特殊的环境里，教师亲切柔和的语调可以把教师的关心渗透到幼儿心中，让幼儿感受到爱与温暖。如小班刚入园的幼儿离开家庭来到一个陌生的环境中，心里充满了焦虑与不安，既有离开家人的不安全感，又有面对陌生环境的恐惧感。此时，教师亲切柔和的语言能让幼儿感受到母爱的气息，产生亲切感；轻柔的话语、和蔼的笑容能缓解幼儿的焦虑情绪，消除幼儿的紧张感，让幼儿更快地接受教师，产生新的依恋，帮助幼儿更快地适应幼儿园的集体生活。教师要用亲切柔和的声音传达出对幼儿的关心与爱护、支持与鼓励、理解与同情，力争给幼儿创设和谐、宁静、温馨的成长环境，让幼儿愉快、自主、无拘无束地学习、生活、游戏，从而健康快乐地成长。

(三)用欣赏的态度面对幼儿的表现

教师要时刻以欣赏的态度看待每一个幼儿，要用一双慧眼善于发现幼儿的每一个优点和长处，发现幼儿的点滴进步；对幼儿的进步及时做出积极的反馈。

案例 2

梅梅用筷子

时间：午饭时间。

地点：班级餐厅。

教育对象：梅梅。

事件：梅梅使用筷子不熟练。

中班的幼儿吃饭使用筷子。午饭时间到了，梅梅用筷子夹菜，夹了一下没有夹上来，梅梅又夹了一下，还是没有夹上来，梅梅有些灰心了，她抬起头来看看其他小朋友，又看看教师。教师对她笑着，使劲地点了点头，梅梅又用筷子夹菜，还是没夹起来，梅梅叹了一口气："唉。"教师走到梅梅身旁，轻轻地摸了摸梅梅的头，并用手抚摸梅梅的后背。梅梅终于用筷子夹起了菜，她高兴地抬起了头，教师竖起了大拇指，亲切地说："加油。"后来，梅梅使用筷子越来越熟练啦。

案例评析：

教师的情感语在幼儿成长中具有极其重要的作用。教师充满关爱的抚摸、充满希望的眼神、支持性的点头、亲切的微笑等都向梅梅传递出了信任和激励，使梅梅成功地用筷子夹起了菜，体验到了成功的喜悦。

（案例提供：吴艳丽）

第三节　幼儿园生活活动用语规范化训练

能力目标：通过进行生活用语的规范化训练，师范生要提高口语表达能力，掌握开展幼儿园生活活动常用的语言技巧。

一、　实训任务1：　入园接待活动中的教师规范用语

(一)实训目的

能够熟练地运用所学的幼儿园生活活动教师用语策略，使幼儿带着快乐的心情开始每天的活动。

(二)实训要求

具备一定的幼儿园生活活动用语的常识。

能够以亲切放松的状态和幼儿交谈，具备一定的语言基本功。

能够运用一定的生活活动用语策略，帮助幼儿消除焦虑情绪。

(三)实训案例

案例 1

让入园接待开启美好的一天(小班)

时间：早晨入园时间。

地点：幼儿园小班活动教室。

教育对象：文慧。

事件：教师接待家长、幼儿。

入园接待是迎接幼儿开始幼儿园生活的第一个环节，是非常平常的一项工作，但是晨间接待里面却有许多值得我们思考的学问。

你听，“老师好!”未见其人，先闻其声，幼儿清脆的问候声让我们一下子就感染到了那种天真无邪的快乐情绪。

教师亲切地说：“文慧，你好!”随即教师用赞赏的语气鼓励她：“你今天是自己走进幼儿园的，没让妈妈抱，你真棒!”随即教师给了文慧一个大大的拥抱，又抱起文慧转了一圈儿。

教师的回应让文慧雀跃不已：“妈妈再见！我自己去玩了!”

文慧每次都让妈妈抱着来园，教师的表扬是对文慧的一种肯定和鼓励，让她知道教师喜欢独自进园的小朋友。教师发现了文慧的进步，及时给予了肯定。

在教师的鼓励下，文慧都是自己走进幼儿园，不让妈妈抱了。

晨间接待时间虽短，学问却很大，我们要充分利用晨间接待的教育契机，让幼儿在爱的旋律中开始美好的一天。

（案例提供：马乐）

(四)分析任务

1. 进行幼儿教育的指导思想

> “关爱幼儿，尊重幼儿人格，富有爱心、责任心、耐心和细心……”
>
> ——《幼儿园教师专业标准(试行)》

教师是“爱”的职业，教师的日常工作时刻体现着对幼儿的尊重与关爱，教师因有爱心，注意观察幼儿，因有责任心，及时鼓励幼儿，因有耐心，幼儿不断进步，因有细心，才能取得成效。

2. 归纳有效的教师用语策略

情感语运用的策略。

鼓励语运用的策略。

(五)完成任务

1. 课堂训练

教师把全体师范生分成几个课堂学习小组，师范生按照任务要求分别设计了以下环节。

第一，模仿早晨入园时间的情境。

第二，分角色表演入园的突发状况，每个学习小组选择一种有效的解决方式，进行创编，然后讨论长处与不足。

同学们针对各组的表现进行互评，教师进行点评和打分。下课后，教师要求各组上交一份任务型的作业，如情境对话练习的内容、实战表演的小剧本等。

2. 职场训练

你如何有效地安排幼儿晨间入园环节中的各项活动?

(六)心得体会

二、 实训任务2: 户外体育活动中的教师规范用语

(一)实训目的

能够熟练地运用所学的幼儿园生活活动教师用语策略，指导幼儿在户外活动时间开展喜爱的游戏活动。

(二)实训要求

具备一定的幼儿园户外活动教师用语的常识。

能站在幼儿的角度设计游戏，具备一定的教师职业口语技能。

具备一定的观察能力、分析能力、应对能力。

(三)实训案例

案例 2

七彩小星星(小班)

时间：户外活动时间。

地点：户外游戏区。

教育对象：小班幼儿团团。

事件：团团不懂户外区域体育游戏规则。

团团是一名新来的小朋友，对户外区域体育游戏还很陌生，总是看到哪儿新鲜就到哪儿玩，而且玩了一半就跑了。只见她一会儿跑到平衡区，一会儿跑到跳跃区，去奔跑区时跑了一半就停下来了，导致后面的小朋友差一点儿撞到她。她一直很茫然地到处看，好像不知道该做些什么。教师走过去问她："团团，你想玩什么呀?"她回答："不知道。"于是教师将她带到一边，告诉她："这里是平衡区，小朋友可以走独木桥，或是走S形线；这里是跳跃区，小朋友可以玩兔子跳的游戏；这里是奔跑区，小朋友可以在这里变成一只奔跑的小骏马……"教师同时强调在每个区域中的游戏活动完成后，才可以到另一个区域进行游戏。教师接着说："每个区域活动结束时，你可以到负责这个区域的老师那里领取奖励的小星星贴纸，每个区域的小星星颜色都不一样，你在每个区域中都玩一遍，就会有许多不同颜色的小星星了。"听了教师的话，团团点点头。教师注意观察团团，在区域游戏过程中，只要团团坚持玩完，教师就向她竖起大拇指，或者点头，或者鼓掌。游戏结束后，团团到教师身边展示了她的多彩小星星。

(案例提供：马乐)

(四)分析任务

1. 进行幼儿教育的指导思想

"开展丰富多彩的户外游戏和体育活动，培养幼儿参加体育活动的兴趣和习惯，增强体质，提高对环境的适应能力。"

"用幼儿感兴趣的方式发展基本动作，提高动作的协调性、灵活性。"

——《幼儿园教育指导纲要(试行)》

在户外体育活动中，教师通过对团团的适当引导，讲明每个活动区域的活动内容，强调“在每个区域的游戏活动完成后，才可以到另一个区域进行游戏”，并把小星星作为奖励，鼓励团团完成几个活动区的体育活动。教师用表示情感的肢体语言不断地鼓励团团，使团团参加体育活动的积极性被调动起来了，团团坚持完成了几个区域的活动，在走曲线、跑直线、单双脚跳、走平衡木的活动中，动作的协调性、灵活性得到了锻炼，最后还得到了多彩小星星。

2. 归纳有效的教师用语策略

鼓励语运用的策略。

情感语运用的策略。

(五)完成任务

1. 课堂训练

教师把全体师范生分成几个课堂学习小组，师范生按照任务要求分别设计了以下环节。

第一，小班户外活动的游戏与规则介绍。

第二，分角色实战表演，每个学习小组选择其中的一种游戏形式，教师参与其中并运用教师用语策略设计游戏情境，然后请各组派代表上台表演。

同学们针对各组的表现进行互评，教师进行点评和打分。下课后，教师要求各组上交一份任务型的作业，如情境对话练习的内容、实战表演的小剧本等。

2. 职场训练

第一，你如何带领全班幼儿参与到户外体育活动中来?

第二，在幼儿园实习的过程中，你作为实习教师，要善于运用恰当的教师用语，组织幼儿开展安全有效的户外体育活动。

(六)心得体会

三、实训任务3：盥洗活动中的教师规范用语（一）

（一）实训目的

能够熟练地运用所学的幼儿园生活活动教师用语策略，帮助幼儿养成餐前洗手等良好习惯。

（二）实训要求

具备一定的幼儿园生活活动教师用语的常识。

能够用标准的普通话和富有童趣的语言帮助幼儿养成良好的卫生习惯。

具备一定的观察能力与指导幼儿的能力。

（三）实训案例

案例3

餐前洗手（小班）

时间：餐前活动时间。

地点：小班活动室。

教育对象：小班全体幼儿。

事件：最近班里的小朋友吃饭前洗手不够认真。

为了帮助幼儿改掉吃饭前洗手不认真的问题，教师有感情地对幼儿讲述故事《小明生病了》："小明是个不爱洗手的孩子，每次吃饭之前，他都趁妈妈不注意，直接走去餐桌，或者草草地洗几下手，马上就去吃东西，结果，他经常肚子疼。"教师问幼儿："小明这样做好不好，为什么？"幼儿回答："这样不好。他不讲卫生，才会肚子疼的……"教师问："那我们吃东西前要怎样呢？"幼儿回答："应该先把小手洗干净。"教师说："小朋友讲得很对，怎样才能把手洗干净呢？你们看看老师是怎样洗手的。"教师示范洗手的正确方法："先把袖子挽起来，开小水，把手弄湿，打肥皂，搓手心、手背、手指缝、手指、指尖、手腕，用水冲掉泡沫，在水池中甩三下，用毛巾擦干手。""小朋友看，老师的手洗干净了没有？"幼儿答："洗干净了。""请小朋友按照老师的样子去把小手洗干净吧。"教师注意观察幼儿洗手的情况，"梅梅开小水真好。""红红洗得好认真。"东东的手上已经有了泡沫，教师对东东微笑着点头，对甩完手的另一个小朋友竖起了大拇指。教师问："小朋友想一想，生活中除了吃东西前要洗手外，还有什么时候也要洗手呢？"

（案例提供：马乐）

（四）分析任务

1. 进行幼儿教育的指导思想

> "培养幼儿良好的饮食、睡眠、盥洗、排泄等生活习惯和生活自理能力。"
>
> ——《幼儿园教育指导纲要(试行)》

针对班里的小朋友吃饭前洗手不够认真的问题，教师采取讲故事的形式，使幼儿懂得吃东西前要将小手洗干净，身体才能不生病。教师通过示范洗手的方法，帮助幼儿掌握正确的洗手方法。

2. 归纳有效的教师用语策略

情境语运用的策略。

鼓励语运用的策略。

（五）完成任务

1. 课堂训练

教师把全体师范生分成几个课堂学习小组，师范生按照任务要求分别设计以下环节。

第一，情境对话练习。

第二，分角色实战表演，每个学习小组选择一种富有童趣的课堂训练形式，进行创编和认真的准备，创编一首洗手歌。

针对各组同学设计的儿歌，教师进行点评和打分。

2. 职场训练

第一，你如何教会幼儿在餐前开展习惯养成的活动？

第二，在幼儿园实习的过程中，你作为实习教师，要善于运用恰当的教师用语，组织幼儿开展餐前洗手活动。

(六)心得体会

四、实训任务4：盥洗活动中的教师规范用语(二)

(一)实训目的

能够熟练地运用所学的幼儿园生活活动教师用语策略，规范地指导大班幼儿开展梳头活动，使幼儿提高生活自理能力，感受在幼儿园生活的快乐。

(二)实训要求

具备一定的幼儿园生活活动教师用语的常识。

用规范的语言指导和帮助幼儿梳头。

具备一定的观察能力与指导幼儿的能力。

(三)实训案例

案例4

梳　头

时间：起床后。

地点：活动室。

教育对象：幼儿。

事件：幼儿梳头环节。

大班幼儿起床后洗过脸，就开始梳头了。

教师对全体幼儿说：“请小朋友去取自己的梳子，用自己的梳子梳头吧。”幼儿取回了自己的梳子。教师说：“我们复习一下，应该怎么梳头呢?”幼儿回答说：“从上向下，梳整前面，再梳侧面和后面。”教师说：“很好。小朋友都记住了。”

教师说："短头发的小朋友可以自己照着镜子梳头发。今天看谁梳的头发整齐又漂亮。"洗完脸的幼儿已经开始梳头发了。教师又说："长头发的小朋友到老师这里来，老师给你们梳好看的发型。"教师为长头发的女孩梳头发："今天我给你编一个长辫子，怎么样?"幼儿说："好啊，谢谢老师。"教师笑着回答："不客气。"教师对另一个女孩说："今天你想梳个什么样的发型?""我想用六个头绳扎小辫。"教师笑着说："没问题。"同时，教师不忘关注自己梳头发的幼儿是否需要帮助，鼓励、表扬梳得认真、梳得好的幼儿。"美美，你再从上向下梳几下后面的头发。对了，这回整齐多了。""丽丽梳头发是由里向外梳的，一下一下梳得很好。""虹虹的刘海梳得真整齐。"

教师给幼儿扎好辫子，再戴上发卡，教师对梳完头发的幼儿说："请你们自己照照镜子看看自己的头发。"幼儿在镜子面前欣赏梳理后的整齐发型，感受仪表整洁的美。教师欣赏每个幼儿的发型，不时地点头、微笑、竖起大拇指。

教师说："现在请小朋友把梳子放回原处。清理肩部、地上、梳子上面的头发，扔进垃圾桶，然后去洗手。"

（案例提供：吴艳丽）

(四)分析任务

1. 进行幼儿教育的指导思想

> "既要高度重视和满足幼儿受保护、受照顾的需要，又要尊重和满足他们不断增长的独立要求，避免过度保护和包办代替，鼓励并指导幼儿自理、自立的尝试。"
>
> ——《幼儿园教育指导纲要(试行)》

教师要管理好幼儿的在园生活，要重视每天起床后的梳头活动，利用这个活动与幼儿互动，有利于增进师幼感情。对自己梳头、梳得好的孩子，教师及时予以表扬，用鼓励的语言肯定幼儿的表现，使幼儿获得自信。教师用规范的语言指导幼儿梳头，用轻柔的动作为幼儿梳头，拉近了师幼距离，使幼儿感受到了教师对他们的关爱和在幼儿园里生活的快乐。

2. 归纳有效的教师用语策略

情感语运用的策略。

鼓励语运用的策略。

(五)完成任务

1. 课堂训练

教师把全体师范生分成几个课堂学习小组，师范生按照任务要求分别设计了以下环节。

第一，模拟幼儿梳头的情境。

第二，分角色表演梳头的不同状况，每个学习小组选择一种有效的解决方式，进行创编，然后讨论长处与不足。

同学们针对各组的表现进行互评，教师进行点评和打分。下课后，教师要求各组上交一份任务型的作业，如情境对话练习的内容、实战表演的小剧本等。

2. 职场训练

你如何有效地组织幼儿梳头的活动?

(六)心得体会

五、 实训任务5: 进餐活动中的教师规范用语

(一)实训目的

能够熟练地运用所学的幼儿园生活活动教师用语策略，帮助幼儿养成进餐的良好习惯。

(二)实训要求

具备一定的幼儿园生活活动教师用语常识。

能够用标准的普通话和富有童趣的语言帮助幼儿养成良好的进餐习惯。

具备一定的观察能力与指导幼儿的能力。

(三)实训案例

案例 5

进　餐

时间：午餐时间。

地点：班级餐厅。

教育对象：全体幼儿。

事件：幼儿进餐。

午饭时间到了，幼儿洗完了手，教师说："请小丽坐到晓桐旁边。"接着，教师向小朋友介绍食物："今天午饭的食谱是红烧鱼。吃鱼会减少患心脏病的危险、降低胆固醇，鱼类所含的DHA能让人变得聪明等。祝小朋友进餐愉快！"

伴随着愉快的音乐，幼儿坐到椅子上开始吃饭了。教师观察幼儿，提醒幼儿"细嚼慢咽"。小丽左手扶着碗，右手拿着小勺，专心地吃饭，教师说："小丽吃饭特别认真，左手扶碗，右手拿勺，眼睛看着饭菜，一口一口地吃，桌上一个饭粒都没有。"这时许多幼儿都检查自己有没有掉米粒，也认真地吃起来。刚才还东张西望的晓桐，看着小丽吃得很香的样子，也受到了感染，学着小丽的样子吃了起来。教师夸张地说："晓桐吃饭也很好，眼睛看着饭菜，一口饭、一口菜，吃得好香啊！"晓桐吃得更起劲了。

这时，一名幼儿打翻了菜碗，幼儿看着老师低头不敢吱声，教师请保育员重新为幼儿盛好一份菜，收拾好了被打翻的菜，微笑着看着他，用手抚摸他的头，幼儿继续吃了起来。

教师问壮壮："壮壮吃完一碗饭了，再盛点儿吧！"壮壮点了点头。教师说："壮壮今天吃了两碗饭，你真了不起！"其他幼儿听了，有的也要再添点儿饭。

有些幼儿吃完了，教师说："请小朋友吃完饭后把餐具放到装碗的盆里。""虹虹的碗里干干净净的，真好！""小米是咽下最后一口才站起来的。""请吃完饭的小朋友去漱口、擦嘴、洗手。"

（案例提供：吴艳丽）

(四)分析任务

1. 进行幼儿教育的指导思想

> “培养幼儿良好的饮食、睡眠、盥洗、排泄等生活习惯和生活自理能力。”
>
> ——《幼儿园教育指导纲要(试行)》

幼儿期是孩子生长发育的关键期。而摄取丰富的营养是幼儿健康发育的保证。因此，幼儿科学进餐，即注意饭菜搭配，干稀搭配，不挑食，不偏食，不浪费以及养成饭前洗手、饭后漱口等良好的进餐习惯，直接关系到幼儿的健康发育、成长。在进餐前，教师向孩子们介绍菜名，让他们知道吃的菜叫什么名字，并且简单地了解营养价值。小班幼儿爱模仿，教师利用榜样的力量，有意识地将进餐表现好的小丽和吃得慢的晓桐安排坐在一起，用身边的榜样影响带动晓桐，帮助晓桐改掉不良习惯，也带动了其他小朋友。无论遇到什么事，教师都尽量不要在餐桌上批评、训斥幼儿或进行说教，以免破坏愉快的进餐气氛，降低幼儿的食欲，又不利于身心健康，教育也不一定有效。陈鹤琴指出：“积极的鼓励比消极的刺激好得多。”教师多鼓励幼儿的长处，甚至夸张地表扬幼儿，强化正确的行为，有利于调动幼儿的积极性，达到培养幼儿良好的生活习惯的目的。

2. 归纳有效的教师用语策略

情境性维序语运用的策略。

鼓励语运用的策略。

(五)完成任务

1. 课堂训练

教师把全体师范生分成几个课堂学习小组，师范生按照任务要求分别设计以下环节。

第一，情境对话练习。

第二，分角色实战表演，每个学习小组选择一种富有童趣的课堂训练形式，进行创编和认真的准备，创编一首进餐儿歌。

针对各组同学设计的儿歌，教师进行点评和打分。

2. 职场训练

第一，你如何教会幼儿开展进餐习惯养成的活动？

第二，在幼儿园实习的过程中，你作为实习教师，要善于运用恰当的教师用语，组织幼儿开展愉快有序的进餐活动。

(六)心得体会

六、 实训任务6： 午睡活动中的教师规范用语

(一)实训目的

能够熟练地运用所学的幼儿园生活活动教师用语策略，帮助幼儿养成午睡的良好习惯。

(二)实训要求

具备一定的幼儿园生活活动教师用语的常识。

能够专业地剖析孩子的行为表现，用规范的语言帮助幼儿养成良好的午睡习惯。

具备一定的观察能力与指导幼儿的能力。

(三)实训案例

 **案例6**

午睡风波(小班)

时间：午睡时间。

地点：小班寝室。

教育对象：浩浩，3岁半。

事件：浩浩入睡比较困难。

今天午睡时，教师发现浩浩一直在动，于是教师坐在他的身边，轻轻地拍拍他，可他总是辗转反侧，一会儿看看教师，一会儿又翻了翻身体。教师想起早上浩浩妈妈跟教师说过，这个星期浩浩在家里一直睡得比较晚。于是，教师轻轻地说："浩浩，你闭上眼睛就能看到你想要的东西了。当你醒来的时候，就会有一个神奇的东西在你的枕边，你信吗?"浩浩笑笑说："真的吗?""不相信，你就试试!"浩浩点了点头，教师摸摸他的头。当浩浩睁开眼睛时，教师就向他摆了摆手。一会儿，浩浩便睡着了。于是，教师折了一艘轮船放在浩浩的枕边。浩浩醒来后看到礼物异常高兴。教师问浩浩："你这一觉睡得舒服吧?"浩浩点了点头。教师说："只要你每天睡得好，就会收到意想不到的惊喜。"

（案例提供：马乐）

(四)分析任务

1. 进行幼儿教育的指导思想

> "培养幼儿良好的饮食、睡眠、盥洗、排泄等生活习惯和生活自理能力。"
>
> ——《幼儿园教育指导纲要(试行)》

对于不同的幼儿，教师应分析其特点，有针对性地采取相应的措施，从而达到预想的教育目标。教师观察发现，浩浩性格内向，不太爱与同伴交往，再加上刚入园，对幼儿园的环境还不适应。当他睡不着时，教师用言语、眼神给了他暗示，使他产生了一种安全感与信任感，然后，教师轻轻地摸摸他的头后，他就很快入睡了。

对于性格内向而又不爱睡觉的幼儿，如果教师批评他，反而会加重他的心理负担，而如果教师给他提供一种安全、安静的环境，则使他产生了一种对教师的信赖感，从心里更喜欢教师，从而能够更快入睡。

2. 归纳有效的教师用语策略

情感语运用的策略。

情境性维序语运用的策略。

(五)完成任务

1. 课堂训练

教师把全体师范生分成几个课堂学习小组，师范生按照任务要求分别设计了以下环节。

第一，午睡前的故事分享。

第二，每个学习小组针对入睡困难的幼儿，分析对策，研讨出一种让幼儿安然入睡的有效方法，派一名代表发言。

同学们针对各组的表现进行互评，教师进行点评和打分。下课后，教师要求各组上交一份任务型的作业，如案例分析等。

2. 职场训练

第一，你如何处理幼儿午睡时入睡困难的情况？

第二，在幼儿园实习的过程中，你作为实习教师，要善于观察幼儿的情绪变化，运用恰当的教师用语，建立和谐信任的师生关系。

（六）心得体会

七、实训任务7：整理活动中的教师规范用语

（一）实训目的

能够熟练地运用所学的幼儿园生活活动教师用语策略，指导幼儿开展整理活动，提高幼儿生活自理能力。

（二）实训要求

具备一定的幼儿园生活活动教师用语的常识。

用规范的语言指导和帮助幼儿整理物品。

具备一定的观察能力与指导幼儿的能力。

(三)实训案例

案例 7

整理玩具(小班)

时间：活动时间。

地点：活动室。

教育对象：小班幼儿。

事件：幼儿整理玩具的能力有待提高。

教师带领小朋友到大班参观游戏材料，教师说："小朋友请看，这是大班的哥哥、姐姐玩过的玩具，哥哥、姐姐把玩具摆放得怎么样啊?"幼儿回答："整齐。"教师说："小朋友觉得怎么样?"幼儿回答："看着舒服。"

回到班级后，教师说："刚才我们参观了大班哥哥、姐姐的玩具柜，小朋友都很喜欢它们整齐的样子，以后我们玩完玩具也要学习哥哥、姐姐，把玩具都送回它们原来的地方。"

教师说："我们先给玩具的家贴上标记，小朋友送玩具回家的时候就不会迷路了。请小朋友和老师一起来贴。"

教师组织幼儿玩游戏区的玩具。玩完后，教师说："现在请小朋友把玩具送回家。""要把积木整齐地装在盒子里，要把图书整齐地放在图书架上。"

幼儿开始整理，教师观察幼儿的表现，不时指导、帮助幼儿。"你把玩具都摆到了原来的位置，真好。"一名幼儿将一个玩具布口袋拍平，把积木块放到了布口袋上，看到别的小朋友将玩具整理得差不多了，他有点儿着急，正在犹豫，教师对他笑着使劲地点了点头，他便更快地用布口袋将积木块送到了玩具柜上的小筐里，又将布口袋送到另一个地方摆好了。

整理结束后，教师请小朋友观看整理后的活动室。"请小朋友说说，活动室在整理前是什么样的？整理后又是什么样的?"幼儿说出了活动室在整理前后的变化。教师说："这些玩具都回家了，它们好高兴啊，都说谢谢小朋友。"

教师组织幼儿讨论："为什么要把玩具、用具整理好，还要把它们送回家?""如果不把玩具、用具整理好，幼儿园的活动室、操场、走廊等将会变成什么样?""在幼儿园里，有哪些东西需要我们自己整理？用后要放到原来的地方?"

教师说："小朋友说一说自己在家里是怎么收拾整理玩具，保持环境整洁的。"

（案例提供：吴艳丽）

（四）分析任务

1. 进行幼儿教育的指导思想

> "教育幼儿爱清洁、讲卫生，注意保持个人和生活场所的整洁和卫生。"
>
> ——《幼儿园教育指导纲要（试行）》

小班幼儿年龄小，缺乏集体意识和规则意识，但是这一点儿都不妨碍他们有一颗积极进取的心，教师应利用榜样的力量和各种有趣的形式，培养他们的行为习惯，教会他们整理玩具的方法。通过比较玩具被整理前后的活动室的样子，幼儿亲眼看到了明显的变化，建立了自信心，获得了成功感，从小就要养成爱整洁的好习惯。开展整理活动也是对幼儿进行劳动教育的好途径，幼儿要做力所能及的事。他们在操作的过程中非常需要教师的关注、积极引导和鼓励。

2. 归纳有效的教师用语策略

鼓励语运用的策略。

维序语运用的策略。

（五）完成任务

1. 课堂训练

教师把全体师范生分成几个课堂学习小组，师范生按照任务要求分别设计了以下环节。

第一，小班整理活动情境对话。

第二，分角色实战表演，每个学习小组选择其中的一种角色，教师参与其中并运用教师用语策略设计活动，各组派代表上台表演。

同学们针对各组的表现进行互评，教师进行点评和打分。下课后，教师要求各组上交一份任务型的作业，如情境对话练习的内容、实战表演的小剧本等。

2. 职场训练

第一，你如何带领全班幼儿参与到整理活动中来？

第二，在幼儿园实习的过程中，你作为实习教师，要善于运用恰当的教师用语，组织幼儿开展有效的生活整理活动，成为幼儿学习的引导者。

(六)心得体会

师范生的教师口语技能实战表演

一、活动背景

目前，师范生的语言素养和语言运用水平面临着新的挑战。大家必须加强幼儿教师口语的实战演练，尽快熟练地掌握规范化的教师口语技能。

幼儿教师肩负着儿童启蒙教育的重任，其语言素养直接关系到下一代的成长和发展，因此，师范生必须学会表达、学会认知、学会做事和学会共同生活，以适应未来职业发展的需要。

二、活动目标

旨在指导师范生掌握幼儿园生活活动用语常识与规范，优化幼儿教师口语知识结构，通过进行幼儿园生活活动用语的实战技能表演，提升他们的教师口语技能和教育水平，培养一批高素质、善保教的师范人才。

三、活动内容

(一)第一阶段

考考你的判断力！测测你的实战力！

——幼儿园生活活动用语知识竞赛

要求：

第一，本章的推荐幼儿园生活活动用语百句举例是知识竞赛的必考题。

第二，比赛采取口答或笔答的形式，分小组进行。

第三，比赛时间由任课教师灵活安排，可以在课上或课后进行。

(二)第二阶段

考考你的判断力！测测你的实战力！

——挑战幼儿园教育实战情境

要求：

第一，所有参赛选手均需在学校、幼儿园指导教师的指导下，进行“幼儿园生活活动用语技能实战表演”的排练。

第二，第一轮是“综合知识问答”。知识点涵盖本章全部内容(推荐用语内容除外)，参赛选手需要认真准备。

第三，第二轮是“实力大比拼”，如表演“情境对话练习”等。

第四，第三轮是“挑战幼儿园教育实战情境”，如表演本章第三节的“职场训练”部分，或者表演与本章内容相关的案例故事。

第五，指导教师要制定竞赛优胜者的奖励办法，并把竞赛成绩计入平时成绩的考核。

第四章 幼儿园区域活动用语常识与规范

第一节 幼儿园区域活动用语常识

幼儿园区域活动是目前国际上普遍采用的一种幼儿园活动形式。在借鉴国内外最新的研究成果基础上，建构具有国际视野的区域活动教育理念是至关重要的。我们应把区域活动看作一个整体系统。教育者要根据幼儿身心发展状况和心理发展需要，制定总的区域目标体系，并在总的目标体系下制定出不同区域各年龄段分目标。首先，教师要针对幼儿的实际情况和个体差异提出不同的目标要求，实施差异化教育，即实现因材施教、因需施教。其次，教师要根据材料的年龄适宜性，设计各区域材料内容体系。针对幼儿的“环境学习”这一特点，教师要实施创新性、开放性的环境教育，让幼儿在教师精心设计的“有准备的环境”中自主探究。最后，教师需要从教师角色转换为导师角色，应成为儿童探究环境的支持者、合作者和引导者。“导师”通过观察分析幼儿在区域活动中的兴趣态度、知识经验和技能等各方面的表现，善于发现幼儿的问题所在，以及问题产生的根源，并及时采取有效的教育策略，促进区域教育活动的顺利开展。特别是，“导师”要善于针对不同区域的主要目标，运用有效的教师用语，适度地引导幼儿操作材料，激发幼儿浓厚的学习兴趣和探究欲望，提高幼儿的语言运用能力、创造性思维能力，促进幼儿的社会性发展和良好行为习惯的养成。

一、幼儿园区域活动用语的内容

幼儿园区域活动离不开教师“言传身教”的指导，“言传”和“身教”揭示了教师指导幼儿开展区域活动的两种途径。幼儿获得丰富的知识经验、接受良好的早期教育主要来自成人的口耳相传。可见，幼儿园区域活动的教师用语在环境与师幼互动中发挥着重要的影响力。

所谓“幼儿园区域活动用语”，是指幼儿园教师在区域教育活动中经常使用的规范化的教师用语，主要有两层含义：第一，幼儿园教师使用的普通话具有规范性。能发出正确的语音、语调，会说标准的普通话是合格的幼儿园教师必备的基本口语技能。第二，区域活动教师用语的规范性可以被概括为八个字：简单、易懂、准确、生动。较高水平的教师用语技能是幼儿园教师在言传身教的过程中必备的职业口语技能。

借鉴国内已有的研究成果，我们把幼儿园区域活动用语的内容归纳为以下几个方面。

（一）预备区中的教师用语

预备区是整体区域活动的准备部分，包括生活区、感官区和生态区等。在预备区活动中，教师应运用规范的语言给予幼儿适时适度的指导和帮助，促使他们在“不教”（自然）的教育环境中自由发展。预备区中的教师用语的主要内容包括以下三个方面。

1. 生活区中的教师用语

教师应根据生活区总目标和各年龄段目标，制定生活区活动目标和活动内容。教师能够运用情趣式的教师用语，指导幼儿学习自我服务技能和生活礼仪；发展幼儿的手眼协调能力和手指的灵活性；培养幼儿的独立生活能力；帮助幼儿养成良好的生活习惯和卫生习惯。

应用举例1

幼儿在生活区里开心地玩着，有的忙着给“可乐娃娃”喂食物，有的给动物宝宝扣纽扣，还有的给娃娃穿衣服、拉拉链。区域活动结束的音乐响了起来，幼儿知道这次的区域活动结束了，多数幼儿开始收拾整理玩具。乐乐没有玩够，看了看其他小朋友，又低头继续给可乐娃娃喂食物。老师对乐乐说：“可乐娃娃说了——乐乐，我吃得太饱了，不要喂我了。”乐乐听了以后说：“好的，你今天吃饱了，我明天再来喂你吃饭。”于是乐乐开始收拾整理玩具了。

2. 感官区中的教师用语

教师应该能运用体验式的教师用语，引导幼儿运用多种感官充分感受、体验、探索周围的世界，促进幼儿的视觉、听觉、嗅觉、味觉、触觉等感觉协调地发展；培养幼儿的注意力、观察力、比较和判断能力、创造性思维能力；帮助幼儿获得丰富的生活和学习经验。

应用举例 2

在感官区里，幼儿拿出三种打击乐器，分别是碰钟、沙蛋和响板，幼儿自由尝试使用这几种乐器。幼儿说：“太乱了，一点儿也不好听。”教师微笑着说：“怎样才能让小乐器唱出好听的音乐呢？我们一起试试吧。”于是，教师和小朋友们一边合作演奏乐器，一边唱小歌谣：“碰钟兄弟碰碰碰，沙蛋宝宝摇摇摇，响板牙齿咔咔咔。”接着，幼儿利用音乐进行“听音辨位”的游戏，教师问：“这是谁在唱？”幼儿答：“碰钟在唱(幼儿碰三下)，沙蛋在唱(幼儿摇三下)，响板在唱(幼儿咔三下)。”通过开展听音辨位的游戏活动，幼儿发展了注意力、听辨能力和音乐感知力，获得了打击乐器的演奏经验。

3. 生态区中的教师用语

教师应该能运用引导式的教师用语，指导幼儿参与种植花卉、蔬菜，饲养小动物，激发幼儿对种植活动的兴趣和探究欲望；培养幼儿热爱大自然、保护生态环境的意识。

应用举例 3

教师在生态区中投放一张“长春出现雾霾天气”的照片(图 4-1)，引导幼儿观察。一名小朋友指着照片说：“大烟囱在冒浓烟呢。”另一名幼儿说：“不对！我爸爸说这是空气污染。”旁边的幼儿听到了，也参与到其中：“我知道，是雾霾。你没看见天都不亮了。”“是啊，天是暗的。”教师听了幼儿的谈话，点点头说：“是啊！长春出现了雾霾天气。我们应该怎么办呢？”小朋友们议论纷纷。有的说：“戴个大口罩，就不会生病了。”有的说：“还是种树比较好，这样就没有空气污染了。”……在教师的启发引导下，幼儿们保护生态环境的意识增强了。

图 4-1　长春出现雾霾天气

(二)基本区中的教师用语

基本区是整体区域活动的核心部分，包括语言区、数学区、科学区、文化区、社会区等。教师应引导幼儿体验探究学习的乐趣，尊重幼儿的意愿，充分发挥幼儿的创造，促使他们在“自主”的教育环境中主动发展。

教师指导总的原则是：多听、多看、少讲。教师应做一位细心的观察者，要认真倾听幼儿之间语言交流的内容，仔细分析幼儿的探索需求，教师要根据幼儿的需要再进行语言指导，提出一些合理化的建议，帮助幼儿将游戏活动继续开展下去。

基本区中的教师用语的主要内容包括以下五个方面。

1. 语言区中的教师用语

教师应该运用鼓励式教师用语，引导幼儿运用不同的方式表达自己的想法，鼓励幼儿合理创编，大胆交流，提高语言表达技巧；提示幼儿安静倾听，鼓励幼儿尝试用表演的方式表达故事内容，指导幼儿结合图片进行思考和讨论，有条理、有重点地讲述情节；培养幼儿的阅读兴趣和良好的阅读习惯，发展幼儿的阅读理解能力和文学欣赏能力。

2. 数学区中的教师用语

教师应该运用互动式教育用语，引导幼儿观察生活中的具体事物，再现数学问题。教师应启发幼儿亲身操作，了解事物的数量关系，以及数在生活中的实际作用，知道数无处不在。教师说：“你说一说在哪里看到了数字？请你找一找。”教师指导幼儿运用数学认知方法，解决生活和游戏中简单的数学问题；并体验数学的重要性和趣味性，形成初步的数概念和了解数量的守恒；提高幼儿发现问

题、研究问题和解决问题的能力。(图 4-2)

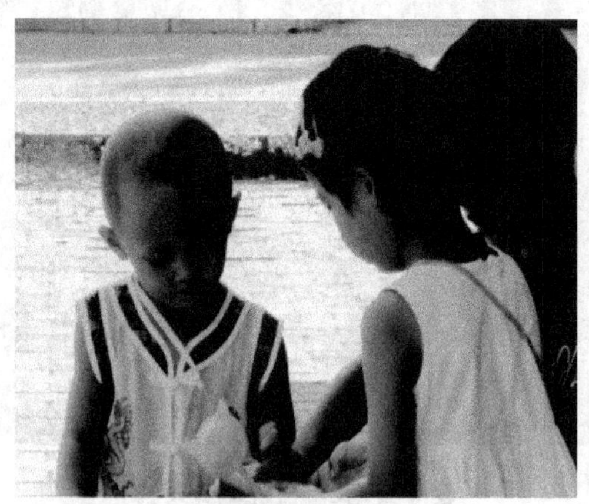

图 4-2　有趣的数字游戏

3. 科学区中的教师用语

教师应该运用启发式教师用语，用严谨的语言准确生动地表述科学问题，使幼儿对身边的事物感兴趣，愿意用多种感官自主地探索与发现，引导幼儿掌握观察方法，鼓励幼儿大胆猜想，通过动手操作实验等方式，验证自己的想法，获得直接经验，建构科学认知；引导幼儿按照自己喜欢的方式与需要，了解动植物的特点、生长规律，并进行观察记录。教师应鼓励幼儿掌握多种解决问题的方法，并完整地表述自己的实验过程以及发现的问题，培养幼儿争做"小小科学家"的意识，促进幼儿的认知能力和科学探究能力的发展。总之，对于幼儿头脑中的"十万个为什么"，教师应做到闻问则喜，有问必答。

应用举例 4

在科学区里，教师发现一名幼儿手里拿着玩具汽车在半空中飞来飞去时，没有随便斥责他"胡闹"，而是向幼儿提出这样的问题："你的汽车为什么在空中飞呢?""你长大后的理想是什么呢?""难道你将来要建造会飞的新型汽车吗?""你的想法真不赖!"恰到好处的教师用语能够启发幼儿动脑筋，通过独立思考后，提出自己的想法，也能激发全体幼儿的想象力。教师要善于在创造性游戏中创设问题情境，鼓励幼儿大胆质疑和创新，想他人之未想，做他人之未做的事情，这样幼儿创新的愿望就会越来越强烈。

4. 文化区中的教师用语

教师应该运用指导式教师用语，指导幼儿由浅入深地探究中国文化，使幼儿了解不同民族的风土人情、多元文化的特点，拓宽视野，激发对生命的热爱，尊重不同文化；培养幼儿爱祖国、爱家乡的美好情感。

应用举例 5

中国地图吸引了很多幼儿的关注。教师说："你知道我们长春在地图的什么地方吗？请你找一找。""你还去过什么地方？请找一找。""你最喜欢的地方是哪里？为什么喜欢？"教师让幼儿介绍那里的饮食以及生活环境等。

5. 社会区中的教师用语

教师应该运用谈话式教师用语，指导幼儿正确使用礼貌用语，主动地体验各种社会活动，增强自信心；使幼儿乐意与人交往，学习互助、合作和分享，有爱心和同情心；使幼儿理解并遵守游戏规则，能努力做好力所能及的事，有初步的责任感；促进幼儿的健全人格和社会性的发展。

(三)创意区中的教师用语

创意区是整体区域活动的深化部分，包括艺术区、建构区、角色扮演区和沙水区等。教师应提供给幼儿更多的实践机会，促使幼儿在"创造"的教育环境中全面发展。创意区中的教师用语的主要内容包括以下四个方面。

1. 艺术区中的教师用语

教师应该运用拓展式教师用语，从多角度、多层面引导幼儿在音乐区中感受音乐、舞蹈、表演活动的乐趣；在美术区中对绘画、剪纸、折纸、泥工等进行美术创作，大胆表现自己的创意。教师应该鼓励幼儿尝试用多种方式探索不同颜料呈现的不同创作效果，引导幼儿能够运用正向的语言评价自己和他人的作品，使幼儿喜欢参加艺术区的活动，发现生活中的美、体验艺术的美、表现创作的美。

应用举例 6

幼儿在艺术区域中进行染纸活动。有的幼儿只是根据教师提供的作品进行操作。教师说："染纸很好玩，我也来试一试。""我想试一试多折几次，看一看染出来的是什么样的。""我要染一个不一样的图案。""如果每一个位置变一种颜色，纸一定会变得五彩缤纷。""我想拧一下，染出来会是螺旋图案吗？"

2. 建构区中的教师用语

教师应该运用问题式教师用语，引导幼儿观察发现不同建构材料的搭建特点，发挥想象力，采用材料的堆积、拼插、排列、铺平、围拢等建构方式，获得直观的感性经验，支持幼儿的想法；帮助幼儿建立初步的结构概念，促进手眼的协调性、灵活性；引导幼儿体验与同伴合作的乐趣，学会尊重同伴的观点和经验；提高幼儿解决问题的能力，培养初步的合作意识。

应用举例 7

在建构区里，幼儿忙着搭建、拼插，教师观察幼儿的行为。有的搭建桥，有的搭建房屋，有的拼插枪，有的拼插花篮。幼儿都专心地建构自己的作品。莉莉用雪花片拼插了许多漂亮的花朵。教师问："我们把这么多的花朵放到哪里呢?"她看着拼插好的花朵正发愁。教师说："小朋友制作了好多作品，有花朵，还有花篮，还有……"莉莉像想起来什么似的，看到了小朋友拼插好的花篮，对那个小朋友说："把我的花朵装到你的花篮里，行吗?"那个孩子同意了。很快，花篮里装满了花朵，老师笑着对她们点头，她俩高兴地拍起手来了。

3. 角色扮演区中的教师用语

教师应该能运用参与式教师用语，引导幼儿进行观察，了解角色的不同分工。教师指导幼儿生动再现自己的生活经验，创造性地反映现实生活，获得丰富的情感体验；教师大多以角色的身份进入区域进行指导，通过开展角色游戏和表演游戏，使幼儿逐渐形成社会规则的意识，并内化为自身良好的行为习惯，有效地促进幼儿健全人格和社会性的发展。

应用举例 8

理发店新开张，幼儿还不太会玩。教师就扮演客人进入理发店。客人问："谁是理发师呀？我想弄头发。"客人说："先帮我把头发洗一洗吧。""你们都有什么洗发水呀，你能不能介绍一下?""我想让头发变得好看一点儿，你有什么想法，说一说。"弄完头发，客人问："多少钱?"幼儿在互动的过程中了解了角色区的服务流程。

4. 沙水区中的教师用语

教师应该运用情境式教师用语，引导幼儿通过不同的玩法了解沙、水的特性，并从中体验玩沙、玩水的乐趣；教师要在自由自在的玩沙、玩水活动中，发展幼儿游戏的自主性和创造性。

应用举例 9

教师说："小朋友你们看，我手中都是什么动物？(小兔、小狗、大象、狮子、老虎、鲨鱼、海豹、猴子、熊)这些动物都没有家了，很多小动物的安全受到了威胁，你们帮帮忙，为它们设计一座动物园好吗？”

教师说：“你们觉得应该怎样安排这些动物才合理呢？为什么？”

教师说：“根据凶猛的动物、可爱的小动物的分类，小朋友可以分开设计。”

幼儿三人一组或五人一组，有的用铲子铲，有的使用各种模具，还有的小朋友把旁边捡来的树枝插在沙子里，对小伙伴说：“我们一起为小猴子种树吧！”大家忙得不亦乐乎。教师走到菁菁身边，轻轻拍打她身上的沙子，问道：“你在做什么？”菁菁说：“做山洞。”教师说：“熊一定很开心，天气热的时候可以进洞里面避暑。”

(四)延伸区中的教师用语

延伸区是整体区域活动的拓展部分，包括拓展区、生成区等。教师应能够满足幼儿某些特殊的需要，促使他们在“研习”的教育环境中富有个性地发展。延伸区中的教师用语的主要内容包括以下两个方面。

1. 拓展区中的教师用语

教师应该能运用规范化的教师用语，指导幼儿对基本区中发现的问题进行进一步的探究学习，尊重幼儿发展的个体差异，满足每个幼儿不同的心理发展需要；鼓励幼儿从不同角度出发，采用不同方式，对主题活动的关键知识点、幼儿感兴趣的问题进行综合性体验和深入研究；并与幼儿共同讨论、制订出有益于幼儿身心发展的研究方案，保障游戏活动的顺利开展。

2. 生成区中的教师用语

教师应该能运用规范化的教师用语，支持幼儿对自己生成的或特别感兴趣的“课题”进行个性化研究，满足幼儿特殊的心理需要；让幼儿更加充分地体验探究的过程，并能够运用一定的研究方法解决问题；培养幼儿的探索精神，促进幼儿的个性化发展。

二、推荐幼儿园区域活动用语百句举例

(一)小班

1. 兴趣态度方面

◆如何引导喜欢独自呆坐、性格内向的幼儿？

案例描述：教师发现×××特别内向，不爱说话。白天活动的时候，她经常独自坐在一旁，不肯参与集体活动。

推荐用语：

• 教师走过去对她亲切地说："请你和小朋友们一块玩好吗？"

• 教师说："那我和你一块玩好不好？"

• 此后，每当她独自一个人玩时，教师便会叫小朋友们和她一起玩："让小朋友们和你成为好朋友吧。"

• 只要她参加活动，教师就及时肯定她的优点和长处："小朋友们，×××做得多棒啊！"

• 教师神秘地对她说："我和小朋友们要跳舞了，欢迎你也来参加！"

2. 知识经验方面

◆如何引导为了在活动区中玩耍，憋着大小便不上厕所、弄脏了裤子的幼儿？

案例描述：×××对活动区的游戏非常感兴趣，他专注地玩着，由于担心别的小朋友争抢他的游戏材料，就一直憋着不肯上厕所，结果拉到裤子里了，弄得裤子里都是屎。

推荐用语：

• 教师急忙走过去小声问道："你是不是拉到裤子里了？"

• 教师不忍心责怪×××，连忙安慰他："没事的，老师不怪你，你不是有意拉到裤子里的，是担心上厕所回来没地方了，是不是？"

• 洗完后，教师帮×××换上干净裤子，并嘱咐他："上厕所要叫老师，不能拉在裤子里了。"

• 教师随时提醒幼儿："先上厕所大小便，再回活动区玩游戏。"

• 为防止这类情况发生，教师可以给每人发一个进区活动卡。（每个活动区的进区卡可设计成不同的颜色和形状，以示区分。）教师要求幼儿："请小朋友们凭卡进区活动。"

3. 技能方面

◆如何引导没掌握阅读技巧、乱翻图画书的幼儿？

案例描述：×××在进行阅读时，总是一会儿将书翻到前面，一会儿翻到后面，他只对图画书中色彩鲜艳的图案感兴趣。因此，他看书速度非常快，往往别人刚看了一点儿，他就已经看完了一本书。原来，×××还没有真正掌握阅读的方法，没有养成良好的阅读习惯。

推荐用语：

• 教师走过去问他："这本书上的故事你都看完了吗？你能讲讲书上的故事吗？"

• 教师对他说："书要一页一页地看，不能看得那么快，要认真地看里边的故事，看看故事里都有谁，发生了什么事，等一会儿请你讲给小朋友们听，好吗？"

• 教师根据图画书的内容问他："除了……，画面里还有谁？它们都说了些什么？"

• 教师问大家："×××讲得好不好？"

• 教师说："现在，我请×××告诉大家，你是怎么看图画书的。"

(二)中班

1. 兴趣态度方面

◆如何引导喜欢"搞破坏"的幼儿？

案例描述：×××是个出了名的捣蛋鬼，他总是把同伴搭好的作品碰倒，小朋友气愤极了，冲着他大喊大叫起来。

推荐用语：

• 教师安慰小朋友说："别灰心，倒了可以再搭。来，老师和你一起搭吧。"

• 教师引导×××换位思考："如果别人把你搭好的大高楼碰倒了，你的心情会怎样？"

• 教师说："你把小朋友搭好的作品碰倒了，应该道歉，说一声——对不起！我错了。"

• 教师说："凡事要多为别人着想，要懂得珍惜别人的劳动成果。"

• 教师悄悄拍下×××和其他幼儿愉快游戏时的镜头，教师说："只要你们高高兴兴地做游戏，能珍惜别人的劳动成果，老师就再给你们拍照，把照片拿给爸爸、妈妈看，好吗？"

2. 知识经验方面

◆如何引导在向小朋友借玩具时，不会使用礼貌用语的幼儿？

案例描述：×××在向小朋友借玩具时，不会使用礼貌用语，不说一声就拿过来用，小朋友很不高兴。

推荐用语：

• 教师说："小朋友们要学会表达自己的愿望，×××应该对玲玲说'把这个玩具给我玩玩，行吗？'"

• 教师说："玲玲把这个玩具借给你玩，你应该对玲玲说什么？"

• 教师说："对！应该说声——谢谢你！"

• 教师说："大家可以轮流玩。玲玲先玩，×××等一会儿再玩。"

• 教师说："只有懂礼貌的人，别人才愿意和他在一起玩。"

3. 技能方面

◆如何引导游戏中遇到困难就会退缩的幼儿？

案例描述：×××在角色游戏中，总是不能主动参与游戏，常常说："我不行，我不会！"他遇到困难时经常会退缩，用眼神求助教师，显得很不自信。

推荐用语：

• 教师经常为他打气说："×××，你真行，你真棒！"

• 教师帮助他寻找解决问题的办法："我们试试这个办法行不行，试试之后才知道。"

• 教师安慰他："别担心，你一定会想出好办法的。"

• 教师鼓励他："你的想法真不赖！加油！"

(三)大班

1. 兴趣态度方面

◆如何引导游戏中总喜欢欺负比自己年龄小的幼儿的幼儿？

案例描述：从上幼儿园起，×××就成了让老师与父母都头疼的难题。游戏时，他总是欺负比他小的孩子，不是推倒了佳佳，就是咬了凡凡。

推荐用语：

• 教师批评他："你这样做对吗？"

• 教师严肃地说："那你应该怎么做呢？"

• 教师耐心地劝他："你有什么话想对老师说吗？你说给老师听吧。"

• 教师说："你是一个非常聪明的孩子，知道自己该怎么做，对吗？爸爸、妈妈喜欢你，老师也非常喜欢你。"

2. 知识经验方面

◆如何引导不爱惜图书、喜欢撕书的幼儿？

案例描述：×××一向对属于自己的东西十分的爱惜，但是对于别人的东西可不是这样，每次总有小朋友来告状："老师，他把我的书给撕了。"

推荐用语：

• 教师引导大家共同讨论一个话题：图书怎么会变成这样的？"大家都在说别人，有没有人说说自己有什么不对的地方？"

• 教师说："我讲一个故事《图书是我撕破的》，大家想听吗？"

• 教师说："这样吧，老师给你想个好办法，你把那些撕坏的书修补好，下次看别人的书的时候要像爱护自己的书一样，而且要征得别人的同意。"

• 教师说："来吧！做一个小小修补匠吧！老师教你。"

◆如何引导独占玩具、容易争抢的幼儿？

案例描述：×××在与小朋友玩玩具、看书的过程中总是把许多玩具、书籍抢到手中。如果有哪位小朋友不小心碰到他，他就会打骂小朋友，表现得非常不友好。

推荐用语：

• 教师说："你看乐乐和小朋友们玩得多好，说话有礼貌，老师非常喜欢他。老师知道你也是个懂事的乖孩子，只不过碰到不顺心的事了，忍不住乱发脾气。好啦，你先坐在小椅子上，静下心来想一想，自己该怎么做？"

• 教师与他约法三章："今天如果你不抢玩具了，我就奖给你一朵小红花，或当众亲亲你。你能做到和小朋友一起高高兴兴地玩吗？"

• 教师在班级里设立了一个"小法庭"，"请小朋友自己去评判谁对谁错"。当幼儿纷纷来告状时，教师说："我们选出一个小朋友当'小法官'，请告状的小朋友当'原告'，×××就是'被告'，请几个'知情'的小朋友当'证人'，你们要讲清楚事情的来龙去脉。最后，请'小法官'自己评判谁对谁错。"

3. 技能方面

◆如何对游戏中嘲笑别人的现象进行正确引导？

案例描述：×××在制作手工作品时，受到了小朋友的嘲笑。在进行区域活动时，幼儿之间喜欢相互比较，总是认为自己的作品比谁的都好看，总是说别人的作品不如自己的作品好看，因此，引发了冲突。

推荐用语：

• 教师连忙制止说："笑话别人可不好！要尊重别人，知道吗？"

• 教师面对全班小朋友，表情严肃地说："我看见有的小朋友对人很不礼貌，随便笑话别人。大家说，这种不尊重人的做法对不对？假如别人这样说你，你心里会怎样？"

• 教师微笑着说："小朋友们说得很对，我们每个人都有自尊心，每个人都希望得到别人的夸奖，谁都不希望受到批评，是不是？"

• 教师引导大家换位思考："随便嘲笑别人，这是不对的。那么，小朋友们应该怎么做？对，小朋友们要互相尊重，能做到吗？"

• 教师说："老师要看一看谁做得最好，我要奖励他一张小笑脸贴纸。"

三、 区域活动用语技能的培养

笔者可以从教师的言语倾向类型、言语行动类型、言语变通类型三个水平考察区域活动用语技能。

言语倾向类型是指师幼双方在言语交往中表达交流意图存在的不同言语类型，对所表达交流的内容，或者说对师幼双方共同指向的言语交流情况会产生一定的影响。笔者通过分析个体的核心言语倾向类型，可以看出教师用语技能水平和教师言语特点对幼儿用语能力发展的影响。因此，教师要研究"交流什么、如何交流"的问题，从而提高区域活动用语技能的水平。

在言语行动类型中，笔者关注师幼双方采用何种类型的言语形式，来做出交流行为并达到交流的目的。笔者通过分析个体主要的言语行动类型，可以看出教师用语技能水平会影响到幼儿对言语行动类型的选择。因此，教师要研究"通过什么方式交流"的问题，从而提高区域活动用语技能的水平。

在言语变通类型中，笔者关注师幼双方语言运用的灵活性，该类型是言语倾向类型和言语行动类型的综合运用，笔者关注师幼双方通过何种言语行动类型，有怎样的语言交流倾向与意图。笔者通过分析个体主要的言语变通类型，可以看出教师用语技能水平对幼儿言语类型多样化发展的影响。因此，教师要研究"交流什么、如何交流、通过什么方式交流、达到什么交流意图"这种综合性地运用语言和非语言表达技巧进行交流的问题，从而提高区域活动用语技能的水平。

通过分析三个水平的教师言语类型，我们认为培养区域活动用语技能可以从以下三个方面着手。

(一)加强情境对话练习

通过进行情境对话练习，在不同的区域活动情境中，教师能够掌握具体的言语表达技巧和非言语表达技巧，从而提高教师用语技能的水平。根据区域活动用语技能的研究框架(表 4-1)，我们对情境对话练习的具体内容进行了设计。

表 4-1　区域活动用语技能的研究框架(一)

活动情境	教师用语 （言语表达技巧）	态度与行为方式 （非言语表达技巧）
1. 准备工作 (1)支持性环境的创设 (环境包括生理环境、物理环境、心理环境。) (2)“有准备的环境”的核心要素：材料的投放 (3)生成和预设活动方案 (4)区域规则的建立	角色：支配者还是支持者？ (支持者，思考：如何支持？) 表达：命令式还是交流式？ (交流式，思考：如何交流？)	态度：责任心、敏感性 行为方式：分步骤、有选择地开放区域 非言语表达：关注、倾听、赞赏、支持、快速回应
2. 开展活动 (1)幼儿进区活动 (预备区、基本区、创意区、延伸区) (2)幼儿的工作 (分析研究幼儿与材料的互动模式)	角色：教师引领式还是导师引导式？ (导师引导式，思考：如何引导？) 表达：关注、讲解、提问、纠错、补充、建议、调节、承诺、商议、诱导、期望 (思考：如何表达关注……？)	态度：积极、热情、尊重 行为方式：鼓励探索和操作、适度等待、个别指导、及时处理 非言语表达：观察指导、提供学习经验
3. 活动评价 (兴趣态度、知识经验、技能)	角色：主观评价者还是客观评价者？ (客观评价者，思考：如何进行客观评价？) 表达：消极暗示还是积极暗示？ (交流评价方式：积极暗示、肯定、建议、讨论、辩论，思考：如何交流评价？)	态度：客观、反思性 行为方式：应从幼儿和材料两个方面综合考虑 非言语表达：鼓励、引导、喜爱

1. 准备工作

(1)支持性环境的创设

◆活动场景1：支配者还是支持者？

教师："我们今天的活动在娃娃家、美工区、表演区中开展。听老师分配……"

甲幼儿兴奋地喊起来："我要喂娃娃！我要喂娃娃！"

作为一名支持者，教师(应以接纳、尊重的态度)耐心地询问："你为什么想玩这个游戏呢？""让老师看一看你的区域活动计划表格，这次你是……你想去娃娃家喂娃娃，是吗？好的。"(教师要努力理解幼儿的想法与感受，支持、鼓励幼儿大胆地表达。)

老师的话被甲幼儿的喊声打断了，老师脸上平静的表情转为微怒。作为一名支配者，老师提高了音量对他说："我看你今天是不想喂娃娃了！"(教师对幼儿的心理需要不敏感。)

(2)"有准备的环境"的核心要素：材料的投放

◆活动场景2：如何投放区域材料？

(教师在提供区域材料"有趣的串珠"时，要考虑每个幼儿不同的发展水平，保证每个幼儿都有适宜的、感兴趣的材料。)

教师："小朋友们，串珠宝宝正等着大家一起做游戏呢。"

(小朋友们手里拿着一个个颜色鲜艳、各式各样的珠子兴奋极了。他们东瞧瞧、西看看，简直是爱不释手。)

甲幼儿："看！我把珠子穿起来了。"

教师："真棒！你是怎么穿的，表演给大家看好吗？"

乙幼儿："老师快来看我搭的动车。"

教师："你太棒了，还能用珠子搭动车，再搭一个和它不一样的东西好吗？"

(教师要扮演好细心的观察者、热情的鼓励者、积极的支持者和有效的引导者，使幼儿充满热情地、专心致志地投入研究和探索之中，获得有益于身心发展的知识经验，真正体验发现的乐趣和成功的喜悦。)

(3)生成和预设活动方案

◆活动场景3：如何处理生成和预设活动？

(在预设活动中，教师应关注幼儿的兴趣所在，给予幼儿自发生成的机会，并为他们开展生成活动创造条件。)

甲幼儿："老师，这个弹力球被扎坏了。"

乙幼儿："这不是地球仪吗?"

教师："小朋友们，你们知道地球仪的由来吗?从前，有一个著名的德国航海家，他的名字叫贝海姆，1492年他发明了世界上第一台地球仪，它现在被保存在纽伦堡博物馆里。"

(教师以幼儿的兴趣为切入点，生成了一个新的区域活动"自制地球仪"。小朋友们自发地在弹力球上面画上了各种图形，并为每个图形命名。)

丙幼儿："这是我画的'大公鸡'，它的名字叫中国。"

教师："真棒！×××，你画的图形叫什么名字?"

丁幼儿："我画的这个图形在地球仪的反面，它的名字叫美国。"

教师："是的。谁知道地球仪上面还有哪些国家?"

幼儿争先恐后地说："我知道，我知道……"

(一个由幼儿自制的地球仪虽是幼儿搞破坏的"杰作"，却引发了幼儿极大的探索兴趣，教师应灵活引导，妥善处理预设与生成的关系，让幼儿在自发生成的活动中获得新知识。)

(4)区域规则的建立

(区域规则主要指区域环境中的规则，教师要与幼儿共同商讨每个区域的活动要求，制定出适合各个区域活动的常规。教师要引导幼儿按照规则取放材料和探究活动。区域分享中的规则是保证分享环节的交流和展示。)

◆活动场景4：如何养成带卡进区的习惯?

(为了让幼儿养成带卡进区的习惯，教师提出了进区活动的相关要求。)

教师："小朋友们可以选择自己喜欢的、没有玩过的区域。想一想你准备进入哪个活动区?取放活动区材料时要轻拿轻放。如果小朋友们同时需要一个工具时，应该协商后轮流使用。在活动过程中，要互相合作、共同完成操作任务。活动结束之后，要主动收拾、整理所有的操作材料，把它们放回活动柜中。"(提出活动要求后，教师可以引导幼儿有序拿取进区卡进区活动。)

2. 开展活动

(1)幼儿进区活动

◆活动场景5：教师怎样观察指导幼儿进区活动?

(当教师发现一名幼儿因"娃娃家"人数已满不能进入而苦恼，又不想去其他区域玩的时候，应当把握时机，适时介入指导。)

教师："你想一想怎样才能进去?"

甲幼儿动脑筋想了想说："我当一名客人吧。我要当舅舅!"

扮演爸爸的幼儿说："好吧！你来当舅舅。"

(2)幼儿的工作

◆活动场景6：如何指导幼儿与自制材料互动？

(由于幼儿在游戏过程中会不小心磕碰、损坏玩具，因此教师用废旧物制作了大量的玩具材料。幼儿看到小汽车的轮子掉了，不懂得爱惜，没有修理意识。)

教师："哎呀！你的汽车怎么掉了一个轮子呀？"

甲幼儿："我不小心碰掉了轮子。"

教师(用商量的口吻)说："轮子掉了，车不能再开了，怎么办呢？"

甲幼儿："嗯……"

教师："图书损坏了可以修补，汽车坏了，我们可以送到修理部去。"

甲幼儿："汽车坏了可以送到修理部修一修。"

教师："让我们搭一个修理部吧！一起想办法把损坏的汽车修好。"

甲幼儿高兴地拍手说："好！"

3. 活动评价

(评价的功能在于激励、诊断、导向、提升经验、促进幼儿同伴交流与学习。教师不能简单地用好与不好来评价幼儿的活动，而应重点关注幼儿的探索学习、社会性的发展、创造性地解决问题经验的获得，促进幼儿与环境互动。)

◆活动场景7：在交流环节中，如何进行区域评价？

(通过引导幼儿讨论，教师让幼儿回忆活动中常规遵守的情况。)

教师："今天哪个区的小朋友活动时声音最小？"

幼儿："生活区声音最小，表演区声音最大。"

教师："哪组小朋友的玩具摆放得又快又整齐？"

幼儿纷纷抢着说："我们组最快！我们组摆放得又快又整齐。"

教师："在建构区中玩的时候，你会不会找不到自己需要的材料？"

幼儿："我找不到搭城堡的梯子……"

(教师做出评价不仅要突出重点，而且要关注活动过程，采用个别评价、小组评价和集体评价，灵活地把握住评价的不同时机，使评价渗透在整个活动的始末。)

(甲幼儿在美工区装饰衣服，他涂色不均匀，受到了同伴们的嘲笑。)乙幼儿说："你的衣服破洞了。"

(甲幼儿生气地丢下画笔，准备离开，教师观察到这个情况，进行了个别评价。)

教师："破洞的衣服补一补就行了，你要朝着同一个方向慢慢涂。"

（甲幼儿听了点点头，重新拿起笔认真地上色，一会儿衣服就涂好了。）

教师："哇，真棒！刚才的破衣服变成了漂亮的新衣服了。"

（甲幼儿在教师的指导下掌握了涂色技巧，体验到了成功的喜悦。从此，美工区经常出现他的身影。）

（另外，评价方法要多元化，如谈话讨论法、作品展示法、主题探究法等，教师要有效地促进师幼双向互动，帮助幼儿积累经验。）

(二)运用榜样学习法进行模仿学习

通过运用榜样学习法，实习教师可以观察幼儿园指导教师的言谈举止，模仿学习指导教师用语的言语表达技巧、非言语表达技巧，提高教师用语技能的水平。根据区域活动用语技能的研究框架(表 4-2)，我们将对实习场景的具体学习内容进行设计。

表 4-2　区域活动用语技能的研究框架(二)

实习场景	教师用语(言语表达技巧)	态度与行为方式(非言语表达技巧)
区域活动	角色：实习教师 表达：模仿学习指导教师的言语表达技巧，边模仿边创新	态度与行为方式： 模仿学习指导教师的非言语表达技巧，边模仿边创新

(三)运用案例学习法提高区域活动用语技能

通过运用案例学习法，学习者从案例故事中学习教师应掌握的言语表达技巧和非言语表达技巧，从而提高教师用语技能的水平。根据区域活动用语技能的研究框架(表 4-3)，我们对案例故事中具体的学习内容进行了设计。

表 4-3　区域活动用语技能的研究框架(三)

案例故事	教师用语(言语表达技巧)	态度与行为方式(非言语表达技巧)
故事场景	角色：学习者 表达：模仿学习案例中教师的言语表达技巧	态度与行为方式： 模仿学习案例中教师的非言语表达技巧

案例 1

热爱整理玩具的嘉嘉(小班)

时间：活动结束后。

地点：活动室。

教育对象：嘉嘉。

事件：嘉嘉主动整理玩具。

小班的孩子一般不太会整理玩具，每次收拾教室的时候，都是教师和阿姨忙个不停。但是，教师很快发现身边出现了一个能干的小助手——嘉嘉，她整理的玩具很整齐，不亚于一个大班孩子。

教师很高兴，这真是一个难得的榜样啊！教师希望嘉嘉的良好行为能保持下去，并且带动其他孩子参加到整理玩具的行列中，教师要培养孩子自己管理玩具的能力。但是教师知道，整理玩具毕竟不是一件好玩的事情，它需要孩子的耐心和意志。如果表扬不当，孩子们就会丧失整理玩具的兴趣。

许多孩子收拾玩具的动力，常常来自教师的命令，他们知道不整理不行，这是自己的任务，要是在家里，他们就不愿意整理玩具了。有些孩子为了得到教师的赞扬而做事，教师不注意的时候，就不肯做了。很少有孩子发自内心地喜欢劳动。

当嘉嘉收拾好玩具后，教师请嘉嘉把整理好的一盒积木给大家看，小朋友说："多整齐呀，真漂亮！"教师说："小朋友刚才玩积木的时候，玩具是散落在桌子上的，是谁把它们放好的呢？是嘉嘉小朋友。"教师把积木一块一块地拿出来，放在桌子上，请嘉嘉演示如何把积木归回原位。最后，教师代表积木说："谢谢嘉嘉把我们送回家。"从孩子们的表情可以看出，大家对嘉嘉的劳动成果感到十分满意，并且很羡慕嘉嘉有这样的本领。好多孩子举手要求收拾积木，教师请孩子们分头整理教室的各个角落，每个孩子都干得很认真。

教师用类似的方法让孩子们享受劳动过程的快乐，看到自己的劳动成果时，孩子们体验到了成功的喜悦，孩子们和嘉嘉一样，直到离开幼儿园的那一天，始终保持着整理玩具的兴趣，不用教师催促，也不必经常表扬，看到整洁的教室，大家就满足了。

案例评析：

有的孩子开始时和嘉嘉一样，也喜欢把玩具整理得整整齐齐，成人看见了，就夸奖他："真能干，老师(妈妈)真喜欢你！"孩子受到这种品质方面的表扬，心理会产生一种压力，为了维持他的“能干”的形象，他需要付出比别人多的努力，而压力会减少努力本身所带来的快乐。

孩子做事不是为了得到别人的夸奖，他在做事过程中会体验到一种快乐，就像有人喜欢写字，有人喜欢骑车一样。当他做完事情后，体验到了成功的喜悦，他的快乐就会更多了。

《幼儿园教育指导纲要(试行)》指出：既要高度重视和满足幼儿受保护、受照顾的需要，又要尊重和满足他们不断增长的独立要求，避免过度保护和包办代替，鼓励并指导幼儿自理、自立的尝试。所以，教师的表扬和鼓励应该落在孩子的努力过程和成果上，表扬要适度，而令人伤心的批评肯定会打击幼儿做事的积极性。

（案例提供：徐慧）

第二节　幼儿园区域活动用语运用的策略

一、差异化教育用语运用的策略

(一)从差异出发的策略

和区域活动中的一般教学相比，区域活动中的差异性教学强调从尊重幼儿的个体差异出发，教师通过运用差异化教育用语的策略，最大限度地激发幼儿自主探究的愿望，满足不同发展水平的幼儿进行个性化学习的需要，促进每个幼儿在原有发展水平基础上得到充分发展。从差异出发的策略主要体现在以下几方面。

1. 充分发挥教师的主导作用

在区域活动中，教师开展的差异性教学是基于幼儿的差异进行的，体现了区域活动中应“尊重孩子自由玩耍的权利”的核心价值。在区域活动中，差异性教学的教育理念，旨在将区域活动与差异性教学紧密结合起来，充分发挥教师的主导作用，使幼儿在教师的指导下开展区域活动。

2. 巧妙地运用观察策略

为了避免区域活动呈现表面化的低效状态，教师应具有解读幼儿发展水平的能力和策略，巧妙地运用观察策略，对幼儿进行动态的描述性观察，了解幼儿的语言运用能力、个性化学习的需要和行为表现。教师可以设计一个观察记录表格，详细记录幼儿的用语习惯和特点，积累幼儿个性化学习的资料，见表4-4。

表 4-4　小班语言区现场观察记录表(部分)　第 10 周

<table>
<tr><th rowspan="2">姓名</th><th colspan="2">图书阅读</th><th>故事讲述</th><th rowspan="2">行为表现</th></tr>
<tr><th>拼图卡</th><th>故事书</th><th>手偶</th></tr>
<tr><td>缀缀</td><td>√</td><td></td><td></td><td rowspan="5">缀缀拼《小猫钓鱼》的图片卡(大块直线的拼读材料)，一会儿工夫，她就拼好了，她绘声绘色地讲起了故事：“小猫……”收拾好后，她又换了《青蛙飞天》的图片卡(曲线拼读材料)，认真地拼着……
婷婷认真地拼读《龟兔赛跑》的图片卡，到了第四张——小兔醒后，发觉事态不对，跑了起来这段时被卡住了，读不下去了……</td></tr>
<tr><td>婷婷</td><td>√</td><td></td><td></td></tr>
<tr><td>琦琦</td><td></td><td></td><td>√</td></tr>
<tr><td>凝凝</td><td></td><td>√</td><td>√</td></tr>
<tr><td>……</td><td></td><td></td><td></td></tr>
</table>

(浙江省嘉兴市海盐县实验幼儿园　叶丽娟)

(二)为了差异发展的策略

区域活动中的差异性教学是指教师根据幼儿在认知、兴趣等方面的差异确定合理的区域活动目标，选择恰当的区域活动内容和指导策略，最大限度地挖掘幼儿的创造潜能。因此，为了差异发展的策略是为实现幼儿的差异发展而服务的，教师从幼儿的差异出发，实施有差异的教学，促进幼儿有差异地发展。为了差异发展的策略主要体现在以下几个方面。

1. 分层指导的策略

差异化教育的目的在于发现幼儿的差异和个性优势，因此，能力目标是主要目标，而知识目标并不是主要目标。区域的设置应该具有科学性，区域材料的投放应考虑到小班、中班、大班幼儿的年龄差异。在帮助幼儿确定自己的区域活动计划时，教师可运用分层指导的策略，启发幼儿对选择的区域以及材料的操作有具体的思路，教师要根据每个幼儿的差异，制订区域活动计划表格。在教师制订出语言形式、画图形式或手势描述的计划后，幼儿便可以陆续进入区域进行操作活动了。在区域活动中，教师不能要求幼儿必须按照自己的计划进行操作，而是应根据幼儿的兴趣和需要灵活调整，允许幼儿改变初始计划，并帮助幼儿制订新计划。

总之，教师应根据幼儿在年龄、能力水平、认知风格、学习风格和个性特征等方面的个体差异性，尊重每个幼儿的选择，满足幼儿自由探索的愿望，促进幼儿富有个性地发展。

2. 对话指导的策略

区域活动中的差异化教育强调教师的主导作用，强调在“对话”理念的引领下，教师与幼儿之间建立一种平等的、接纳的师幼关系。对话指导的策略要求谈话者“共享”和“接纳”，师幼之间相互吸引、相互包容、共同参与和共同分享。教师应敞开心扉接纳幼儿的智能强项和弱项，鼓励和支持幼儿异想天开，帮助幼儿完成他们感兴趣的事情，而不拘泥于仅仅完成既定目标。

区域活动给幼儿提供了一个展现差异、共享差异的平台。为了差异发展，教师应采取恰当的对话指导的策略，鼓励幼儿展现差异，取长补短，教师应努力成为幼儿活动的支持者、帮助者和指导者。

二、环境化教育用语运用的策略

(一)支持性的策略

教师要善于创设“有准备的环境”，开展一种回归自然、充满趣味的环境化教育。教师还要善于运用支持性的策略等环境化教育用语的策略，有效地支持、启发和引导幼儿与环境相互作用，鼓励幼儿自主探索和创造性地表达，自由地选择材料，决定用材料做什么。教师应将环境创设和材料搜集的过程作为幼儿个性化学习过程，和幼儿一起讨论、设计、准备游戏材料，和幼儿一起讨论制作过程，提醒幼儿操作时的注意事项，让他们小心地按照正确方法进行操作，让“有准备的环境”能够对幼儿产生潜移默化的教育影响。

案例 1

建筑区

时间：区域活动时间。

地点：建筑区。

教育对象：幼儿。

事件：建筑区的活动。

孩子们在建筑区热火朝天地搭建着，教师也参加了游戏。教师说：“我们来

比比看，看哪个建筑家最会动脑筋，搭建的作品又快又好。”幼儿纷纷干起来了，不一会儿幼儿搭好了一座别墅，又有一位幼儿建好了一座凉亭，而教师还没有完成作品呢。教师吃惊地问：“你们怎么建得这么快啊？有什么窍门吗？”一名幼儿说：“很简单，只要你想好了，就开始干，一会儿就能建成。就这么容易。”教师笑笑说：“你们真能干，对，只要想好了，一会儿就能干成。”接下来的几天，教师帮助幼儿拓展游戏内容，与幼儿一起构想游戏主题，在参观了公园、小学、图书馆等之后，幼儿在丰富的表象资料基础上开展了主题活动。主题活动的完成，不再是单一的完成，变成了集体完成一件作品，教师在游戏中培养了幼儿的团队意识。

案例评析：

在该案例中，教师也是以角色扮演介入的，目的明确，为了了解幼儿的实际发展水平。在游戏中，教师能抓住关键进行指导。“你们怎么建得这么快呢？”“只要你想好了，就开始干，一会儿就能建成。”教师着重强调了幼儿的坚持性，引导幼儿做事情要有目的，有计划。教师要重点培养幼儿的“想好了就开始干”的思维习惯，同时教师要引导幼儿喜欢加入集体，意识到集体的力量，共同完成一件作品，有团结意识和集体荣誉感。

选自：李会敏．幼儿园区域活动中教师指导行为的研究[D]．桂林：广西师范大学，2006.

蒙台梭利认为，儿童的内在潜能是在环境的刺激下发展起来的，是个体与环境之间相互作用的结果。她根据自己创办的“儿童之家”的教育实验，归纳出“有准备的环境”应具有如下特征。

必须是有规律、有秩序的生活环境。

能提供美观、实用、对幼儿有吸引力的生活设备和用具。

能丰富儿童的生活印象。

能为幼儿提供感官训练的教材或教具，促进儿童智力的发展。

可让儿童独立地活动，自然地表现，并意识到自己的力量。

能引导儿童形成一定的行为规范。

(二)调整性的策略

依据区域调整的不同时机，调整性的策略可以分为不同的方面。

1. 随机调整的策略

幼儿的活动兴趣应成为教师最关心的要素。倘若幼儿对操作材料失去兴趣，教师应反思并了解其中的原因，是否因为材料形式失去了新颖性，是否因为材料内容失去了吸引力，是否因为材料操作性方面缺少变化？教师要在调查了解的基础上，灵活调整游戏材料，满足幼儿做游戏的需要。

2. 分层调整的策略

分层调整的策略反映了教师指导策略的多变性。教师应针对不同发展水平、不同性格的幼儿提供不同的指导策略。使用简单的、操作难度较小的材料时，教师应尽量多用启发式语言；使用复杂的、操作难度较大的材料时，教师应尽量多综合运用启发式语言和演示法。对操作能力较强的幼儿，教师可多用口头指导，指导不必太具体；而对操作能力较差的幼儿，指导要具体，教师应从手把手教逐步过渡到放手或提供口头指导。区域活动倡导幼儿的发现学习，教师可减少语言指导策略，多运用隐性指导，认真观察幼儿与材料的互动，并采取适宜的策略合理地调整区域材料。

幼儿在游戏中主动地探索学习，自由选择适合其身心发展特点的学习内容和方式，借助教师的支持性的策略和调整性的策略，不断获得丰富的学习经验。

三、 导师制教育用语运用的策略

在成长为一名合格的区域活动“导师”的过程中，教师应善于观察幼儿在区域活动中的兴趣和态度，“导师”要善于运用规范化的教师用语，适度地引导幼儿操作材料，激发幼儿浓厚的学习兴趣和探究欲望。在“导师”的引导下，幼儿自主、快乐且有价值地发展。

案例 2

黑猫警长与一只耳

时间：表演游戏时间。

地点：活动室。

教育对象：皓宇、浩浩。

事件：皓宇表演得太投入了。

在“黑猫警长与一只耳”的游戏表演中，“警长”皓宇抓住了“一只耳”浩浩。两人表演得正投入的时候，忽然“一只耳”浩浩奋起反抗，把“警长”皓宇推倒在地，接着“警长”皓宇也还以颜色，两个人厮打在一起。我见没有一点儿缓和的余地，立刻上前制止了他们的行为。待他们平静后，我同他俩进行了谈话，才明白事情

的缘由：原来是因为"警长"皓宇把"一只耳"浩浩的胳膊弄疼了，所以浩浩才推倒了皓宇。我先问皓宇："你知道自己把浩浩弄疼了吗?"皓宇委屈地摇摇头。我对浩浩说："你看，皓宇只是表演得太投入了，不小心把你弄疼了，你应该直接告诉他'请你轻点儿好吗？你把我弄疼了！'皓宇知道了，一定会请你原谅的。"我转过去问皓宇，皓宇一个劲儿地点头。我又对浩浩说："如果没有听到同伴的解释就大打出手，那以后可就没有好朋友和你玩了。"浩浩也点头表示明白了自己的错误。最后，两个小伙伴手拉手，又成了一对好朋友。

案例评析：

区域游戏中的矛盾冲突有时也会遭遇"狂风暴雨"的场面，当幼儿的争论没有一点儿缓和的余地，甚至幼儿有了过激行为时，教师要及时出现，及时与幼儿进行对话，根据幼儿的所作所为、所说所感加以适时、适当的引导，刺激幼儿在不知不觉中做出一番慎思明辨的内省，从而了解一些礼仪知识，明白一些与同伴友好相处的道理。

选自：邱红燕．区域游戏背景下中大班幼儿同伴交往礼仪培养的实践与探索[J]．思想理论教育，2009(4).

第三节　幼儿园区域活动用语规范化训练

能力目标：善于创设自由、宽松的语言交流环境，能够用标准的、规范的普通话和艺术的口语表达和与幼儿交谈。语言基本功要过硬，应努力做到语言准确、生动、清楚、易懂、简洁。

一、　实训任务1：　预备区域活动中的教师规范用语

(一)实训目的

能够熟练地运用所学的幼儿园区域活动教师用语策略，指导幼儿在生活区、感官区和生态区的活动。

(二)实训要求

具备一定的幼儿园预备区域活动中的教师用语的常识。

能够用标准的普通话和幼儿交谈，具备一定的语言基本功。

具备一定的语言教法知识以及教育学、心理学知识。

刻苦钻研，有良好的师德修养。

(三)实训案例

案例 1

不爱喝水的杨阳(大班)

时间：生态区活动时间。

地点：大班活动室。

教育对象：杨阳，男，5 岁。

事件：杨阳不爱喝水。

杨阳小朋友不爱喝水，谁劝都不听，他的鼻子干燥得直流鼻血。教师看到窗台上那盆有些蔫的花，想到了一个好主意。教师把杨阳叫到窗前说："两天前，这盆花开得特别好看，今天却耷拉着脑袋，你看它怎么啦?"

杨阳用手按了按花盆里的土，自信地说："老师，花盆里的土都裂了，你按一按这土多硬呀，这花肯定是缺水了，咱们快给它浇点儿水吧！要不它会渴死的!"连续几天，杨阳都会第一个来园，来园后的第一件事情就是给花浇水。

在教育幼儿时，教师不应简单地说教，可以通过讲一些形象生动的小故事，使他们懂得一些浅显的道理，从而取得较好的教育效果。

花终于又开了，教师叫来别的小朋友一起欣赏花，教师说："大家看，杨阳天天为花浇水，花才得救了，花可感谢杨阳了。可是，花还有些担心……"教师故作神秘地说："花说——只告诉杨阳一个人。"

杨阳高兴地期待着，教师走到他身边蹲下，悄声对他说："花可担心你啦！你天天忙着为它浇水，都顾不上自己喝水，鼻子都干得流了血，嗓子也干得直咳嗽。它多希望你也和它一样，天天喝足了水，这样就不会生病了，身体长得又高又壮，你说呢?"

杨阳听了高兴地说："老师，你看!"说着他用水杯接满了水，大口大口地喝着，水很甜，杨阳的心里更甜。

（案例提供：徐慧）

(四)分析任务

1. 进行幼儿教育的指导思想

> “为有效促进幼儿身心健康发展，成人应……创设温馨的人际环境，让幼儿充分感受到亲情和关爱，形成积极稳定的情绪情感；帮助幼儿养成良好的生活与卫生习惯，提高自我保护能力，形成使其终身受益的生活能力和文明生活方式。”
>
> ——《3—6 岁儿童学习与发展指南》

教师的语言指导在幼儿身心发展过程中起着重要作用，教师要善于观察和引导幼儿，使幼儿在乐意参与区域活动的基础上，健康发展。

2. 归纳有效的教师用语策略

从差异出发的策略。

为了差异发展的策略。

(五)完成任务

1. 课堂训练

教师把全体师范生分成几个课堂学习小组，师范生按照任务要求分别设计以下环节。

第一，情境对话练习。

第二，分角色实战表演，每个学习小组选择其中的一种课堂训练形式，进行创编和认真的准备，然后各组派代表上台表演。

针对各组的表现，同学们进行互评，教师进行点评和打分。下课后，教师要求各组上交一份任务型的作业，如情境对话练习的内容、实战表演的小剧本等。

2. 职场训练

第一，你如何处理幼儿在预备区域活动中出现的各种问题？

第二，在幼儿园实习的过程中，你作为实习教师，要善于运用恰当的教师用语，组织幼儿开展区域教育活动，妥善处理在预备区域活动中可能出现的各种问题。

(六)心得体会

二、 实训任务2： 基本区域活动中的教师规范用语

(一)实训目的

能够熟练地运用所学的幼儿园区域活动教师用语策略，指导幼儿在语言区、数学区、科学区、文化区和社会区的活动。

(二)实训要求

具备一定的幼儿园基本区域活动中的教师用语的常识。

能够用标准的普通话和幼儿交谈，具备一定的教师职业口语技能。

具备一定的教育学、心理学知识，有良好的师德修养。

(三)实训案例

案例2

书要一页一页地看(中班)

时间：语言区活动时间。

地点：中班活动室。

教育对象：明明，男，4岁。

事件：明明没有养成良好的阅读习惯。

在图书角活动中，教师经常会发现这样的现象：有的幼儿一会儿将书翻到前面，一会儿翻到后面，只对图书中色彩鲜艳的图案感兴趣。有的幼儿对翻书的动作比对阅读本身更感兴趣，因此，他们看书速度非常快，往往别人刚看了一点儿，他们就已经看完了一本书。其主要原因是幼儿还没有真正掌握阅读的方法，

没有养成良好的阅读习惯。

一天，明明看书时，把书翻得哗哗作响，他只选择自己喜欢的图画看，对于这本图画书讲的是什么内容，他并没有仔细阅读，很快书就看完了。教师走过去问明明："这本书上的故事你都看完了吗?"明明点点头："看完了。"教师说："那你能给老师讲讲书上的故事吗?"明明摇头说："我不会讲。"老师对明明做了具体的阅读指导："书要一页一页地看，不能看得那么快，要认真地看里边的故事，看看故事里都有谁，发生了什么事，等一会儿请你讲给小朋友们听，好吗?"明明听完用力地点点头，认真地看起书来了。

教师的语言指导在幼儿阅读过程中起着重要作用，教师要善于观察和引导幼儿，使幼儿在养成良好阅读习惯的基础上，逐步提高阅读能力。

明明没有掌握一定的阅读方法，当他读到《小熊过桥》的故事时，能够了解小熊过桥的情节，却忽视了树上的乌鸦和河里的鲤鱼。教师便根据图画书的内容问他："除了小熊，画面里还有谁？他们都对小熊说了些什么?"幼儿对画面的内容有了全面完整的认识，并能按顺序讲述，提高了阅读能力，掌握了一定的阅读方法。

当阅读结束时，教师请明明把《小熊过桥》的故事讲给大家听，明明精彩的讲述获得了同伴热烈的掌声，教师问大家："明明讲得好不好?""好!""现在，我请明明告诉大家，你是怎么看图画书的?"明明说："书要一页一页地看，每一页都仔细看。"就这样，图画书和明明成了形影不离的好朋友。

（案例提供：徐慧）

（四）分析任务

1. 进行幼儿教育的指导思想

> "为幼儿提供丰富、适宜的低幼读物，经常和幼儿一起看图书、讲故事，丰富其语言表达能力，培养阅读兴趣和良好的阅读习惯，进一步拓展学习经验。"
>
> ——《3—6岁儿童学习与发展指南》

教师很善于运用语言指导幼儿阅读，激发幼儿阅读的兴趣，调动其积极性。在阅读过程中，教给幼儿正确的阅读方法是非常重要的。

2. 归纳有效的教师用语策略

差异化教育用语运用的策略。

导师制教育用语运用的策略。

（五）完成任务

1. 课堂训练

教师把全体师范生分成几个课堂学习小组，师范生按照任务要求分别设计了以下环节。

第一，情境对话练习。

第二，分角色实战表演，每个学习小组选择其中的一种课堂训练形式，进行创编和认真的准备，然后各组派代表上台表演。

针对各组的表现，同学们进行互评，教师进行点评和打分。下课后，教师要求各组上交一份任务型的作业，如情境对话练习的内容、实战表演的小剧本等。

2. 职场训练

你如何处理幼儿在基本区域活动中出现的各种问题？

在幼儿园实习的过程中，你作为实习教师，要善于运用恰当的教师用语，组织幼儿开展区域教育活动，妥善处理在基本区域活动中可能出现的各种问题。

（六）心得体会

三、实训任务3：创意区域活动中的教师规范用语

（一）实训目的

能够熟练地运用所学的幼儿园区域活动教师用语策略，指导幼儿在艺术区、建构区、角色扮演区和沙水区的活动。

（二）实训要求

具备一定的幼儿园创意区域活动中的教师用语的常识。

能够用标准的普通话和幼儿交谈，具备一定的教师职业口语技能。

具备一定的教育学、心理学知识，有良好的师德修养。

(三)实训案例

案例3

信笔涂鸦的“小画家”(大班)

时间：艺术区活动时间。

地点：大班活动室。

教育对象：京京，5岁半。

事件：京京喜欢乱涂乱画。

孩子大多喜欢信笔涂鸦，只要自己高兴，纸、地面、桌椅、墙壁都会成为他们即兴创作的画布。教师上前制止，他们有时不仅充耳不闻，而且会越画越来劲。

大班有个孩子名叫京京。他总是趁教师不注意的时候，在桌椅和墙壁上用彩笔、油画棒信笔涂鸦。有一次他乱涂乱画的时候，被教师抓了个正着。教师特别生气地说：“我讲了多少次，不能在桌子上、墙壁上乱涂乱画！你怎么又往墙壁上画了呢？你这样做，对吗?”京京有些不知所措地摇摇头。教师说：“下次不许画了，知道吗?”京京听了，忙说：“下次改，下次改。”

看到京京认错了，教师以为他不会再犯错误了，但是没过几天，班里的桌子上又出现了乱涂乱画的痕迹。教师明白上次的说教没有多大效果。她冷静下来，反复思考这样一个问题：京京为什么喜欢信笔涂鸦？应该怎样去引导和保护京京的绘画兴趣？

信笔涂鸦有可能就是这个孩子绘画兴趣和潜能的表现。孩子乱涂乱画时，教师要及时引导，教师应有针对性地对孩子进行艺术情感的教育，培养孩子的审美情趣和对艺术的热爱和追求。

教师仔细地观察京京的涂鸦作品，那是他梦想中的“蜘蛛侠”。教师笑着说：“你画得真好，你以后能不能把这么漂亮的画画到本子上，好让老师收藏起来慢慢欣赏……”京京高兴地答应了。然后，教师亲自动手，把在桌子上的画擦去了，一边擦一边叹气：“这是多么好的画呀！擦了太可惜了，以后千万别往桌子上画了。”京京领悟了教师的用意，又受到了鼓励，后来，他真的不到处乱画了，而且画画的兴趣越来越浓了。“小画家”就这样诞生了。

（案例提供：徐慧）

(四)分析任务

1. 进行幼儿教育的指导思想

> “创造机会和条件，支持幼儿自发的艺术表现和创造。提供丰富的便于幼儿取放的材料、工具或物品，支持幼儿进行自主绘画、手工、歌唱、表演等艺术活动。经常和幼儿一起唱歌、表演、绘画、制作，共同分享艺术活动的乐趣。”
>
> ——《3—6 岁儿童学习与发展指南》

教师应善于引导孩子的绘画兴趣，为他们准备宽容和接纳的环境。教师发现京京看似在信笔涂鸦，其实信笔涂鸦是这个孩子绘画兴趣和潜能的表现，通过运用对话指导策略，教师对京京进行了赏识教育。教师的做法非常巧妙，她不曾说“不许”二字，却把不许的含义表达得明明白白。

2. 归纳有效的教师用语策略

为了差异发展的策略。

支持性的策略。

(五)完成任务

1. 课堂训练

教师把全体师范生分成几个课堂学习小组，师范生按照任务要求分别设计了以下环节。

第一，情境对话练习。

第二，分角色实战表演，每个学习小组选择其中的一种课堂训练形式，进行创编和认真的准备，然后各组派代表上台表演。

针对各组的表现，同学们进行互评，教师进行点评和打分。下课后，教师要求各组上交一份任务型的作业，如情境对话练习的内容、实战表演的小剧本等。

2. 职场训练

你如何处理幼儿在创意区域活动中出现的各种问题?

在幼儿园实习的过程中，你作为实习教师，要善于运用恰当的教师用语，组织幼儿开展区域教育活动，妥善处理在创意区域活动中可能出现的各种问题。

(六)心得体会

四、实训任务4：延伸区域活动中的教师规范用语

(一)实训目的

能够熟练地运用所学的幼儿园区域活动教师用语策略，指导幼儿在拓展区和生成区的活动。

(二)实训要求

具备一定的幼儿园延伸区域活动中的教师用语的常识。

能够用标准的普通话和幼儿交谈，具备一定的教师职业口语技能。

具备一定的教育学、心理学知识，有良好的师德修养。

(三)实训案例

案例4

比哈利·波特的扫帚还神奇的鞋(大班)

时间：生成区活动时间。

地点：大班活动室。

教育对象：晖晖，5岁半。

事件：晖晖异想天开的做法。

幼儿爱幻想，往往会想出一些异想天开的事情来。一天，正在玩汽车游戏时，小朋友们都是手拿汽车在马路上开来开去，唯独晖晖手里拿着汽车在半空中飞来飞去。教师奇怪地问："你的汽车为什么在空中飞呢？"他毫不犹豫地说："老师，这辆汽车已经飞出了地球，正在宇宙中飞行！"乍听起来，他的话有些不可思

议，却蕴含着创新意识，对此教师不能泼冷水，相反地，教师表扬了晖晖的想法真不赖。

教师应该及时引导、鼓励幼儿充分发挥想象力和创造力，鼓励并引导幼儿想他人之未想，做他人之未做的事情，这样幼儿创新的欲望就会越来越强烈。教师继续问晖晖："你长大后的理想是什么?"晖晖说："我长大了，要制作一双鞋，穿上这双鞋就能上天，去看看太阳和火星。"

"老师觉得晖晖的想法很特别，难道这双鞋比你的汽车还神奇?""当然了，这是一双能上天的鞋，赛过哈利·波特的扫帚呢。"说完，晖晖得意地笑了起来。

"真有趣!"这个话题马上引起了其他幼儿的兴趣，大家争先恐后地说："我们快给它起个名字吧。"一个幼儿说："我给它起的名字叫晖晖牌魔鞋。我要像晖晖那样，穿着魔鞋漫游海底世界。"另一个幼儿说："我给它起的名字叫天下第一魔鞋。我要穿着它遨游太空，和外星人握手。"

这些回答多么生动有趣呀！幼儿的好奇心与想象力是创新能力的重要特征，尽管幼儿的想象很离奇、很古怪，甚至是异想天开，但是，创造属于每一个幼儿，它不是少数幼儿的专利。教师要鼓励更多的孩子充分发挥他们的想象力，给每个幼儿提供创造的机会和条件。教师说："小朋友们说得真好，现在我们就一起来做这双神奇的魔鞋好不好?""好哇！好哇!"

（案例提供：徐慧）

(四)分析任务

1. 进行幼儿教育的指导思想

> "真诚地接纳、多方面支持和鼓励幼儿的探索行为。"
>
> ——《3—6岁儿童学习与发展指南》

教师要善于在创造性游戏中创设问题情境，鼓励幼儿大胆质疑和创新，激发幼儿的创新意识和创新思维。

2. 归纳有效的教师用语策略

为了差异发展的策略。

支持性的策略。

导师制教育用语运用的策略。

(五)完成任务

1. 课堂训练

教师把全体师范生分成几个课堂学习小组，师范生按照任务要求分别设计了以下环节。

第一，情境对话练习。

第二，分角色实战表演，每个学习小组选择其中的一种课堂训练形式，进行创编和认真的准备，然后各组派代表上台表演。

针对各组的表现，同学们进行互评，教师进行点评和打分。下课后，教师要求各组上交一份任务型的作业，如情境对话练习的内容、实战表演的小剧本等。

2. 职场训练

你如何处理幼儿在延伸区域活动中出现的各种问题?

在幼儿园实习的过程中，你作为实习教师，要善于运用恰当的教师用语，组织幼儿开展区域教育活动，妥善处理在延伸区域活动中可能出现的各种问题。

(六)心得体会

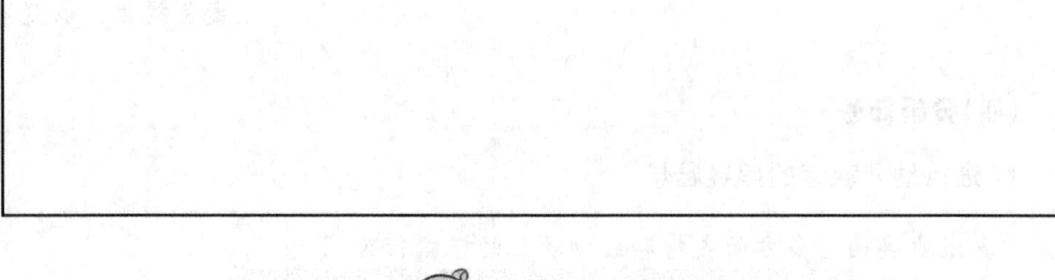

★本章考核方案★

师范生的教师口语技能实战表演

一、活动背景

目前，师范生的语言素养和语言运用水平面临着新的挑战。大家必须加强幼儿教师口语的实战演练，尽快熟练地掌握规范化的教师口语技能。

幼儿教师肩负着儿童启蒙教育的重任，其语言素养直接关系到下一代的成长和发展，因此，师范生必须学会表达、学会认知、学会做事和学会共同生活，以适应未来职业发展的需要。

二、活动目标

旨在指导师范生掌握幼儿园区域活动用语常识与规范，优化幼儿教师口语知识结构，通过进行幼儿园区域活动用语的实战技能表演，提升他们的教师口语技能和教育水平，培养一批高素质、技能型的师范人才。

三、活动内容

(一)第一阶段

考考你的判断力！测测你的实战力！

——幼儿园区域活动用语知识竞赛

要求：

第一，本章的推荐幼儿园区域活动用语百句举例是知识竞赛的必考题。

第二，比赛采取口答或笔答的形式，分小组进行。

第三，比赛时间由任课教师灵活安排，可以在课上或课后进行。

(二)第二阶段

考考你的判断力！测测你的实战力！

——挑战幼儿园教育实战情境

要求：

第一，所有参赛选手均需在学校、幼儿园指导教师的指导下，进行“幼儿园区域活动用语技能实战表演”的排练。

第二，第一轮是“综合知识问答”。知识点涵盖本章全部内容(推荐用语内容除外)，参赛选手需要认真准备。

第三，第二轮是“实力大比拼”，如表演“情境对话练习”等。

第四，第三轮是“挑战幼儿园教育实战情境”，如表演本章第三节的“职场训练”部分，或者表演与本章内容相关的案例故事。

第五，指导教师要制定竞赛优胜者的奖励办法，并把竞赛成绩计入平时成绩的考核。

第五章 幼儿园教育活动用语常识与规范

第一节 幼儿园教育活动用语常识

3～6 岁是幼儿语言发展的黄金时期，幼儿通过观察和模仿周围人的语言、态度、神情，逐渐形成自己的语言习惯。在幼儿语言形成的阶段，教师的教育活动用语对幼儿语言发展的影响至关重要。

所谓“幼儿园教育活动用语”，是指在特定的关系、特定的场合中，教师针对不同领域内容，运用特定的交流方式实现活动内容的规范化的教师用语。幼儿园教育活动用语要“传道、授业、解惑”，是教师传递专业知识的信息媒体，是教育行业的专门用语，也是教学最重要的手段。

首先，教师要细致地观察了解幼儿，准确掌握每个幼儿的兴趣需要和各方面的发展水平。教师要了解个体差异，因材施教。教师要支持和引导幼儿，促进每个幼儿在不同水平上的发展。其次，教师根据幼儿的年龄特点选择适合幼儿各方面发展的活动内容，制定相应的活动目标。最后，教师清楚地认识自己在教育活动中的角色，以幼儿为主体，满足幼儿活动的需要，重过程，轻结果。教师要注重教育活动过程中幼儿的探索发现、主动学习，分析幼儿出现的各种问题，运用有效的教育用语，并加以适当的引导、启发，使幼儿在体验中获得知识、发展能力、形成良好的行为习惯，以保证每个幼儿能在原有水平上获得最佳的发展。

一、幼儿园教育活动用语的内容

(一)健康领域中的教师用语

1. 情绪活动中的教师用语

良好的情绪能对幼儿产生积极的作用，教师要用亲切、温和的语言，让幼儿产生安全感、信赖感，帮助幼儿调整不良情绪。教师要培养幼儿积极的应对困难的心态，促进幼儿身心健康地发展。

应用举例 1

新入园幼儿在活动中出现哭闹现象时，教师用温和的语言转移幼儿的注意力；运用肢体的语言，使幼儿对陌生的环境和周围的人产生喜爱的情感。教师对幼儿说："你最喜欢什么呀?""看看其他小朋友都在做什么?""你不哭了，老师就抱抱你。"

2. 动作发展活动中的教师用语

幼儿阶段是动作发展的重要时期，教师要用饱满的情绪、富有热情的语言，依据幼儿各年龄段的身体灵活程度，引导幼儿锻炼身体各部位；指导幼儿做出正确的运动姿势；激发幼儿愿意主动参与运动的欲望；培养幼儿身体的灵活性以及协调性。教师要提高幼儿身体机能的适应能力，增强幼儿的身体素质。

应用举例 2

教师组织小班幼儿进行走的练习。教师运用情境语言说："今天我们要和小动物学本领，比一比看谁学得快。""你们看它是谁?"教师出示小猫头饰。幼儿说："小猫。"教师问幼儿："小猫怎样走?"请幼儿边说边模仿。

3. 生活习惯与生活能力活动中的教师用语

幼儿从小养成良好的生活习惯与自我服务的生活能力，对幼儿适应社会、成为独立的人具有非常重要的作用。教师应该运用暗示、鼓励的语言，理解、接纳幼儿的不足，给予幼儿充分的等待时间，满足幼儿学习自己做事的愿望。

应用举例 3

教师发现一名幼儿有吃手指的问题，便在生活中提示幼儿，使幼儿了解为什么不要这样做。教师对幼儿说："我们的小手都要做哪些事情?""小手摸过很多物品，上面有细菌，吃手指会将细菌吃到肚子里，影响健康。"

当幼儿看书的姿势不正确时，教师采用"蒙一蒙"的游戏帮助幼儿纠正。教师问幼儿："眼睛看不到的时候，你会有什么感觉?"幼儿说："有点儿害怕。"教师又说："爱护眼睛，它才不会受伤，所以小朋友要用正确的姿势看书、画画。"

当幼儿依赖别人，不愿意自己做事情的时候，教师对幼儿说："我们班的小朋友都非常能干，自己能穿衣服、穿鞋子，是不是呀?"幼儿说："是。"教师又说："今天我们就比一比，看谁穿得又快又好。"教师对幼儿提供了积极的暗示，幼儿马上有了想做的愿望。

(二)语言领域中的教师用语

语言贯穿幼儿身心发展的各个领域，对其他领域的发展有至关重要的影响。教师要引导幼儿学会倾听，鼓励幼儿积极表达自己的想法。教师结合文学作品、图画增加幼儿的学习经验，培养阅读兴趣，使幼儿敢说、想说和喜欢与人交往。

1. 倾听活动中的教师用语

教师针对幼儿不同的年龄特点，准备倾听的内容，确定合理倾听的时间。教师要用标准的普通话，指导幼儿安静、有礼貌地倾听别人说话；提高幼儿对语言的理解力；培养幼儿声音辨识的能力；帮助幼儿养成良好的倾听习惯。

应用举例 4

为了使幼儿喜欢、愿意倾听，教师要先营造倾听的氛围。教师用神秘的声音说："今天，我带了你们最喜欢的动物，你们听是谁?"教师用很小的声音说："喵，你们听见了吗?"幼儿说："没听清。"教师说："我的声音小，你们要怎样才能听到?"幼儿说："安静。"教师说："安静下来，要仔细听。"教师再学一次小猫叫。教师说："你们谁能模仿一下听到的声音?"教师分别请幼儿模仿听到的声音。

2. 表达活动中的教师用语

教师要用清晰的语言、洪亮的声音，引导幼儿学说普通话，指导幼儿用正确清楚的发音方法，学说礼貌用语；提高幼儿口语表达能力及语言的连贯性；培养幼儿主动、大胆地表达自己的情感需要；帮助幼儿建立良好的自信心。

应用举例 5

为了激发幼儿表达的欲望，教师要创设宽松的语言环境，从幼儿的生活入手。教师问幼儿："谁能说说自己最喜欢什么？"幼儿回答后，教师说："想让大家都能听见你说的，回答的时候声音就应该要大一些，吐字要清楚，不要着急。"教师请幼儿来说。幼儿回答后，教师说："你的声音真好听。"教师追问："为什么喜欢它？""你能介绍一下它有什么吗？"幼儿回答后，教师说："你说得很完整。"教师用层层的问题引导幼儿准确地表达，并形成语言的逻辑性。（图 5-1）

图 5-1 请你大声说出来

3. 文学作品活动中的教师用语

教师要运用生动的语调，引导幼儿感受不同体裁的文学作品；指导幼儿创编、续编儿歌和故事；促进幼儿的想象力和创造力的发展；培养幼儿对文学作品的喜爱；帮助幼儿运用多种方式再现文学作品。

应用举例 6

教师带来一个动物手偶小猪，请幼儿想一想：小猪想来做什么？幼儿各抒己见。教师说："今天我来讲一个故事，故事的名字就叫《小猪学本领》。""小猪都想

学什么本领？跟谁学呀？请你们发挥自己的想象力来说一说。”幼儿回答后，教师说：“小朋友说了很多，请小猪来告诉你们吧。”教师完整地讲述故事。教师提问：“小猪都跟谁学本领了，都学到了什么？”“为什么最后它什么也没学到？”“你们想一想，怎样才能学到真本领？”教师引导幼儿了解故事中的内容以及故事元素，使幼儿对文学作品产生兴趣。

（三）社会领域中的教师用语

幼儿阶段是人的社会性发展的重要时期，教师运用有亲和力的生活语言，指导幼儿如何与人相处，如何认识社会、规范自己的行为；培养幼儿的合作意识与社会适应能力；提高幼儿的沟通能力；促进幼儿的个性良好发展。

1. 人际交往活动中的教师用语

人际交往是幼儿体验幼儿园生活的第一步。教师运用角色中的语言，使幼儿在宽松的氛围中，学会自然地运用语言进行交流。

应用举例 7

教师为幼儿创设自由交流的机会。教师手上戴着幼儿喜欢的动物指偶，对幼儿说：“我想来找朋友，当我找到你时，你就要去找更多的朋友。看谁今天交的朋友最多。”教师主动出发，找到一个小朋友。“你叫什么名字？你愿意和我握握手吗？你愿意给我一个拥抱吗？”幼儿想说什么都行。幼儿继续找朋友，“看一看谁找到的伙伴最多”。

2. 社会适应活动中的教师用语

社会适应是幼儿适应、融入集体的过程。教师应采用引导的语言，指导幼儿自己想办法解决问题，学会合作分享、互相谦让，形成规则意识。

应用举例 8

幼儿在活动中，都想玩同一个玩具，你争我抢的，不知道怎么办。教师说：“这样谁也玩不好，可怎么办啊？”幼儿说：“东西太少了。”教师说：“东西就这么多，还有什么办法吗？”幼儿说：“我们可以几个人一起玩，然后大家轮流玩。”教师说：“你们可以试一试。”

（四）科学领域中的教师用语

在科学领域中，幼儿尝试用多种操作方式，探究事物，学会解决问题。科学领域中的教师用语包括科学探究活动中的教师用语、数学认知活动中的教师用语两个方面。教师要以激发幼儿探究兴趣为目的，引导幼儿观察、比较、操作、实验等，学习发现问题、分析问题、解决问题；帮助幼儿积累生活经验，培养初步探究的能力，发展逻辑思维能力。

1. 科学探究活动中的教师用语

教师要用由浅入深的递进问题，引导幼儿深入地进行思考；指导幼儿正确使用科学用具；帮助幼儿理解生活中的科学现象；培养幼儿勤思考、勤动脑的习惯。教师要激发幼儿的好奇心，使他们体验操作的乐趣。

应用举例 9

在尝试、操作探索过程中，教师给予幼儿积极的提示："只要做就一定可以，你去试一试。"教师组织幼儿在种植角播种种子，请幼儿自己选择想种什么。教师说："要想让种子健康地长大，你们想一想需要什么?"幼儿说："光、水、土壤。"教师问幼儿："怎样才能让种子更快地发芽?"教师请幼儿想一想："把种子种在土壤的什么位置更合适?"教师问幼儿："为什么种在中间比较好?"幼儿自己动手种种子。教师请幼儿根据自己种的种子查阅需要的水量，自己照顾种子并做记录。几天后，幼儿观察种子的生长情况，针对种子发芽的高矮不同，教师引导幼儿思考：为什么会有不同的结果出现？请幼儿自己总结经验，互相分享。幼儿在实际的操作中积累了丰富的生活经验，做到了自主学习。

2. 数学认知活动中的教师用语

数学认知活动教师用语要有逻辑性、趣味性。教师要引导幼儿观察事物的排列规律；指导幼儿运用操作、一一对应等方式学会简单的逻辑推理，感知生活中数的不同作用，激发幼儿对数的探究兴趣。

应用举例 10

教师运用角色的语言，使枯燥的数学认知被幼儿喜欢。玩游戏"小鸡找妈妈"时，教师说："用棋子当小鸡一步一步向上走，走一步数一个数，看谁先找到妈妈。"玩游戏"小动物找家"时，教师提示幼儿："小动物住在第几层第几个房间?"请幼儿帮助小动物找到自己的家。(图 5-2)

图 5-2　小动物找家

（五）艺术领域中的教师用语

艺术领域中的教师用语是人们感受美、表现美的重要形式，也是表达自己对周围世界的认识和情绪态度的独特方式。艺术领域中的教师用语包括感受与欣赏活动中的教师用语、表现与创造活动中的教师用语。教师要激发幼儿学习艺术的兴趣，引导幼儿学会发现自然界与生活中美的事物，鼓励和支持幼儿自发进行艺术表现和创造，培养初步的艺术表现能力与创造能力。

1. 感受与欣赏活动中的教师用语

教师应该用鼓励式用语，引导幼儿感受身边大自然中的美；拓展幼儿的视野；使幼儿能够说出与众不同的想法；促进幼儿想象力与表达能力的发展。

应用举例 11

教师请幼儿欣赏秋天的风景。教师问幼儿："这是什么季节？""你从哪里看出来的？"幼儿回答后，教师又问："你最喜欢秋天的什么地方？""如果让你画秋天，你会在画上画什么？""秋天是什么样的？"请幼儿用语言描述自己眼中的秋天。针对幼儿独特的想法，教师要说："你想的不错，我都没想到。""谁还有不一样的想法？"教师的引导会让幼儿有更多的表达方式，不再人云亦云。

2. 表现与创造活动中的教师用语

教师用潜移默化的语言，引导幼儿用自己的语言、动作表现自己的感受；指导幼儿细心观察身边的事物，积累丰富的生活经验；使幼儿敢于大胆创作与表达；提高幼儿多种表现的能力。

应用举例 12

教师请幼儿根据故事《走失的小鸡》内容进行绘画，结果发现一名幼儿把画面涂得黑黑的。教师问幼儿："你为什么要选择黑色作为背景颜色?"他说："因为小鸡走丢了，找不到妈妈。"教师说："是的，我想小鸡找不到妈妈一定很害怕，心里像阴天一样。你准确地把小鸡的心情画出来了，真不错!"教师要了解幼儿的想法和感受，尊重幼儿独特的表现方式并给予肯定，不再用简单的"像不像""好不好"的标准来评价，激发幼儿的创作兴趣和表现欲望，对幼儿创造力的发展起到了积极的作用。

二、 推荐幼儿园教育活动用语百句举例

(一)小班

1. 兴趣态度方面

◆如何引导幼儿做活动的兴趣?

案例描述：×××东张西望，自己做自己的事情，不愿意和老师做活动。

推荐用语：

• 教师从幼儿喜欢的物品进行引入。教师说："你们最喜欢吃什么?""最喜欢哪个小动物?""喜欢玩什么?"

• 教师创设生活情境，引导幼儿倾听。教师说："看一看，今天的小客人是谁？它最喜欢耳朵灵的小朋友。"

• 在活动时，教师说："我看谁的大眼睛正在看着我呢?"

• 教师用比较神秘的表情吸引幼儿："我藏了一个秘密，你们快猜猜是什么。"

2. 知识经验方面

◆如何引导幼儿做活动的专注力？

案例描述：×××不愿意参与教育活动，一会儿碰碰其他小朋友，一会儿想离开座位。

推荐用语：

•教师说："我遇到麻烦了，你愿意帮帮我吗？"

•教师轻轻地走到他面前说："你试一试让它动起来。"

•教师用强调的语言提醒幼儿："快看，他们在做什么？你要认真听也能做到。"

•教师问他："你有什么新发现？"

3. 技能方面

◆如何引导幼儿自己的事情自己做？

案例描述：×××在哭："老师你来，我不会穿鞋。"

推荐用语：

•教师走过去问他："你怎么了？你能不哭着告诉老师吗？"

•教师对他说："小朋友都是自己动手穿的，我相信你，你也可以。"

•教师在大家面前积极地表扬他："今天，我们小朋友自己把鞋子都穿上了，×××小朋友也是自己动手穿的，非常棒！"

•教师请×××来给大家示范："×××穿得又快又好，你愿意给小朋友做一下，你是怎样穿上鞋子的吗？"

(二)中班

1. 兴趣态度方面

◆如何引导幼儿不影响别人活动？

案例描述：×××很调皮，在集体活动时，经常发出声音、做怪动作引起小朋友和老师的注意。

推荐用语：

•教师对他说："你的想法很好，但是太吵了，我没有听到。等一下我请你跟大家说一说。"

•教师把他叫到一旁，引导×××思考："我想让你帮我的忙，你听到了吗？为什么没有听到？”

• 教师说：“我想听听你有什么想法，你愿意告诉我吗？”

• 教师说：“你有好的想法，要举手告诉大家，这样大家都能知道你有更好的办法。”

• 教师针对他的改变马上在全班小朋友面前给予肯定：“×××，他爱动脑筋，想出了好办法，帮我们解决了问题，真是太好了。”

2. 知识经验方面

◆如何引导幼儿当别人帮助自己时要学说礼貌用语？

案例描述：×××：“我不会剪。”×××：“我帮你。”

推荐用语：

• 教师说：“如果你遇到了困难，你想寻求帮助应该怎样说？”

• 教师说：“别人帮助了你，你应该回应什么？”

• 教师说：“还有什么时候我们要说请、谢谢？”

• 教师说：“你们要互相帮助、有礼貌，这样就会有更多的伙伴喜欢你。”

• 教师说：“我相信，你们都愿意做有礼貌的好孩子。”

3. 技能方面

◆如何引导在活动中遇到问题就不敢尝试的幼儿？

案例描述：×××在绘画活动中，总是坐在那儿等着说：“老师，我不会。”×××遇到困难不敢尝试，总会寻求别人的帮助。

推荐用语：

• 教师鼓励他：“你自己做一做，很多本领都是一点一点做出来的。我小的时候，也不会画，因为我总会练习，所以现在画得越来越好。”

• 教师说：“自己动手画的就是最美丽的画。”

• 教师鼓励他：“我知道你一定能够画好。”

• 只要他自己做，教师就积极地肯定他的行为。教师说：“今天，我非常高兴，这幅画是×××独立完成的，非常棒！我非常喜欢这幅画！”

（三）大班

1. 兴趣态度方面

◆如何引导在活动中遇到困难就放弃的幼儿？

案例描述：在思维活动中，幼儿都在用不同的方式拼摆5的分解组合。×××刚摆了一下，就不耐烦地说："这个太没意思了，我可不想摆了。"于是，他把东西推到了一边。

推荐用语：

• 教师走到他身边，问："你有什么需要帮忙的吗？对于刚刚学习的内容，我们需要找到方法。你再试试。"

• 休息的时候，教师与他亲切地交流："当遇到困难的时候，你觉得怎么做能够解决问题？"

• 教师耐心地劝他："其实你很聪明，只是对自己的能力没有信心，只要相信自己就一定能够做到。"

• 教师运用有趣的游戏形式巩固学习内容。发现他有所进步后，教师说："我说的没错，你已经完成得非常好了。"

2. 知识经验方面

◆如何引导幼儿喜欢阅读？

案例描述：吃过饭后，幼儿开始自由选择安静的活动。大多数幼儿选择阅读图书，有的小朋友拿过书翻看一会儿就放回去了。

推荐用语：

• 教师与幼儿交流谈话："说一说自己最喜欢的书是哪本？""为什么喜欢？书里面最有趣的地方在哪儿？最吸引你的地方在哪儿？"

• 教师说："我知道小朋友都非常喜欢书，有的小朋友认识的字比较少，所以读不懂，慢慢地就不愿意看书了。"幼儿表示同意。他们很喜欢教师讲述的故事，也想跟着看。教师引导幼儿："你们可以先选择图文结合的图书，可以选择教师讲过的图书，这样就容易理解书中的内容了。"

• 教师鼓励幼儿："你们都非常能干，能不能自己动手制作一本书？你们要选择自己喜欢的内容，制作完成后讲述给伙伴。"幼儿非常高兴，就是平时不太喜欢图书的小朋友也开始翻找资料，思考制作图书的内容了。

• 教师说："谁愿意来当小小图书讲解员，给小朋友介绍自己今天看的图书中有意思的地方？"

◆如何引导幼儿在活动中合作分享？

案例描述："这个是我的。""是我的。"幼儿因为操作用具争吵起来了。

推荐用语：

• 教师引导幼儿："你们说说这样玩能开心吗？""你们觉得应该怎样玩才会开心呢？请小朋友帮忙想个好办法。"

• 教师说："你们两个如果一起做，我想一定比一个人完成得更好。"

• 教师说："一个人会非常孤单，你们喜欢一个人待着吗？有了伙伴，我们才能感受到更多的快乐。"

3. 技能方面

◆如何引导幼儿在活动中不抢话？

案例描述：×××很聪明，不管做什么活动，还没等老师邀请谁来回答，他已经把想说的都说出来了。

推荐用语：

• 教师说："你能动脑筋想问题非常好，下一次你先别告诉他们，看他们能不能想出来。"

• 教师组织活动时，在提问之前暗示他说："你不要着急，等一会儿我叫你的名字，你再说。"

• 教师说："倾听别人的想法是非常有礼貌的行为。"

• 教师面对全体小朋友说："其实×××早就想出来了，你们认真听听他的想法。他今天说得很好，最重要的是他能够认真地听别人说。"

三、教育活动用语技能的培养

教师可以从情感式言语类型、鼓励式言语类型、指令式言语类型、陈述式言语类型、提问式言语类型、评价式言语类型来考察教育活动用语技能。

第一，情感式言语类型。情感是指人对客观事物是否满足自己的需要而产生的态度体验。情感式言语是教师以直观形象的情感、绘声绘色的语言准确地描绘表达文学作品中的情感，感染幼儿的情绪，引发幼儿的认识和探索，帮助幼儿理解和思考。情感的记忆远远久于形象的记忆。情感式言语也会影响幼儿对文学作品理解的深度和广度。因此教师要研究"如何准确地把握情感，如何形象地展示文学作品中的情感"问题，从而提升教育活动语言的水平。

第二，鼓励式言语类型。鼓励式言语类型是指以激发、勉励和鼓励为原则，

采取一定的措施，调动幼儿的学习兴趣、热情和愿望，促使幼儿积极主动地掌握需要学习的知识技能和行为准则，从而提高幼儿各方面素质的一种语言教育方法。通过分析教师活动中的鼓励式言语类型，人们可以看出教师教育用语技能水平对幼儿活动意愿的启发与影响。因此，教师要研究“鼓励式用语都有哪些表达形式，哪些方面需要鼓励，要达到什么目的”，运用有声言语表达方式和无声言语表达方式的技巧，从而提升教育活动用语技能的水平。

第三，指令式言语类型。指令式言语是指幼儿园教师告诉幼儿做什么和应该怎样做。祈使句是其主要表现形式，指令式言语是教师组织活动和执行教学活动的工具，也是幼儿学习语言的重要输入方式。有效的教师指令语不仅使幼儿清楚地知道如何执行任务，还能激发幼儿的学习兴趣。指令式言语的功能首先是影响幼儿的行为，意图必须是明确的、迫切的；其次是体现幼儿园教师对事件状态的控制性，控制的缘由是幼儿未实施某一行为且教师认为此行为有实施的必要性。指令式言语通常都是要求他人做事，其表达方式可以是间接的，也可以是直接的。因此，教师要研究使用什么样的指令式言语，以及如何使用等问题，从而提高教育活动用语的技能。

第四，陈述式言语类型。陈述式言语是指幼儿园教师以陈述的语气，说明事物的性质、状态、类别等内容。陈述式言语是向幼儿传递信息、讲述活动的一种重要组织形式。在活动过程中，教师把故事中人物的经历、行为以及事情发生的经过用陈述式言语表述出来，还会用生动形象的语言，把人物的动作、特点或状态描述出来。因此，教师要研究“以什么方式陈述、用什么口吻陈述、陈述的内容都有哪些”的问题，从而提高教育活动用语的技能。

第五，提问式言语类型。提问式言语是指幼儿园教师把问题展示给幼儿，幼儿针对教师提出的问题，给出答案，疑问句是其主要表现形式。提问式言语是以幼儿为出发点，运用答疑解惑的方式使幼儿学会思考，自己找到解决问题的方法，从而增强幼儿的思维与能力的发展。教师要研究“如何设计有效提问，从而拓展幼儿的思维”。

第六，评价式言语类型。评价式言语是指在教育活动中，师幼对话生成的瞬时的、即兴的、即时的一种语言，是教师对教学行为所做出的一种情感和行为的反应。通过分析教师评价式言语类型，人们可以看出教师教育用语技能水平对幼儿学习行为的影响，教师从而帮助幼儿调整、控制后继学习行为。教师要研究“评价什么、怎么评价、评价的作用”，运用多种评价表达方式的技巧，从而提高教育活动用语的水平。

通过分析六个水平的教师言语类型，我们认为培养教育活动用语技能可以从以下几个方面着手。

(一)分析各环节中的教育用语

教师在不同领域活动中，应掌握言语表达技巧和非言语表达技巧，从而提高教师用语技能的水平。根据教育活动用语技能的研究，我们对各领域活动练习的具体内容进行了设计。

1. 情感式言语

情感式言语是营造教育活动氛围，引发情感传递，激起幼儿的活动兴趣的语言，是建立良好师幼关系的基础。非言语表达技巧包括抚摸、拥抱。师幼互动是教育活动顺利进行的关键，通过身体的接触，幼儿会减少距离感。教师通过摸摸头、轻抚后背，让幼儿感受到教师的亲切与喜爱，幼儿就会愿意主动尝试参与活动。在活动的引入部分，教师的语言要富有情感、有感染力，教师运用幽默生动的语言让幼儿感受不同的情绪、情感，还可以使用音乐、影片等使幼儿感受愉快的氛围，收获新知。

 **案例 1**

诗歌活动：学习《毕业诗》(一)(大班)

时间：教学活动时间。

地点：大班活动室。

教育对象：大班全体幼儿。

事件：《毕业诗》诗歌教学。

教师："小朋友，你们好。让我好好看看，今天你们都美美的、帅帅的。"(在活动开始前，教师用亲切的招呼，引发幼儿对教师的关注，引发活动兴趣。)

教师："你们谁还记得在小小班的时候，刚来幼儿园时是什么样的吗?"(教师播放幼儿一年一年变化的影片，让幼儿感受自己成长的变化。)

幼儿："我每天都哭，找妈妈。"

幼儿："我必须带娃娃。"

教师："说一说你们印象深刻的幼儿园生活。"

教师："小朋友马上就要毕业进入小学了，你们的心情是什么样的? 为什么会这样?"

(在活动中，幼儿对心情的表达，能够凸显自己的想法，教师要使用容易引发情感的语言。）

幼儿：“我很伤心，因为上小学后就见不到老师和小朋友了。”

幼儿：“我想哭，不想上小学。”

教师：“老师也和你们想的一样，舍不得，难过。因为我们在一起已经有四年了，每天看着你们笑，和你们玩，我真的非常开心。”

教师：“今天我们一起欣赏一首诗歌，名字叫《毕业诗》，想一想应该用什么样的感情朗诵这首诗歌？”

（师幼一起听一听，完整欣赏诗歌。）

教师：“你听完这首诗歌后想到了什么？”

教师：“你小时候发脾气是什么样的？现在会用什么方式表达？”

教师：“你们就要毕业了，你们想对老师、小伙伴说什么？”

幼儿：“感谢老师教我们画画，老师，我爱你。”

幼儿：“老师，我喜欢你。”

幼儿：“我会想大家的。”

教师：“请小朋友带着自己的感受随教师朗诵这首诗歌。”

（案例提供：刁红梅）

案例 2

诗歌活动：学习《毕业诗》（二）（大班）

时间：教学活动时间。

地点：大班活动室。

教育对象：大班全体幼儿。

事件：《毕业诗》诗歌教学。

活动过程：

一、欣赏诗歌《毕业诗》

教师示范朗诵诗歌，教师：“请小朋友跟我一起朗诵，看谁朗诵的和我一样。”

教师：“你们觉得在一句话中，哪个字应该重一些？试着说一说。”

二、幼儿朗诵诗歌

教师指导幼儿学习诗歌，纠正不正确的发音。

教师要求幼儿有感情地朗诵。

附：

《毕业诗》

今天是我最后一次站在这里。和老师、小朋友在一起，我是多么欢喜。再过几天，我就要进入小学，做个一年级小学生了，坐在明亮的教室里，读书、写字，多神气！亲爱的老师、阿姨，我有很多话想说给您。三年前我第一次来到这里，玩具扔满地，还要发脾气，今天站在这里的是我自己，脸上再没有泥，手帕、袜子自己洗，还会唱歌、跳舞、画画、讲故事，懂得了许多道理。亲爱的老师、阿姨，我从心里感谢您，再见吧，老师！再见吧，阿姨！以后我一定来看您，向您汇报我的学习成绩。

（案例提供：刁红梅）

2. 鼓励式言语

鼓励式言语是当幼儿遇到困难以及不能完成任务时，教师使用的一种语言。教师正确地使用鼓励式言语对幼儿行为的转变以及建立幼儿的自信都是非常关键的，鼓励式言语也是教育活动中最经常使用的重要语言。

应用举例 13

当幼儿第一次尝试有些胆怯的时候，教师说："你一定可以。"当幼儿不想自己做，想让教师帮他的时候，教师说："你想的很好，自己去试一试。"当幼儿自己努力完成任务的时候，教师说："我们大家为他拍拍手。"当幼儿能够正确地完成任务时，教师说："看到你自己做，老师为你骄傲。"当幼儿主动大胆地在人前进行表演的时候，教师说："今天老师看到了不一样的你。"教师还可以通过手势(伸出大拇指)、面部的表情(微笑)、眼神、小小的暗示(点点头)等，让幼儿感受到教师的关注，这是无形的鼓励。

案例 3

艺术活动："彩泥——小猴"(大班)

时间：教学活动时间。

地点：大班活动室。

教育对象：全体幼儿。

事件：艺术教学活动。

活动过程：

一、观察与发现

第一，教师出示小猴的造型，请幼儿进行观察。观察后谈话，引起幼儿对猴子造型的兴趣。

教师："小猴子最有特点的地方在哪里?"

教师："你最喜欢小猴子的什么地方?"

教师："你想给小猴子做什么造型？相信你一定能行!"(教师运用鼓励的语言引起幼儿自己创作的欲望。)

第二，引导幼儿有序地观察。

教师："小猴子由几部分组成?"

教师："都是什么样的?"(幼儿说出猴子身体各部位的比例、颜色的差别。)

二、尝试与创作

第一，幼儿创意捏橡皮泥，教师观察，适时提供指导。

幼儿："老师，我不会做猴子头。"

教师："你先观察猴子的头像什么形状。"

幼儿："像圆形。"

教师："圆圆的，我想你一定可以捏好，试一试。"(教师化繁为简，使幼儿有信心自己做。)

第二，幼儿自己动手开始操作。

教师："团得真圆！我就知道你能做得很好，要相信自己。"

教师："你再看看猴子的小脸像什么?"幼儿："数字3。"

教师："真的很像数字3，用什么方法让你手中的泥变成数字3，你想一想。我先看看还有没有需要帮助的小朋友，一会儿我会回来看。"

第三，教师巡回指导后，回来看幼儿捏的情况。

教师："真是不错，你已经为小猴子做好了造型，我很喜欢你的设计。"

三、分享与评价

幼儿展示作品，教师进行正确的评价。

(根据幼儿的情况，教师及时抽身，以免使幼儿形成依赖，还要照顾全体幼儿。)

教师小结："今天，小朋友能够给小猴设计不同的造型，我非常喜欢某某小朋友的作品，他的小猴子的脸是数字3变的，非常有创意。请小朋友也来说一说你最喜欢的作品。"(教师对幼儿的努力给予肯定，幼儿学会了自己解决问题，而不仅仅是寻求成人的帮助。)

(案例提供：刁红梅)

3. 陈述式言语

陈述式言语是教师运用平和的语言、适中的语速描述事情以及事情发生的过程。陈述式言语提示贯穿整个教育活动，给予幼儿行为的指引。陈述式言语要简练清晰，让幼儿能够抓住重点，教师在教育活动中讲述一件事情、介绍游戏的玩法、讲解科学认知时会经常用到陈述式言语。教师要把握主要内容，清楚准确地表述，并结合肢体的动作，让幼儿能够直接了解具体的行为要求。

应用举例 14

老师向小朋友介绍游戏——“老狼，老狼，几点了?”的玩法。老师扮演老狼，背对着小羊在前面走，其他小朋友扮演小羊在后面跟着走，小羊在后面边走边问：“老狼，老狼，几点了?”老狼回答：“一点了。”“两点了。”……直至“天黑了。”当老狼的回答不是天黑了的时候，小羊可以随意地在老狼身边走动，老狼不能去抓小羊，当老狼说“天黑了”的时候，老狼转身抓小羊，小羊要赶快跑回家。在家的外面，老狼抓到谁，就由他来扮演老狼，重新开始游戏。

案例 4

语言活动：学习《聪明的乌龟》(大班)

时间：语言教学活动时间。

地点：活动室。

教育对象：全体幼儿。

事件：学习《聪明的乌龟》。

(组织幼儿进入教学活动状态后，教师开始给幼儿讲故事。)

教师：“今天的故事里有一只乌龟，它可不是只普通的乌龟，它是一只聪明的乌龟。故事的名字就叫《聪明的乌龟》。”

教师：“为什么叫它聪明的乌龟呢？小朋友仔细听听看。”

“小乌龟看到一只狐狸正悄悄地走近青蛙，想吃青蛙，小乌龟一口咬住狐狸的尾巴。狐狸问：‘是谁咬我的尾巴了?’小乌龟回答了吗？为什么它不回答?”

幼儿：“它一说话就张开嘴巴了。”

教师：“狐狸没吃到青蛙气急了，你们猜狐狸要做什么?”

幼儿：“它要吃乌龟。”

教师：“对，你们也和小乌龟一样很聪明。狐狸想吃乌龟，可是当它咬乌龟的时候，乌龟是怎么做的?”

幼儿："它缩到壳里去了。"

教师："聪明的小乌龟真的像你们想的那样缩进了硬壳里，结果狐狸的牙齿被弄疼了。狐狸想吃乌龟，它会怎样做?"

幼儿："它就走了。"

教师："狐狸没有走，它要惩罚乌龟。"

教师："狐狸生气了，它要把乌龟扔到天上去，小乌龟说：'谢谢你！我想上天上玩玩呢。'它要把乌龟扔到火里，乌龟说：'我身体有点儿发冷，正想烤烤火。'当狐狸说要把乌龟扔到水里，乌龟哭了：'我最怕水，扔到水里我就没命了。'狐狸一听很得意，把乌龟扔到水里了。"

教师："小乌龟真的怕水吗？为什么它要这么说?"

幼儿："它不怕水，它会游泳。因为这样狐狸才能把它扔到水里，它才能得救。"

（案例提供：刁红梅）

教师运用陈述式言语向幼儿描述故事的主要内容，还适时地对幼儿进行简单的提问，幼儿被提问的内容所吸引，能够集中注意力，避免"走神"现象。

4. 指令式言语

指令式言语是教师对幼儿发出某项指令，幼儿按照指令要求完成某一动作。指令式言语是教师在活动过程中针对幼儿的行为问题进行提示、纠正的语言，"如何做是正确的，应该怎样做"。例如："小椅子轻轻摆。""看谁做得快又好。""眼睛看看我。""仔细地找一找。""闭上眼睛听一听。""想好的小朋友要举手让我看到。""别人回答问题的时候要认真听。"

应用举例 15

在健康领域活动中，教师组织幼儿整理队形时说："请小朋友站成两队。""请小朋友随着音乐的节奏走到这边来。""小朋友等老师讲完了要求再行动。""一定要站在横线后面向前跳。"通过言语的直接表达，教师让幼儿知道自己的问题，并及时纠正。

案例 5

谈话活动：冬天好不好?（大班）

时间：谈话活动时间。

地点：活动室。

教育对象：全体幼儿。

事件：幼儿甲、幼儿乙争辩冬天好不好。

幼儿甲："我觉得冬天好，冬天很冷。"

幼儿乙："冬天冷还好?"(幼儿开始争辩。)

教师："你为什么觉得冷的天气好?"

"小朋友也想一想，冷的时候我们可以做什么有趣的事情?"

教师："你们能说出自己的想法很好，还要说出具体的理由。""小朋友要动脑筋认真思考。我们班的小朋友都非常有礼貌，在别人回答问题的时候不打扰，仔细听。""有哪些观点是一样的，有哪些是你没有想到的?"(教师明确地说明具体行为的要求"说出具体的理由""在别人回答问题的时候不打扰，仔细听"，使教育活动顺利进行。)教师及时对教育活动秩序进行了引导，运用亲切的、充满童趣的语言为教学营造了融洽的活动氛围。

教师："小朋友每桌为一组，大家互相说一说。想好后，每组请一名小朋友来说一说你们的观点。冬天好在哪里?不好在哪里?"(指令清楚，充分让每一名幼儿获得机会，避免在活动中幼儿同时说出自己的想法而引起混乱。)

(案例提供：刁红梅)

案例 6

教师组织幼儿进行教学活动

时间：教学活动时间。

地点：活动室。

教育对象：班级幼儿。

事件：教学活动秩序需要维持。

教师："小眼睛!"

幼儿："看老师!"

教师："我要上课了，管好自己的嘴巴!"(孩子们的眼睛直视教师，活动气氛沉重、紧张。)

(案例提供：刁红梅)

案例 6 中的这种指令式言语生硬，不适合幼儿的年龄特点。虽然幼儿机械地照做了，但是活动气氛变得严肃、紧张，不利于教育活动的进行。

5. 提问式言语

提问式言语是教师根据活动内容提出相关问题，通过提问的方式引发幼儿的思考，激发幼儿的潜能，使得幼儿形成自主学习的一种教育语言。教师应把握不同的领域内容，有针对性地提问，认真思考如何用问题引起幼儿参与活动的欲望，什么问题才能更好地激发幼儿提出自己的想法。

(1)引起注意力的提问

应用举例 16

(科学活动：小小植物)教师出示小小的种子引导幼儿观察，教师用神秘的语气提问："猜一猜这是谁的种子？为什么？""请小朋友给小种子找妈妈。"教师用无助的语气请幼儿帮忙："怎样能让种子长大？""小种子想长大还需要什么？"教师变化的提问方式引发了幼儿帮助小种子的愿望，也使活动生活化，避免了活动的枯燥和教师一言堂的问题。

(2)激发幼儿说出想法的提问

应用举例 17

在艺术活动"多彩的花瓶"中，教师提问："你都见过什么样的花瓶？""你想用什么材料装扮花瓶？""你想在花瓶上面画什么？""怎样能让你的花瓶多彩？"艺术活动更重要的是让幼儿开阔视野，发挥创造力，教师的提问要能激发幼儿创作的热情，不要限制幼儿的想法。

6. 评价式言语

评价式言语是对活动中的幼儿具体语言、行为或者完成的情况进行总结的言语。教师要有积极、正向的评价语言，激发幼儿向更高的目标努力。

应用举例 18

在教育活动中，教师的评价语言一定要具体，让幼儿准确地知道哪里做得好，什么样的事情做得很不错。通过评价，教师要让幼儿更明确哪些行为是好的、积极的，下一次会有意识地有所发扬。"你能和别人一起分享看图书真的很好。""我很高兴你遇到困难能坚持下来。""你自己独立完成了任务，这样做很不错。""你看得很仔细，发现了别人没看到的地方。"教师根据活动中幼儿的表现，对幼儿积极的表现进行适合的、准确的评价。

教育活动涵盖五大领域的教育内容，而教育活动语言贯穿教育各个环节，教师要将各种言语表达形式有机地整合，掌握正确的使用策略，最终达到师幼互动的教育目标。引发幼儿参与的情感式言语，让幼儿探究、独立尝试时用的鼓励式言语，阐述道理的陈述式言语，发现幼儿行为问题的指令式言语，激发幼儿思考和发挥想象力的提问式言语，针对幼儿活动状况的评价式言语，不管哪种语言都是让幼儿感受教师魅力、吸引幼儿的重要手段。亲切自然、生动有趣的语言会让教育活动增添光彩，达到教育活动的最佳效果。

(二)互动式、合作式模拟演练

1. 互动式情境学习

互动式情境学习是通过创设互动的教学环境、真实的实践情境，互换角色，根据实际遇到的问题去思考、选择解决问题的办法，在交流探讨的过程中，完善教育用语的一种教学方式。师范生首先要设计教育活动(有针对性地运用指导用语)，并模拟实际组织教育活动，与同伴相互练习、修补更正彼此的语言问题。师范生以教师的身份参与教学活动，能够获得情感体验，将课本知识实用化，增强教师素养。活动场景：一名幼儿在哭，教师走过去了。请师范生自己思考解决方案。

2. 合作式分享学习

师范生通过分组共同完成教育活动，共同设计教育环节中的教育用语，集思广益，凸显各自的优势，达成一致，积累教育用语使用的经验。

(三)效仿榜样来学习

师范生通过观摩优秀教师的教学录像，做在职教师的助手，实地接触、了解实际教学情况的过程，学习教学活动中的各种随机应变的语言。由于幼儿园教学对象的特殊性，师范生需要把教育用语转换为幼儿化的语言，使教学语言能够体现提示、提问、讲述、暗示、示范等语意，正确地使用启发、激励的语言帮助幼儿找到获得知识、提高能力的途径，从而引导幼儿完成学习任务。

应用举例 19

教师正在活动室里组织教学活动，这时外面下起雪来，一名幼儿说："老师，外面下雪了。"小朋友都去看雪，不听老师讲了。请设计与这个孩子沟通和交流的语言。

第一种："别看了，先跟老师开展活动，今天我们要做的还有很多。"

第二种："呀！真的，已经进入春天了竟然下雪了。瑞雪兆丰年，种地的农民伯伯一定非常高兴，今年一定有非常好的收获。我们快加油把活动进行完，好

到外面玩雪去。看谁做得认真，做得快，谁就先穿衣服准备。”

师范生根据两种不同的沟通语言，进行分析。第一种，教师说话时态度强硬，教师的语言挫伤了幼儿探求未知的积极性，更重要的是这样的语言表达方式不但没有解决幼儿注意力的问题，而且活动效果一定不好。第二种，教师首先肯定幼儿的发现和善于观察，引用俗语将幼儿引回活动中，并运用激励的方式使幼儿能够更专注地完成当下的任务，学会自控。

(四)语言再造的拓展练习

幼儿教育用语有着随机性、创造性特点。通过故事的载体，结合场景、情境、动物剪影，师范生发挥想象力进行创编故事(可以先从简单的一句话开始，然后串联相关的事件、角色，到最后完成一个故事的创编)和续编故事(针对未完结的故事内容，续编出各种不同的故事结尾)。

第二节　幼儿园教育活动用语运用的策略

教学策略是指教师为了实现教学目标，根据教学情境的特点，对教学实施过程进行的系统决策过程。幼儿园教师教育语言的运用策略主要是教学方法的执行过程的策略，即教学实施策略。教师在进行教学活动时，为达到教育目的、完成教育任务，在语言上所采取的手段主要是要激发幼儿的学习动机，控制教学秩序，完成知识传授的任务。

教育活动用语的策略是教师针对教学活动的内容，在不同环节中使用不同的教育用语有效地完成教育活动的方法。教育活动用语从教育语言功能的角度分为讲授语、提问语、引导语、维序语、评价语五种类型。

一、讲授语运用的策略

讲授语运用的策略是教师运用较系统、完整的语言讲述教学内容的一种方法，是教师将相关教学内容转化为幼儿可以理解的语言，向幼儿传授知识、技能、技巧的一种方法。幼儿通过教师表述的内容获得最直接知识的范本。教师的讲授语言要有规范性、条理性、科学性、艺术性，才能在整个教育活动中充分发挥传递信息的作用。讲授语要基于幼儿已有的经验，帮助幼儿理解，能够使幼儿在较短的时间内获得较多的系统连贯的知识。

(一)语言标准规范

教师对幼儿的语言发展至关重要，这就要求教师在教育活动中，注意使用标准普通话，发音准确，口齿清楚，用词、语法符合普通话的规则，给幼儿提供示范语言的引领作用。教师制订教育活动方案时要细致研究教育用语，根据幼儿的年龄特点，提供相应的语言支持。

(二)语言要有序

有序就是要有次序。讲话有条理，清楚先讲什么，后讲什么。语言清晰、目的性明确，表达条理清楚、富有层次性。幼儿通过教师讲授的语言理解问题，解决问题。培养幼儿语言的有序性有利于幼儿思维能力的发展。

(三)语言具有科学性

知识性的概念要准确，常识性的内容讲述要真实、正确，要符合客观的规律，有根有据。教师讲述不同领域的活动内容要使用规定的不同术语、概念。对于幼儿提出的问题，教师进行查证后再进行讲解。

例如，教师要根据幼儿年龄阶段的特点和能够掌握的程度讲解科学原理。中班幼儿通过操作了解磁铁，可以知道磁铁吸铁质的物品，磁铁有磁场，有穿透性，能够隔着物品发挥磁性。大班幼儿可以进一步了解磁铁的两极，同极相斥、异极相吸，人们利用磁铁的原理制造了哪些生活用具。

(四)语言具有艺术性

讲授语要富有感染力，教师可以借助手势、表情等体态语增加语言的说服力。教师要了解幼儿的不同年龄需求，采用幼儿感兴趣的语言表达方式，让语言表达充满艺术感。

二、提问语运用的策略

提问是教师教学的重要手段之一。提问性教学语言可以让幼儿进行心智活动，并针对教师提出的问题做出相应的回答，提问也是教学过程中必不可少的环节。是否有效的提问会直接影响活动能否顺利开展。教师的责任是在不断的提问中开阔幼儿的思路，怎样才是有效的提问呢？

（一）提问的内容和形式要适合幼儿的年龄特点

年龄小的幼儿对问题的理解很粗浅，目的性较差。教师提出的问题要细致、简单、明确，也可以通过具体、直观的形象进行提问。如：教师运用剪影提问："这是谁的影子？它在做什么？"年龄大的幼儿的思维进入了成熟阶段，生活的经验比较丰富，语言也越来越完整连贯。教师可以选择能让幼儿表达自己意愿的问题。如："你喜欢故事中的哪个小动物？为什么？""听完故事后你有什么感觉？"当幼儿对一个事物产生兴趣的时候，教师要把握实际情况，运用提问的方式，引领幼儿进行进一步的深入研究。教师根据幼儿身心发展的特点，采取生动有趣、灵活多变的提问内容及形式，提高幼儿独立思考、分析和研究问题的能力。

（二）提问要有价值

提问要能引起幼儿的兴趣，使幼儿发现新的问题。有价值的提问就像指路明灯，会引导幼儿沿着适合的方向思考。如：在故事教学中，教师讲完故事后提几个相关问题。"故事的名字是什么？有哪个小动物？"这样封闭式的提问是必要的，但全部是封闭式的提问必然会限制幼儿的思维发展。教师要根据故事的相关内容，提出开放性的问题，拓展幼儿思维。如："他为什么会有这样的结果？""你有什么办法？""如果是你，你会怎么办？你会想到什么？"这样转变提问的内容，使单一的问题变得更有价值。教师要学会运用巧妙的提问，牢牢地吸引幼儿的注意力，激发幼儿积极地投入活动之中，培养幼儿的创造力和想象力。

（三）提问方法要多样化

1. 在动手操作中提问

皮亚杰认为，儿童的思维是从动作开始的，切断动作与思维的联系，思维就不能得到发展。幼儿通过动手操作对抽象的知识有了直观的认识，从而更好地进行认知建构。而且，直观的形象能启发幼儿产生更多新想法，有利于幼儿思考和便于讨论。如：在幼儿制作道具的活动中，如果缺乏实物，幼儿只会依照教师的想法，这样不能达到提问的目的。而如果让幼儿亲自动手尝试，教师通过提问加以引导，就会取得更好的教学效果。

2. 随机性提问

在教学活动中，幼儿的思维容易受多种因素的影响。因此，教师要适时把握时机进行提问，激发幼儿的兴趣。如：当幼儿关注的焦点集中到小兔子掉到陷阱里时，教师把话题转到了“想什么办法来帮助小兔子?”。教师根据幼儿的想法进一步提问：“谁又来了？它是怎样做的?”幼儿各抒己见，找到解决问题的不同方法。

3. 互动式提问

教师不仅仅是提问者，更重要的是要引导幼儿提问。寻找幼儿感兴趣的支点，满足幼儿的好奇心，激励幼儿多提问题，使幼儿敢问、好问、善问，教师还要激发幼儿从多角度思考问题，形成独特的思维方式。幼儿经常会有“人云亦云”的情况，这就要求教师提一些开放性的问题。幼儿需要综合运用各种知识，不受各种框架的限制，思维得以拓展。如：在观察图形活动中，让幼儿将图形变形，教师问：“在这个故事中，运用哪种图形最合适?”“如果没有半圆形，你又会怎么办?”幼儿广开思路，探求出解决问题的多种方法，通过思考，幼儿展开了想象的翅膀，尽可能说出合乎条件的多种解答，增强了思维发展的流畅性、变通性、独特性。

4. 提问要循序渐进，具有逻辑性

教师提出的问题必须符合幼儿思维的规律。设计的问题由浅入深，问题之间要有严密的逻辑性，一环紧扣一环。如：“这个图形叫什么？有哪些物品是这样的形状?”“你把它当作什么?”“你还认识哪些图形?”“你最喜欢哪一个？为什么?”这样的问题既有逻辑性，又有启发性，不仅使幼儿认识了图形，还让幼儿能够将生活中的事物相联系，拓展了思维能力。

总之，在教育活动中，恰到好处的提问才能揭示问题的本质。教师必须从幼儿的实际出发，在不同的情况中运用不同的手段，把握好提问的深度和广度。教师的提问不仅是解决问题的有效手段，还是打开幼儿思路、拓展幼儿生活经验的有效手段。教师要采取科学的方法，改变原有的硬性提问，观察了解幼儿的发展水平，提出生动有趣的问题，才能真正做到有效提问。

三、引导语运用的策略

引导语是教师通过有计划地设计活动导入语言，按照设定的教育目标，将幼儿引入活动的教育用语。教师要根据教学内容和幼儿的实际能力以及已有经验设计相关的情境，帮助幼儿尽快明确思考的方向，从而找寻问题的答案。引导语要以幼儿实际发展水平为先导，以激发幼儿主动参与活动为宗旨，利用多种教育资源，精心创设适合幼儿的问题，捕捉教育引导的契机，让幼儿在活动过程中得到满足。

(一)启发式引导语

启发式引导语是在教学过程中，教师适时巧用导向性的话语来衔接教学步骤及教学内容，深入推进活动的一种教学用语。教师通过语言的外因作用，调动起幼儿内因的积极性。教师要在适当的时机选择合适的引导语言。启发式引导语贯穿整个教育活动。活动前的导语能引发幼儿的活动兴趣；活动过程中的启发语言让幼儿深入地思考，不仅仅停留在表面的观察，鼓励幼儿积极思考、相互分享，增加幼儿的沟通与交流；活动后的启发语能使幼儿的学习更上一层楼。

应用举例 1

在语言领域续编故事《猫医生过河》的活动中，教师用比较神秘的语调轻轻地启发引导："看一看谁来了？""它要做什么？你是怎样看出来的？""图片上还有什么小动物？它们在做什么？""小动物是怎样帮助猫医生过河的？""你们还有什么好办法帮助猫医生安全过河？"教师启发幼儿观察不同动物的特征，结合多种经验想出多种好办法。

(二)操作探究式引导语

幼儿的思维是跳跃式的，教师要善于抓住幼儿思想的瞬间，积极引导幼儿学会从多角度分析、研究问题，探索新的发现，满足幼儿的求知欲、好奇心，促使幼儿积极主动地参与式"玩中学"。

应用举例 2

在科学探究活动"不同的运动方式"中，教师提供幼儿可操作的书籍、小盒子、橡皮、电池、小球、圆柱的玩具等，请幼儿将这些物品放在斜坡滑梯上，观察物品运动方式。教师问："它们是怎样运动的？这种运动叫什么？""你发现了哪些在滑动？哪些在滚动？""再想一想、再试一试还有哪些物品也会滚动或者滑动？"幼儿边操作，教师边用语言引导幼儿发现和理解滚动与滑动的两种运动方式。教师使用操作探究式引导语可以维持幼儿在探究活动中的兴趣，延伸幼儿探究行为的深度和广度，进而发展幼儿的探究行为，最终达成幼儿积极自主建构科学的学习，实现幼儿科学教育的根本目标。

应用举例 3

在科学活动“沉浮”中，教师说：“请小朋友猜一猜，如果把这些物品放入水中，哪些会沉到水底？哪些会浮在水面？把自己的猜想用绘画的方式记录在表上。试一试，看一看，验证你的猜想是否正确。”为了引导幼儿深入探索，教师增加了问题的难度，问幼儿：“有什么办法让沉到水底的物品浮在水面上，让浮在水面上的物品沉入水底？”

(三)问题渐进式引导语

教师引导的语言要由浅入深，循序渐进，引发幼儿挑战已有经验、解决实际问题的潜能，让幼儿在层层剖析中发现问题。

应用举例 4

在艺术领域“音乐欣赏动物狂想曲”活动中，教师请幼儿分段倾听音乐。教师问幼儿：“你听到了什么？”“你觉得像什么动物出来了？为什么？”“这个动物是怎样出来的？它都会做哪些动作？”

(四)整合领域中的引导语

幼儿园各领域的活动不是完全孤立存在的，领域之间有着密不可分的联系。教师要将领域的界限打破，在活动过程中运用语言将领域有机地联系起来，使活动丰富多彩。

应用举例 5

在学习语言儿歌《冬天来了》的活动中，教师引导幼儿思考，问幼儿：“儿歌里面都是怎样描写冬天的？”“冬天的树木有什么变化？”幼儿说：“掉树叶。”教师问：“为什么会落叶，哪些树木不掉叶，为什么？”“请你们想一想，小动物又是怎样过冬的？”“为了让小动物安全过冬，大家为它们设计暖和的房子吧。”一节语言活动课融合了科学、艺术等内容，有利于促进幼儿全面发展。

(五)随机式引导语

在不同的教育活动环节中，引导语的方式要有针对性地调整。幼儿的思维跳跃性很强，教育活动中的实际情况有很多未知，所以教师要适时地根据教育需求

调整引导的语言，让活动能够顺利进行。

应用举例 6

在春天午饭后散步的时候，幼儿发现地上有很多的蚯蚓，教师根据幼儿的兴趣点进行观察引导。“来，你们看看小蚯蚓长什么样？摸一摸有什么感觉？”引导语可以帮助幼儿有针对性地观察。针对幼儿未知的活动内容，教师运用随机的引导语：“你们说到的问题，老师也不太清楚，请小朋友回去和爸爸、妈妈查一查蚯蚓的资料，然后到幼儿园中讲给其他的伙伴。”教师引导幼儿自己寻求获取知识，分享自己的成果。在活动结束时，教师引导幼儿对活动的过程进行适当的总结：“说一说你今天有什么样的收获？你找到了哪些方法？你是怎么找到的？”

四、 维序语运用的策略

幼儿园的教育活动是指集中教育活动，是集体活动。教学活动中的秩序对教学效果有很大的关联性，教学活动如果没有良好的秩序，会导致混乱，如果教学活动的秩序混乱，教师就很难将教学活动进行下去，会严重影响教学活动效率，更谈不上有效教学。只有保证了教学活动的秩序，才能实现有效教学。教和学是师幼之间进行的互动活动，需要在有秩序的环境中进行，才能减少干扰，避免分散幼儿的注意力，避免引起幼儿的生理和心理焦虑和精神疲惫，使教学活动能够顺利达到预期效果。刘晶波(南京师范大学学前教育博士)在研究中发现，教师以“指导活动”“约束纪律”等事务性互动为主题的语言行为占所有教师发起的互动行为的80%。在幼儿园的教学活动中，维持秩序既是集中教学的需要，也是幼儿发展的需要。教师要熟练掌握维序语运用的技能。教师的维序语应简短、明确，使幼儿能马上明白老师的意图，并按照老师的指令行动。但要注意，维序语不能过于严厉，否则就会让幼儿产生一定的逆反心理。教师要结合幼儿的心理规律，从幼儿的实际出发合理运用维序言，才能提高幼儿的学习效率，实现幼儿的全面发展。

(一)常规性维序语运用的策略

常规性维序语运用的策略是一种普通的维序语策略，教师通过让幼儿遵守生活中的日常规范来维持教学活动，这样教师能有效处理教学活动过程中出现的各种突发状况。幼儿园教师经常使用的常规性维序语是口令。教师通过喊口令来达到维持秩序的目的，这在幼儿园里确实是一个比较方便而又能立竿见影的方法。通常情况下，口令是针对全体幼儿的。如教师说："小手拍拍、小手拍拍，请你轻轻放腿上。"幼儿说："放腿上。"但同时，口令也有机械性的成分，控制幼儿行为的倾向比较明显。教师在使用这些口令的时候，应当考虑声音的生动性、有趣性，让幼儿愿意和教师一起做。教师不仅仅是教育者和管理者，更应该是幼儿发展的支持者、参与者、合作者，充分发挥幼儿在活动中的主体作用。

应用举例 7

在学习进退步的音乐教学活动中，有幼儿出现了注意力不集中的现象，为了使活动继续进行下去，达到预期的效果，教师大声说"请你像我这样做"，同时有节奏地做进退步的动作，幼儿的注意力回到教师这里了。紧接着教师带领幼儿说"我就像你这样做"，同时学做进退步的动作。教学活动顺利地进行下去了。为了增加趣味性，教师变换方向、变换不同的节奏做动作，幼儿很快学会了进退步的动作。

(二)情境性维序语运用的策略

教育教学活动是依据内容创设情境进行的，幼儿有意注意的时间比较短，在教学活动过程中，经常会有幼儿注意力转移、不遵守秩序的情况发生，如果教师停下来针对个别幼儿解决问题，就会使教学活动受到影响。为了保证教学活动继续下去，教师就要运用语言策略来维持秩序。

1. 随时发问

幼儿期总体上是个人神经兴奋强于抑制的阶段，在集体教学活动中，一名教师面对着几十名幼儿，这样的教学环境也存在着一定的不稳定因素，幼儿容易受环境的影响，分散注意力或不守秩序。遇到这种情况，教师可以采取随时发问的策略。

应用举例 8

在"5 的分解"教学活动中，小明低头摆弄椅子上的坐垫，没有注意听讲，教师观察到以后，就点小明的名字问："小明，刚才老师讲什么了？"小明没有回答上来。教师又问："来了几只小鸭子？"小明看着白板上的小鸭子数了数，回答道："4 只小鸭子。"如果小明还是回答不出来，教师可以请一名专心听讲的幼儿回答，答完后要求小明再说一遍，确定小明是否已专注听讲了。

2. 发出指令

在教学活动中，教师有时需要发出指令来维持秩序，集中幼儿的注意力。比如："请安静。"有时教师要发出教学实施指令，如："跟我一起说。"

应用举例 9

在教学活动中，幼儿自由讨论之后，教师说："拍拍小手转身体。"幼儿就都停了下来，注意力转到老师这里了。

应用举例 10

在学习儿歌《春天》的教学活动中，幼儿七嘴八舌地说"燕子飞来了""树叶绿了"等。教师指着图片说："我们一起唱儿歌。"幼儿就都停止了说话，看着图片按照顺序唱起了儿歌。

3. 信号暗示

暗示是在活动中师幼之间的一种非语言信号，是教师通过面部表情、手势、眼神、身体姿势、声调、音量、讲话的速度和停顿时间等，来向幼儿传递反对和制止等暗示信息。这样的非语言提示不会干扰其他幼儿的思绪，使教学活动能够顺利地进行。美国心理学家、哈佛医院儿童心理咨询部主任罗伯特·布鲁克斯说："体态语言对于教师帮助学生保持长时间注意以便于完成任务而言，不失为一种强有力的措施。"在教学活动的情境中，教师要保证向幼儿发出的暗示信号能被幼儿理解和接受，起到提示幼儿、调控幼儿行为的作用。

应用举例 11

在小班的教学活动进行到一半的时候，有些幼儿开始分心了，教师走到幼儿身旁，轻轻地说："猫妈妈看看谁的耳朵听得清，就带谁做游戏。"这时，小朋友都安静了下来，将注意力集中到老师这里了。

4. 随机处理

每名幼儿都是独立的个体，教师在教学活动中经常会遇到突发问题，教师要根据实际情况来机智地处理问题。

应用举例 12

当幼儿唱歌不是很准确或者不是很想唱的时候，教师说："现在，我想选出一名小指挥，谁演唱得最好听，我就请他来当小指挥。"

应用举例 13

当孩子迟迟不肯坐好、吵闹的时候，老师举出一个小榜样：“××小朋友已经坐好了，她坐得快，小手小脚也放好了。”教师不要说：“××小朋友，你坐得不好。”对于及时纠正的小朋友，教师也要及时地给予表扬：“××小朋友也坐好了。”教师要用正向的语言组织幼儿修正问题。

五、评价语运用的策略

《幼儿园教育指导纲要(试行)》中明确指出：“教育评价是幼儿园教育工作的重要组成部分，是了解教育的适宜性、有效性，调整和改进工作，促进每一个幼儿发展，提高教育质量的必要手段。”评价是教师依据幼儿的学习习惯、情感、兴趣等非智力因素，用全新客观的眼光探询每一个幼儿的行为表现，进行判断。教师通过活动过程中的观察，了解幼儿的认知特点、差异，理解幼儿的内在感受和体验，及时调整区域活动目标，以鼓励、表扬、启发的方式，对幼儿学习过程进行有效评价。

教学活动中的评价语是为了调动幼儿活动的兴趣，激发幼儿去创造，使之在原有的水平上得到提高，从而实现幼儿的可持续发展。美国著名教育评价专家斯塔弗尔比姆提出：“评价最重要的意图不是为了证明，而是为了改进。”所以，教师的评价言语应促进幼儿的发展。

(一)评价要以尊重为前提

对于活动的评价，教师要以尊重为前提，了解幼儿不同的能力水平，客观地从每个幼儿自身出发，确立幼儿所能达到的目标，满足幼儿成长的需要。评价要关注幼儿的努力程度、自身纵向的发展变化，用积极的干预帮助幼儿逐步养成积极主动、认真专注、不怕困难、敢于探究和尝试、乐于想象和创造的良好品质。

1. 尊重事实

尊重事实是教育的前提，教师要有正确的儿童观和质量观。教师来评价幼儿，不仅要观察幼儿的学习表象，还要了解幼儿的学习态度，清楚地分析幼儿的学习方法、学习习惯以及心理状态。评价要客观、具体。教师一定要实事求是地评价幼儿，尊重幼儿的努力，让幼儿知道什么事情做得好，好在哪里，不足在哪里。

 应用举例 14

在音乐教学活动中，小红在演唱完歌曲之后，教师要马上准确地、具体地评价出哪儿唱得好。“刚刚的演唱声音很动听，我都有点儿陶醉了。”“你把温暖/活泼的感觉都唱出来了。”“你把小云朵的小声和大云朵的大声都唱出来了。”教师不应该很笼统地说“对了”“很棒”，导致幼儿不知道自己到底哪儿做对了，哪儿做得很好。

2. 尊重差异

幼儿间具有一定的差异性，教师的评价要正视幼儿的差异，从幼儿自身出发，对能力强的幼儿，评价语要能激发其做得更好。对能力弱的幼儿，只要认真完成，教师就要积极地用语言肯定，这样才能让幼儿在不同的能力水平上进一步提高。

 应用举例 15

在舞蹈教学活动中，一名男孩奇奇的动作协调性明显较差，但是他非常认真地练习动作，直至满头大汗。教师说：“奇奇非常认真，一直在努力地练习，我们为奇奇认真的学习态度鼓鼓掌吧!”教师对奇奇说：“你只要一直练习下去，一定会越来越好的!”

(二)评价要以鼓励为主

1. 积极地鼓励

教师对幼儿的评价要以帮助幼儿更好地发展为目的。教师一定要谨慎运用评价性语言，多鼓励幼儿，使幼儿获得认同感和自豪感，增强幼儿学习的自信心，激励幼儿不断进步，还可以巩固幼儿正确的行为，引发自主的学习动机。教师积极性的评价语言可以提高幼儿的学习热情和积极性，对幼儿的成长和发展有着不可替代的作用。

教师鼓励赏识的评价对发展幼儿的能力起着积极的推动作用。教师要运用积极的语言暗示，利用幼儿的优点，激发幼儿活动的主动性与创造性，使幼儿树立自信心。

2. 避免表扬过高

教师对幼儿的表扬或鼓励过高，就不切合实际了。教师要给幼儿恰如其分的评价，适度表扬，使幼儿能真正体会到自己的成功之处是值得肯定和鼓励的。幼儿获得的表扬，不是老师随口应付的，而是对自己成绩的肯定。这样恰当的评价才会对幼儿有真正的激励性和鞭策性作用。如果对幼儿的表扬、鼓励过高，严重的还会影响幼儿的认知以及对问题的判断。

（三）采用多种评价方式

教学活动评价一般是教师对幼儿的评价，还应有幼儿之间的评价和幼儿自己的评价。不同的评价有机结合，一定会对教学活动的开展和幼儿的发展起到促进作用。下面重点介绍教师启发性评价和幼儿间的互评。

1. 教师启发性评价

教师运用启发性的评价语言，不仅能对幼儿参与活动的方式起到引领作用，还能影响幼儿再次参加活动的兴趣、积极参加活动的愿望，对幼儿向更高的水平发展产生激励、提升的导向作用。教师要抓住幼儿的闪光点进行重点讲评，加以鼓励或指出幼儿应努力的方向。

“我很喜欢你的作品。”“你说得对。”这种评价无疑是对幼儿的肯定，使幼儿感受到了学习的快乐，有利于增强自信心。

应用举例 16

在教唱歌曲《小雨沙沙》的教学活动中，幼儿通过看课件进行听觉感受之后，教师提问：“小朋友听到了什么？”幼儿回答：“我听到了下雨的声音——沙沙。”教师说：“你听到了下雨沙沙的声音，真好。”

2. 幼儿间的互评

互评的评价活动为幼儿提供了相互交流、相互学习的机会，为幼儿提供了语言表达能力得到积极发展的最好时机。教师组织幼儿针对活动感受以及活动的经验进行交流，分享活动中开发的游戏新玩法，鼓励幼儿发挥想象力、大胆创新，探索材料的不同操作方法。幼儿通过听其他幼儿的讲解，打开思路，发现别人的长处，进而互相学习，获得间接经验，共同进步，提高合作交往的意识，发展创造能力。

评价不只是老师一个人的事，应适当地让幼儿参与进来。比如，在美术教学活动中，幼儿完成作品并展示之后，教师请大家对作品进行评价。“你喜欢哪个作品？为什么？”幼儿在这样的评价中互相学习，共同提高。幼儿回答教师的问题之后，教师请幼儿对此进行评价，等于将这个问题又问了一遍。

应用举例 17

在教学活动中，教师提问："红花开了 2 朵，黄花开了 3 朵，一共开了几朵花?"红红回答："一共开了 5 朵花。"教师问大家："红红说的对吗?"其他幼儿一起说："对。"大家一起为红红鼓掌，红红当然很高兴，对学习 5 的加法的兴趣更浓厚了，其他小朋友也更加愿意回答教师的提问了，积极地参加到学习活动当中来。

应用举例 18

在幼儿分组完成物品的分类之后，教师说："小朋友把物品都按照要求分好了。是哪组最先完成的?"在评价完速度之后，教师引导幼儿评价质量："请第一组的小朋友检查第二组的小朋友分得对不对。""请第二组的小朋友检查第一组的小朋友分得对不对。"幼儿说出检查的结果，教师就做了评价。

教师树立正确的教育观念，依据"以幼儿为本"的理念，准确理解教育活动的教育功能，创设为幼儿的发展服务的教育评价，支持幼儿发现问题、分享交流、提升经验，采用多元的手段，运用多样的方法，为幼儿打开创造之门，使幼儿在活动过程中建立自信心，发挥创造力，获得创造的乐趣，体验成功的自豪感。

第三节　幼儿园教育活动用语规范化训练

能力目标：善于运用多种语言表达方式引起幼儿活动的兴趣，善于激疑促思。能够用规范的普通话指导幼儿活动的各个环节。标准化语言表达能力过硬，应努力做到传情有趣、科学、正面、积极。能够运用所学的幼儿园教育活动教师用语策略，指导幼儿开展各领域教育活动。

一、 实训任务 1： 健康领域活动中的教师规范用语

(一)实训目的

能够熟练地运用所学的幼儿园教育活动规范用语，组织幼儿开展健康领域活动。

(二)实训要求

具备健康领域活动中的教师用语的常识。

能够用标准的普通话组织幼儿活动。

具备一定的教育学、心理学知识，能够理解和尊重幼儿的不同差异。

具有良好的师德修养。

(三)实训案例

案例 1

报纸趣多多(大班)

时间：集体活动时间。

地点：大班活动室。

教育对象：全体幼儿。

事件：大班教学活动——报纸趣多多。

一、活动目标

尝试改变报纸的形态，想出报纸的各种玩法。

能够手眼协调地绕过障碍物，顺利完成游戏。

喜欢参与游戏，感受游戏的乐趣。

二、活动准备

报纸、用报纸团成的球若干、用报纸拧成的小棒若干。

三、活动过程

(一)队列练习

①幼儿根据口令整理队形，站成两路纵队。

②看齐，齐步走、立定，稍息、立正。(教师运用指令性的语言。)

(二)热身运动

①教师组织幼儿用大臂看齐、左右看齐拉开活动间隔。

②幼儿随音乐进行全身各关节活动。

活动提示：每个动作要准确、到位，尽量伸展四肢。教师运用鼓励的语言，让做得最标准的幼儿到前面当小老师。

(三)游戏活动

①教师出示报纸，引起幼儿的注意力。

教师："小朋友，你们看今天老师带来了什么？"(报纸)

教师："我知道我们班的小朋友非常聪明，有很多想法，所以请小朋友想一想报纸都能怎样玩？"

教师："小朋友试一试把报纸变一变，变成我们的玩具。"(个别指导：折一折、卷一卷、拧一拧)"现在你们就可以几人一组，分别去试一试。"(幼儿自由组合。)

(教师引出问题，让幼儿思考。)

②报纸变一变。

幼儿探索改变报纸不同的造型进行游戏。

幼儿展示不同的游戏。一组一组来演示自己的玩法发明。其他幼儿也分别尝试更换不同的玩法。

③集体游戏。

教师："小朋友想出了那么多的玩法，我也有一种玩法，名字叫'赶小猪'。"

教师示范讲解游戏的玩法及注意事项：把一张报纸团成球当作小猪，把其他报纸拧成小棒。幼儿用小棒赶着小球绕过障碍物，摸到前面的椅子，走回队伍，把手中的小棒传递给下一个小朋友，回来的小朋友站到队伍的最后面，看谁完成得又快又好。要尽量小心，控制好手中的小棒，躲开障碍物，不要把障碍物碰倒了。

幼儿分组进行游戏。(教师随机指导，针对手眼协调困难的幼儿给予鼓励式引导。)

④整理运动。

教师："现在我们帮助辛苦的手臂和腿放松一下。"(教师引导幼儿轻轻地敲一敲身体的四肢。)

四、活动小结

教师小结："今天我非常开心，你们想出了报纸的那么多玩法，让我大开眼界。小小的报纸变成了我们的玩具。其实我们身边还有好多废旧的物品，只要我们多动脑，都能把它们变成有趣的活动用具。如果你们以后有什么发现，一定要告诉我。"

(案例提供：刁红梅)

（四）分析任务

1. 进行幼儿教育的指导思想

> “利用多种活动发展身体平衡和协调能力。”
>
> “开展丰富多样、适合幼儿年龄特点的各种身体活动……”
>
> “儿童的发展是一个整体，要注重领域之间、目标之间的相互渗透和整合，促进幼儿身心全面协调发展……”
>
> ——《3—6岁儿童学习与发展指南》

教师的语言指导在幼儿身心发展过程中起着重要作用，教师要善于观察和引导幼儿，使幼儿在乐意参与健康教育活动的基础上，有效促进身心健康发展。

2. 归纳有效的教师用语策略

讲授语运用的策略。

引导语运用的策略。

评价语运用的策略。

（五）完成任务

1. 课堂训练

教师把全体师范生分成几个课堂学习小组，师范生按照任务要求，以身体动作、卫生习惯等为内容，设计一节健康领域的活动，每个小组选择一人担任主讲教师，进行完整的组织教学。

针对各组同学设计的教育环节，学生对语言的运用进行互评，教师进行点评和打分。下课后，教师要求各组上交一份详细的教案。

2. 职场训练

第一，你如何设计、组织健康领域的教育活动？

第二，在幼儿园实习的过程中，你作为实习教师，要善于运用恰当的教育用语，组织幼儿的健康教育活动，妥善处理在健康教育活动中可能出现的各种问题。

（六）心得体会

二、实训任务2：语言领域活动中的教师规范用语

（一）实训目的

能够熟练地运用所学的幼儿园教师教育活动规范用语策略，组织幼儿开展语言领域活动。

（二）实训要求

具备一定的语言领域活动中的教师用语的常识。

能够用标准的普通话和幼儿交谈，具备一定的教师职业口语技能。

具备一定的教育学、心理学知识，能够尊重幼儿的语言差异。

具有良好的师德修养。

（三）实训案例

案例2

故事《聪明的乌龟》（大班）

时间：语言领域活动时间。

地点：大班活动室。

教育对象：大班全体幼儿。

事件：学习大班语言教学活动故事《聪明的乌龟》。

一、活动目标

能够专注地倾听故事，初步理解故事内容。

理解词语：聪明、轻轻地、急忙。

学会用较清晰的语言表达自己的想法。

二、活动准备

生活经验准备：了解两栖动物的特征。

物质准备：青蛙、乌龟、狐狸头饰和手偶，火盆、水池图片，蜡笔，剪刀，动画片《聪明的乌龟》。

三、活动过程

（一）开始部分

教师出示手偶和头饰，激发幼儿倾听的兴趣。

教师边出示乌龟手偶和头饰，边用乌龟的口吻说："小朋友，你们认识我吗？它们都说我是一只聪明的乌龟，你们知道为什么吗？听了故事，你们就会知道了，故事就要开始了，看谁听得最认真。故事的名字叫《聪明的乌龟》。"

教师提问："狐狸要吃乌龟，乌龟会想出什么办法来呢？你们也想一想。"

讨论：谁能说说什么叫聪明？为什么说乌龟是聪明的乌龟呢？

教师："小乌龟是爬行动物，青蛙是两栖动物。"

学生："聪明指学得快，记得好，动脑筋。"

教师："你们想一想怎样才会让自己更聪明？会用耳朵听的人会变得越来越聪明。"

（二）进一步熟悉故事的情节

教师播放动画片，教师提问。

"狐狸是怎样靠近青蛙的？什么时候我们也需要轻轻地走？"

"说一说狐狸吃到青蛙了吗？这个时候谁来了？"

"乌龟是怎样做的？为什么？"（急忙：急速匆忙，赶紧。因为着急，乌龟的行动加快了。）

"狐狸没有吃到青蛙，它要吃谁？吃到了吗？"

"小乌龟为什么能从狐狸手里成功地逃脱呢？"

"除了聪明，你还发现小乌龟有哪些优点？"

学生："在伙伴遇到危险的时候，它热心地帮忙，不顾自己的安危。"

（三）结束部分

教师小结："小朋友，以后不管遇到什么事情，先要动脑筋想办法，你也会变得越来越聪明，找到解决的办法。"

（案例提供：刁红梅）

(四)分析任务

1. 进行幼儿教育的指导思想

> “幼儿的语言学习需要相应的社会经验支持，应通过多种活动扩展幼儿的生活经验，丰富语言的内容，增强理解和表达能力。”
>
> ——《3—6 岁儿童学习与发展指南》

教师要善于借助诗歌、故事等文学作品帮助幼儿学习语言，让幼儿更好地理解词语的意义，获得有效表达的语言经验，使幼儿愿意主动与教师、同伴交谈，提高社会交往能力。在活动过程中，教会幼儿倾听与表达是非常重要的。

2. 归纳有效的教师用语策略

引导语运用的策略。

提问语运用的策略。

(五)完成任务

1. 课堂训练

教师把全体师范生分成几个课堂学习小组，师范生按照任务要求，设计一节语言领域的活动，内容可以是诗歌、故事等，每个小组选择一人担任主讲教师，进行完整的组织教学。

针对各组同学设计的教育环节，学生对语言的运用进行互评，教师进行点评和打分。下课后，教师要求各组上交一份详细的教案。

2. 职场训练

第一，你如何设计、组织语言领域的教育活动？

第二，在幼儿园实习的过程中，你作为实习教师，要善于运用恰当的教育用语，组织幼儿教育活动，妥善处理在语言教育活动中可能出现的各种问题。

(六)心得体会

三、 实训任务3： 社会领域活动中的教师规范用语

(一)实训目的

能够熟练地运用所学的幼儿园教师教育活动规范用语策略，组织幼儿开展社会领域活动。

(二)实训要求

具备幼儿园社会领域教育活动中的教师用语技能。

能够用标准的普通话指导幼儿进行教育活动，具备一定的随机使用教育用语的能力。

具备教育学、心理学知识。

刻苦钻研，有良好的师德修养。

(三)实训案例

案例3

我是小帮手(社会领域)(大班)

时间：集体教学活动时间。

地点：大班活动室。

教育对象：大班全体幼儿。

事件：大班社会领域教学活动——我是小帮手。

一、活动目标

知道自己的事自己做，有初步的责任感。

愿意帮助成人做一些力所能及的事。

学会关心别人、学会感恩。

二、活动过程

(一)谈话：我会做什么

①教师引导幼儿："说一说你会做哪些事情?"

②"你是怎样学会的?"

③教师请幼儿想一想长大的变化。

(二)我是小帮手

教师引导幼儿讨论:

①"当爸爸、妈妈忙的时候,你能做什么?"

②"当爸爸、妈妈累的时候,你能帮忙做什么?"

③"如果有一些事情不会做,你应该怎么办?"

④"小伙伴遇到困难的时候,你会怎样做?"

⑤"在幼儿园里,你会帮老师做什么?"

教师:"今天,你们就是我的小帮手,我们一起把我们的班级变干净吧。"(教师和幼儿共同清扫班级。)

教师小结:"你们已经长大了,学会做很多事情了,可以当妈妈、爸爸还有老师的小帮手了,让自己变得越来越能干。"

(案例提供:刁红梅)

(四)分析任务

1. 进行幼儿教育的指导思想

> "能努力做好力所能及的事,不怕困难,有初步的责任感……"
>
> ——《幼儿园教育指导纲要(试行)》

教师的语言对在教育活动中引出问题、启发思考、解决问题起着非常重要的作用。教师要善于观察幼儿的情绪表现,使幼儿愿意主动参与班级、家庭的劳动,逐步形成社会责任感,提高动手能力。

2. 归纳有效的教师用语策略

引导语运用的策略。

提问语运用的策略。

(五)完成任务

1. 课堂训练

教师把全体师范生分成几个课堂学习小组,师范生按照任务要求,设计社会领域的活动,内容可以是节日等,每个小组选择一人担任主讲教师,进行完整的组织教学。

针对各组同学设计的教育环节,学生对语言的运用进行互评,教师进行点评和打分。下课后,教师要求各组上交一份详细的教案。

2. 职场训练

第一，你如何设计、组织社会领域的教育活动？

第二，在幼儿园实习的过程中，你作为实习教师，要善于运用恰当的教育用语，组织幼儿进行社会领域教育活动，妥善处理在社会领域教育活动中可能出现的各种问题。

（六）心得体会

四、实训任务4：科学领域活动中的教师规范用语

（一）实训目的

能够熟练地运用所学的幼儿园教师教育活动规范用语策略，组织幼儿开展科学领域活动。

（二）实训要求

具备一定的科学领域教育活动用语的常识。

能够用标准的普通话进行教育活动，具备一定的教师职业口语技能。

具备一定的教育学、心理学知识，有良好的师德修养。

具备一定的科学知识。

（三）实训案例

案例4

皮球滚滚（中班）

时间：科学领域活动时间。

地点：中班活动室。

教育对象：中班幼儿。

事件：中班教学活动——皮球滚滚。

一、活动目标

能运用各种感官感知皮球的特征，并对探索活动感兴趣。

尝试让皮球在不同的地方滚动，观察运动有什么不同。

有愿意参与活动的欲望。

二、活动准备

皮球。

三、活动过程

(一)玩一玩

①教师提供各种不同的球，让幼儿运用多种感官发现皮球的外形特征。

②请幼儿仔细看一看，摸一摸，球宝宝长得怎么样?

③幼儿自己动手试一试，皮球可以怎样玩?(幼儿自由探索。)

④启发幼儿说一说：你是怎么玩球的?

(二)想一想

①教师引导幼儿朝不同方向滚动球，想一想球为什么可以滚来滚去。

②请幼儿观察图片上的球，请幼儿说一说：你都认识哪一种球？能不能模仿一下这种球的玩法?

③你还喜欢什么样的球?

④观看一些球类运动的影片，增加幼儿对球的喜爱。

(三)试一试

①请幼儿分别将球放在不同的表面滚，观察球滚的速度有什么不同，球在什么样的地方滚的速度快。

②你还有什么办法让皮球滚得快一些?

③交流自己的方法，幼儿相互协作。

教师小结：“小朋友能认真观察，遇到问题动脑筋思考，还能自己动手去试一试。皮球非常愿意和你们做朋友。”

（案例提供：刁红梅）

(四)分析任务

1. 进行幼儿教育的指导思想

> “要尽量创造条件让幼儿实际参加探究活动，使他们感受科学探究的过程和方法，体验发现的乐趣。”
>
> ——《幼儿园教育指导纲要(试行)》

教师的语言在教育活动中要起到引领的作用，引导幼儿操作，支持幼儿探索，启发幼儿思考。教师要善于观察幼儿的行为表现与需要，使幼儿敢于尝试，逐步形成自我建构知识与经验，感受探索、发现的乐趣。

2. 归纳有效的教师用语策略

提问语运用的策略。

引导语运用的策略。

讲授语运用的策略。

评价语运用的策略。

(五)完成任务

1. 课堂训练

教师把全体师范生分成几个课堂学习小组，师范生按照任务要求，设计一节科学领域的活动，内容可以是科学、数学等，每个小组选择一人担任主讲教师，进行完整的组织教学。

针对各组同学设计的教育环节，学生对语言的运用进行互评，教师进行点评和打分。下课后，教师要求各组上交一份详细的教案。

2. 职场训练

第一，你如何设计、组织科学领域的教育活动?

第二，在幼儿园实习的过程中，你作为实习教师，要善于运用恰当的教育用语，组织幼儿开展科学教育活动，妥善处理在科学教育活动中可能出现的各种问题。

(六)心得体会

五、 实训任务5： 艺术领域活动中的教师规范用语

(一)实训目的

能够熟练地运用所学的幼儿园教师教育活动规范用语策略，组织幼儿开展艺术领域活动。

(二)实训要求

具备一定的艺术领域中的教育用语的常识。

能够用富有色彩的语言进行艺术教育活动，具备一定的艺术素养。

具备教育学、心理学知识，有良好的师德修养。

(三)实训案例

案例5

锅碗瓢盆交响曲(大班)

时间：艺术领域活动时间。

地点：大班活动室。

教育对象：大班全体幼儿。

事件：大班教学活动——锅碗瓢盆交响曲。

一、活动目标

通过倾听、欣赏录像片，初步了解厨房的工作并产生兴趣。

感受厨房中的节奏和生活中的节奏，发现节奏的生命力。

在绘画、折纸、捏泥、表演活动中，创造性地表现美。

二、活动准备

(一)物质准备

厨具和餐具：不同材质的锅碗瓢盆(铝锅、塑料盆、碗、盘、勺子)和柜子等。

道具：黑板、屏风、拱形门、背景图、菜谱、自制厨房的音乐磁带、录音机、照相机、用海绵制作的麦克风。

材料：蜡笔、彩纸、双面胶、剪刀、纸盘、彩色贴纸、橡皮泥。

小动物头饰及服装。

(二)经验准备

自制有关厨房场景的录像片，供幼儿感受。

三、活动过程

(一)感受与体验：厨房序曲

①教师引导幼儿倾听、欣赏录像片，使幼儿初步了解厨房的工作，激发幼儿在厨房中工作的动力。(听辨训练、记忆训练)

教师："小朋友，我们一起看一个录像，看谁能发现新的问题。"

教师："谁能说说你看到了什么?"

教师："你们知道叔叔、阿姨工作的地方叫什么吗?"

教师："那些叔叔、阿姨在厨房里是怎样工作的？谁能学学他们的动作?"(教师随机提问，帮助幼儿说出自己在模仿什么动作。)

教师："你学的是什么动作？你想想切菜的声音是什么样的?"

教师："除了切菜，叔叔、阿姨还做什么了?"(教师发现幼儿都在学洗菜的动作。)

教师："洗菜的动作是什么样的？我们一起来学一学好不好？洗菜时又发出了什么样的声音?"

②教师和幼儿一起进入早已布置好的场景，幼儿看到了好多的厨具。

教师："你们想不想去小厨房看一看?"

③幼儿认识厨房的用具。(桌子上放着家庭中的各种厨具。)

教师："小厨房到了，小朋友，你们看桌子上都有什么呀？谁能举起来让我们大家认识一下?"(教师分别请幼儿选择自己喜欢的厨具并说出名字。)

教师："它叫什么呢？它能做什么用?"

④教师："我想问问小朋友，你们家里谁做饭?"

教师："你们想想妈妈在厨房里都做什么?"

“我们现在就学学妈妈下厨房好吗?”(教师分别做各种在厨房中的动作，帮助幼儿理解在厨房中做菜的辛苦和做菜的方法。)教师随机提问：“你妈妈在厨房里做什么?”

教师：“妈妈还给你做过什么好吃的？又是怎样做的?”

教师：“妈妈在厨房中做那么多的事情辛不辛苦呀？小朋友要学会关心妈妈，爱妈妈，帮妈妈做一些事情好不好?”

教师：“你们真能干，都像一个个小厨师。”

教师：“为了让别的小朋友知道你在做什么，我们玩一个儿歌接龙游戏，你们一个一个地向大家介绍自己在做的是什么工作。教师起头，小厨房真热闹，妈妈做菜我帮忙，摘摘菜，咔嗒嗒。”

(二)神奇的韵律

教师通过播放音乐，启发幼儿感受厨房中的节奏和生活中的节奏，发现节奏的生命力。

①教师带幼儿到音乐厨房，发现音乐厨房中的节奏。

教师：“小朋友的小厨房很热闹，你们听一听，音乐厨房里更热闹。你们想不想去音乐厨房逛一逛?”

②教师引导幼儿运用生活经验，发现厨房里的声音与节奏的关系。

教师：“你们听到的这段音乐像厨房里的什么动作？谁能说说？你能表演一下这个动作吗?”

③教师：“我们生活里还有什么动作也有这样的节奏？我播放音乐，小朋友把你想到的用动作表现出来。”(教师帮助幼儿感知节奏不同的音乐。)

④教师播放制作的厨房音乐。

教师：“我们再听一听这段音乐像厨房里的什么动作?”

教师：“想一想还有什么动作和它的节奏是一样的?”

⑤幼儿随音乐自由做动作。

(三)动物饭店

1. 开业准备

教师：“小厨师的手艺学好了，学了手艺后你们想做什么?”

教师：“你们都去过饭店吃饭吗?”

教师：“饭店里都有什么人？经理是做什么的？厨师是做什么的？服务员是做什么的?”

2. 装饰自己的饭店

教师："那开饭店都要准备点什么?"

教师："为了庆祝我们的动物饭店开业，我们请小动物来品尝我们的手艺好不好?"

教师："想想森林里都有什么小动物?"(用猜谜的方式。)

教师："这些小动物都爱吃什么呀?"

教师："知道小动物的口味了，我们开始准备吧。"(教师播放音乐厨房乐曲。厨师开始准备饭菜，服务员把屋子打扫干净，摆上餐具。)

3. 动物饭店开业

教师："森林里的小动物请注意，告诉大家一个好消息，我们的森林动物饭店开业了，厨师手艺好，饭菜味道好，欢迎大家来品尝。"

幼儿扮演小动物："动物饭店开业了，我们去尝一尝吧。"

4. 后厨分组活动

幼儿画食物，用纸折食物，用橡皮泥捏食物。

一个小朋友扮演小记者来采访。

小记者："请问你们吃的是什么? 味道怎么样? 对他们的服务满意吗?"

小记者："为了庆祝你们的饭店开业，我们一起合个影吧。"

全体小朋友照相。

(案例提供：刁红梅)

(四)分析任务

1. 进行幼儿教育的指导思想

> "培养幼儿初步感受美和表现美的情趣和能力。"
>
> ——《幼儿园工作规程》

教师要善于在教育活动中运用多种的艺术形式，鼓励幼儿大胆想象、创造，激发幼儿艺术创作的兴趣，提高幼儿的审美情趣，达到全面和谐发展的人格目标。

2. 归纳有效的教师用语策略

引导语运用的策略。

提问语运用的策略。

(五)完成任务

1. 课堂训练

教师把全体师范生分成几个课堂学习小组，师范生按照任务要求，设计一节艺术领域的活动，内容可以是音乐、绘画等，每个小组选择一人担任主讲教师，进行完整的组织教学。

针对各组同学设计的教育环节，学生对语言的运用进行互评，教师进行点评和打分。下课后，教师要求各组上交一份详细的教案。

2. 职场训练

第一，你如何设计、组织艺术领域的教育活动？

第二，在幼儿园实习的过程中，你作为实习教师，要善于运用恰当的教育用语，组织幼儿开展艺术教育活动，妥善处理在艺术教育活动中可能出现的各种问题。

(六)心得体会

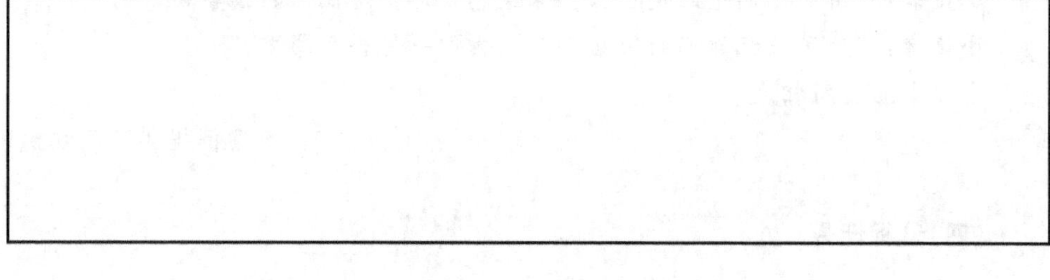

师范生的教师口语技能实战表演

一、活动背景

目前，师范生的语言素养和语言运用水平面临着新的挑战。大家必须加强幼儿教师口语的实战演练，尽快熟练地掌握规范化的教师口语技能。

幼儿教师肩负着儿童启蒙教育的重任，其语言素养直接关系到下一代的成长和发展，因此，师范生必须学会表达、学会认知、学会做事和学会共同生活，以适应未来职业发展的需要。

二、活动目标

旨在指导师范生掌握幼儿园教育活动用语常识与规范，优化幼儿教师语言知识结构，通过进行幼儿园教育活动用语的实战技能表演，提升他们的教师口语技能和教育水平，培养一批高素质、技能型的师范人才。

三、活动内容

（一）第一阶段

考考你的判断力！测测你的实战力！

——幼儿园教育活动用语知识竞赛

要求：

第一，本章的推荐幼儿园教育活动用语百句举例是知识竞赛的必考题。

第二，比赛采取口答或笔答的形式，分小组进行。

第三，比赛时间由任课教师灵活安排，可以在课上或课后进行。

（二）第二阶段

考考你的判断力！测测你的实战力！

——挑战幼儿园教育实战情境

要求：

第一，所有参赛选手均需在学校、幼儿园指导教师的指导下，进行“幼儿园教育活动用语技能实战表演”的排练。

第二，第一轮是“综合知识问答”。知识点涵盖本章全部内容（推荐用语内容除外），参赛选手需要认真准备。

第三，第二轮是“实力大比拼”，如表演“情境对话练习”等。

第四，第三轮是“挑战幼儿园教育实战情境”，如表演本章第三节的“职场训练”部分，或者表演与本章内容相关的案例故事。

第五，指导教师要制定竞赛优胜者的奖励办法，并把竞赛成绩计入平时成绩的考核。

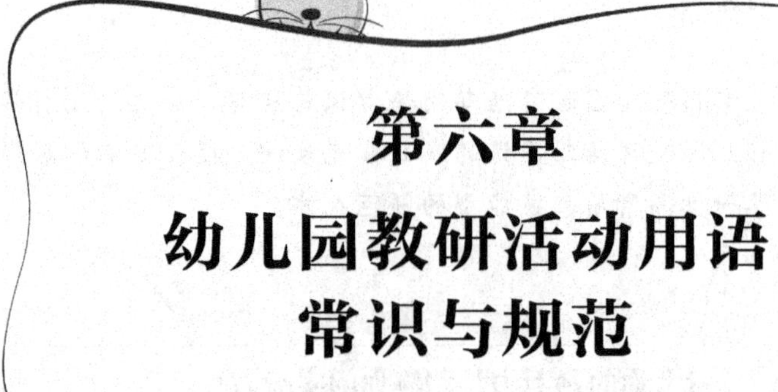

第六章 幼儿园教研活动用语常识与规范

第一节　幼儿园教研活动用语常识

幼儿园教研活动是指幼儿园教师运用科学的方法，有目的、有计划地分析教育对象、探索教育规律，解决实际教育问题，总结教学策略，促进教师专业发展的研究活动。幼儿园教研活动是教育研究的一个重要组成部分。

一、幼儿园教研活动用语的内容

（一）园本课题研究用语

课题研究是指教师在教学实践中研究遇到的问题，以及探究科学教育的认识过程。课题研究的人员是教师个人或几个人，他们运用科研的方法，以探寻解决教育教学中的具体问题为研究对象，以问题的解决为研究目标。

园本课题研究是指幼儿园管理者和教师针对本园的教育活动特点，为了改善教育质量而开展的教育研究活动。开展研究是幼儿教育工作的需要，教师应该不断研究、探索、反思幼儿的多变性、不确定性，创造性地开展教育工作。

1. 确定选题的研究用语

确定选题是教师针对观察到的教育实际问题确定研究方向。选题以实际教育问题为主是指：一是解决教育教学过程中存在的各种具体问题，研究解决的办法。二是为幼儿的后续发展探索有效教学的问题，使幼儿在各个方面全面发展。

为了更有效地把握研究，教师要学习鲜活的教学案例，选择有价值的、迫切需要解决的问题去关注、追踪、分析。

应用举例 1

教师在研讨会上的交流：所在班级遇到了什么问题？特殊儿童有什么行为表现？如何创设适合本班幼儿的教育活动？阅读从什么时候开始对幼儿的发展有好处？如何提高幼儿表演的兴趣？怎样进行递进教学、如何引起幼儿对数学的兴趣？什么样的提问是有效提问？

2. 制订方案的研究用语

制订方案是教师对研究内容确立运用的研究方法、实践验证问题、实施研究内容。一是以探究教育实践为主：发现问题、分析问题、解决问题。二是以行动研究为主：总结教育策略，形成有效的实践教育方式。

应用举例 2

教师在研讨会上的交流：教师以"语言领域与其他领域如何整合"为选题，语言领域包含哪些内容？为什么要整合？幼儿的年龄段有什么特点？如何进行领域整合？结合课题的研究需要，运用哪些研究方法？哪些研究方法（观察法、调查法、文献法和行动研究法）方便一线教师进行研究？研究对象是否需要对应班级、不同年龄段？有哪些验证的措施？幼儿对于整合内容的具体表现有哪些？能促进哪些方面的发展？

3. 实施方案的研究用语

实施方案是具体研究过程的实施步骤。教师要搜集文献资料，为课题研究提供重要的理论依据，了解、借鉴资深研究的经验和方法。教师要将找到的多种解决办法进行理论与实践的运用，生成自己的研究思路。

应用举例 3

教师运用小组研讨会的方式，制定出每个月需要实践研究的具体内容：从哪个领域开始进行？语言领域和哪个领域的关系最紧密？用什么形式整合更自然？都有哪些相关的研究？从哪个方面进行研究？研究者把哪个方面作为切入点？环境创设有哪些需要整合的内容？运用哪种教育活动形式进行整合？设计哪种引导

语对于整合非常有效？家园需要哪些配合？

4. 成果展示的研究用语

课题研究成果是对研究过程的总结，教师整理、分析、展示研究的收获，得出有助于实践研究的结论，并以多种形式展示研究成果并加以推广，撰写研究结题报告。

应用举例 4

通过定期的研究小结、课题研讨等活动，教师将自己近期的研究成果进行分析说明，共同分享。研究解决了哪些实际问题？师幼关系有哪些变化？通过什么方法，幼儿的能力得到了提高？教师指导教育活动中有哪些非常有效的办法？教师还需要提高哪些方面的水平？

(二)反思性教研用语

教师要用描述或者陈述性的语言表述自己的内省、领悟以及思考过程。教师的反思语言不应只进行内容的描述，还要注意分析和解读。

教师要采用研讨对话的方式，及时阐述自己的观点及做法，并进行理性的思考。幼儿园要经常组织教师进行教学反思交流，让教师取长补短，互相学习经验，从而更加有效地指导自己的教学。

1. 关于思想观念的反思语

观念即思想，教育者运用教育理念评价语言，对实际的活动过程进行完整的分析。反思使教育者约束自己的言行，调整自己的教育角色。社会环境在不断地发展变化，幼儿接触的媒介也越来越多，这对教育提出了新的挑战。结合现阶段的教学实际，教师可以通过参加图书报告会的方式进行新理念的学习。只有不断更新观念，教师才能提供适合幼儿需要的教育。教育越来越趋于生活化，从集体教学到分区活动，从幼儿被动接受到自主学习，教师的角色发生着变化。教师只有把握正确的语言观念，放开手，相信每个幼儿都是有能力的，才能改变教育的行为，提高语言的有效性。

应用举例 5

一名教师在教育观念方面的反思：以前在集中教育活动的时间里，有的孩子要上厕所，我都不允许。经过反思，我认为应该树立正确的儿童观，要尊重幼儿的生理特点，现在班里的孩子要上厕所时，我都会同意。但是活动之前在组织幼儿上厕所的时候，我会特别提醒这部分幼儿去排便。此后，我经常反思我的教育观念是否符合幼儿的身心发展规律，已经养成了一种习惯。

2. 关于教育行为的反思语

教育者将教育过程中的具体行为进行语言再现。苏州大学博士生导师朱永新教授说过，他愿意开一家保险公司，给每一位教师办一份保险，如果老师坚持写课后反思，几年后还没有成名，他将负责全额赔偿。教师要解读教育方式、手段，并进行教学的有效性对比。教师在实际的教学活动过程中，分析教学设计各环节的实际状况，对实施中的教育指令进行有效的总结，供所有教师交流学习，提高自身教学水平。教师应该对所有的教育行为进行反思，针对不同教育行为对幼儿的影响、出现的问题，思考解决困惑的具体策略等。

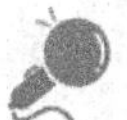

应用举例 6

一名教师在语言活动中的反思：刚参加工作的时候，在一次公开课上，我采用播放幻灯片的方法，为幼儿讲《小熊卖货》的故事，可是故事讲到一半突然停电了，我当时只想到赶快解决电的问题，就停止了讲故事，等候通电。结果幼儿的注意力完全转移了，等到通电以后，再接着放映幻灯片讲故事时，无论我怎样努力地集中孩子的注意力，幼儿的表现和刚开始的时候都相差甚远，我精心准备的一节公开课远远没有达到预期的效果。经过反思，我认识到我的做法欠妥，幼儿的兴趣点在故事情节上，虽然停电了，也不能把讲了一半的故事停下来，应该继续把故事讲下去，使幼儿听到一个完整的故事，活动应始终围绕故事的情节来进行，满足孩子的愿望。我就是在不断的反思中成长起来的。

案例 1

音乐活动反思

时间：教研活动时间。

地点：教研室。

参加人员：全体教师。

事件：音乐活动反思。

在音乐活动过程中，我们的教育流程总是教师完整演唱—朗诵歌词—分句教唱—全体演唱—个别表演—创编动作，只有在创编动作的环节中，幼儿是自主的。经过反思，我觉得在创编动作过程中，幼儿不仅发展了动作，对于歌词的理解能力也提高了。所以我改变了音乐活动的形式，以熏陶为切入点，在新歌没学之前，每天播放给幼儿听，也不说歌曲的名字、内容，幼儿天天听，有的会主动问：“老师，这是什么歌?”我会说：“你听听里面都唱了什么。”两天以后，幼儿一听到音乐就会不自觉地哼唱，有的已经能够准确地唱出歌曲的内容了。之后，我引导幼儿猜一猜这首歌的名字，因为幼儿已经熟悉了歌曲的内容，所以根据歌词内容，幼儿很快就记住了歌曲的名字，还能够随着音乐完整地演唱。我觉得艺术活动最重要的就是心灵的感受，我尝试将音乐与绘画相结合，让幼儿用不同的颜色或者情境针对听到的音乐进行创意绘画，从中观察幼儿的不同情感需要。音乐是一门耳朵的艺术，幼儿听到的越多，感受越多。

（案例提供：刁红梅）

3. 关于教育对象的反思语

教育者对教育对象的情绪、表现、幼儿之间发生的点滴事件进行描述，实时记录事件的过程，通过解读、分析幼儿的年龄特点，了解幼儿的差异性，从而增加活动中教师与幼儿的互动，让幼儿在活动中获得满足感。

教师针对教育对象的反思是在观察的基础上做出正确的判断。首先，教师对幼儿的语言、具体的行为表现进行实际记录，观察一名幼儿或者几名幼儿，尤其是比较弱势的幼儿，有哪些状况发生。其次，教师分析教育对象的年龄特点，对幼儿发挥干预作用，发现问题后，教师随机更换教育策略，判断采用不同的方法时的教育效果。

应用举例 7

小班的小朋友对剪刀非常感兴趣，但是最近有几名小朋友伤到了手。经过反思，我认识到，小班幼儿好奇心强，越是不让动，就越想尝试。但对于小班的幼儿来说，使用剪刀不是一件容易的事，幼儿自控能力比较弱，容易发生扎到手、剪到手的情况。所以我应该加强对幼儿使用剪刀的安全教育，然后在幼儿实际操作中做好保护措施。随后，我采取了区域分组活动的方式，解决了幼儿人数多教师照顾不过来的问题。为了提高幼儿的兴趣，我创设了有趣生动的活动情境，如：给小鸡剪栅栏(剪长方形)，给天空挂太阳(剪圆形)，帮助小羊剪小桥(剪方形)，给兔妈妈盖房顶(剪三角形)。幼儿愿意动手做事情帮助别人，他们小手的灵活性、准确性、小肌肉的控制力越来越好了。

4. 关于教育经验的反思语

教育者将教育实践中积累的教学策略，以及解决教学实际问题的方法进行完整的描述总结，使其他教育工作者能够清楚地明白并理解有效教学的具体做法。

通过经验报告会的形式，教师进行教育经验互动式学习。教育经验是教师经过一段时间的了解、分析、研究、解决，已经在某一个方面有了不错的收获，将这些感受以及策略总结成文字进行交流学习，这样不仅有利于共享教育资源，还能有效地增进教师间的合作，是非常好的学习方式。描述教育经验的语言要精练，首先要有理论的依据：为什么要这样做？它有哪些科学根据？然后就是表述具体做法，分析总结最后的成果。教师就是要发挥智慧，寻求教育策略，让教育活动充满阳光。

应用举例 8

一名教师在组织科学活动时，将幼儿的座位安排在操作桌子旁边，在教师演示实验环节中，幼儿会动手摆弄桌子上的操作材料，没有注意观察教师的实验，接下来幼儿不能达到预设的目标，无法回答教师的提问。在幼儿园开展的教育经验反思活动中，这名教师讲到，出现这种情况是因为自己违反了幼儿的发展规律，幼儿好奇心强，控制能力较弱，看到眼前桌子上的操作材料就忍不住要去摆弄。之后，在组织此类需要幼儿观察教师操作的实验时，教师会先将幼儿的座位安排在桌子的前面，使幼儿能够更专心地观看教师的演示，需要幼儿进行操作的时候，再请幼儿回到桌子旁边，效果就非常好。

(三)说课教研用语

说课教研用语是授课教师在备课的基础上，面对同行或教研人员，口头表述具体课题的教学设想及其理论依据，由听者评说，达到互相交流、共同提高的目的的教学研究和师资培训语言。

说课，不同于一般的发言和教育活动，它要求说者比较系统地介绍自己的活动设计及其理论依据，而不是宣讲教案，也不是活动的浓缩，它的核心在于说理，在于说清为什么要这样教，说课的重点在于活动重点和难点的突破上。在说课过程中，教师要注意把握以下几点。

1. 说教材

第一，说教材内容及在教学中的地位和作用。教师要通过分析所选活动主题的内容特点，指明其在整体教学或主题教学中的地位。

第二，简要分析幼儿现状。幼儿现状主要包括幼儿的年龄特点、身心发展状况，幼儿原有的知识和基础技能的掌握情况、智力的发展情况；幼儿的非智力因素，包括幼儿的兴趣、动机、行为习惯、意志等的发展状况。

第三，说目标。教师要先说主题目标，再说本次活动目标，主要从情感、态度、认知、技能等方面综合表达，并能体现主题的教育要求，最后说确立此目标的依据。

第四，说活动重点、难点的确定和解决。

第五，说活动准备，包括活动前的准备（家长工作、社区协调、环境创设、

资料收集、幼儿园活动等)及活动中的准备(准备有关玩具、教具等材料，包括幼儿用书、教学挂图等)。

2. 说教法

说教法主要是说明教学方法及教学手段的选择和运用。教师要根据教材的特点、幼儿的实际、教师的特长以及教学设备情况等，来说明选择某种方法或手段的依据。

3. 说学法

说学法就是说出要教给幼儿哪些学习方法，培养幼儿哪些能力，并结合活动目标、教材特点、幼儿年龄特点具体地说出理论依据，主要说明幼儿要“怎样学”的问题和“为什么这样学”的道理。教师要讲清是如何激发幼儿学习兴趣，引导幼儿积极探索的；还要讲出教师是怎样根据班级特点和幼儿的年龄、心理特征，运用哪些教育教学规律指导幼儿进行学习的。(教师要根据活动内容和采取的方法及手段，教给幼儿一些学习的方法，做到“授之以渔”。)

4. 说活动过程

说活动过程是说课的重点部分，因为通过这一过程的分析，别人才能看到说课者独具匠心的活动安排。它反映着教师的教学思想、教学个性与风格，也只有通过对活动过程设计的阐述，别人才能看到活动安排是否合理、科学，是否具有艺术性。具体内容只需概括介绍，只要听者能听清楚“教的是什么”“怎样教的”就行了，不能按照教案中组织幼儿活动那样讲。在介绍活动过程时，教师不仅要讲活动内容的安排，还要讲清“为什么这样教”的理论依据[包括《幼儿园教育指导纲要(试行)》的依据、课程标准依据、教学法依据、学前教育学和学前心理学依据等]。

第一，说明整个活动的流程，即各个活动环节的实施过程。

第二，按照活动的先后顺序说明每一个环节所用的大体时间，重点说明主要环节的双边活动，要致力于活动难点和重点的突破。

第三，说明对不同幼儿差异的具体指导策略。

第四，活动过程的引导性提问。活动前的引导语是教师针对活动选择适合的引导方式，激发幼儿兴趣点的语言。活动中的引导语是教师针对活动中需要思考的问题提出的提问用语。层层递进的探究引导语引导幼儿进一步探究原因，不仅仅停留在表面的问题语言上。

5. 展示自己参与设计的辅助课件

教师所制作的课件要起到突出本次活动重点，降低难度，以突破难点的作用。教师展示课件时还要简述自己设计、制作的思路和过程。

说课要坚持从实际出发，不能搞一刀切。应因材、因时、因地、因人(幼儿、教师)的不同采取不同的说课方式和方法，提高说课的科学性和可行性。

案例 2

锅碗瓢盆交响曲(大班)说课稿

时间：教研活动时间。

地点：教研室。

参加人员：大班教师。

事件：说课——教学活动设计“锅碗瓢盆交响曲”。

一、说教材

大班的幼儿，一般在家里都见过厨房里的锅碗瓢盆，每天都会用到吃饭的碗。《幼儿园教育指导纲要(试行)》指出，教育活动内容既适合幼儿的现实需要，又有利于其长远发展；既贴近幼儿的生活，又有助于拓展幼儿的经验和视野……锅碗瓢盆交响曲这节活动的设计，就是贴近幼儿的生活，将音乐的节奏与生活中厨房的情境相联系，让艺术教育形式回归生活。

目前，幼儿园普遍采用的课程模式主要有学科教育课程、综合教育课程和活动教育课程。作为主要模式之一的综合教育课程日渐受到重视。本活动就是艺术领域的综合教育活动，在音乐活动中融入了美术的内容，让幼儿在感受厨房的节奏和音乐之后，用绘画、折纸、泥工的方式制作美食。美术是无声艺术，音乐是有声艺术，教师在美术教学中穿插适宜的音乐，营造出轻松、愉快、活泼的氛围，有利于激发幼儿的想象力和创作力。

二、说目标

教师根据大班幼儿的年龄特点及实际情况确立了认知、能力、情感等方面的目标，进行了语言、科学、社会、艺术领域的整合。

(一)活动目标

①通过欣赏录像片，初步了解厨房的工作并产生兴趣。

②感受厨房中的节奏和生活中的节奏，发现节奏的生命力。

③在绘画、折纸、捏泥、表演活动中，创造性地表现美。

(二)活动重点

通过倾听音乐、欣赏影像，感受生活中到处充满乐趣。

(三)活动难点

发现生活中的美和创造性地表现美。

(四)活动准备

厨房用具：厨师帽、蜡笔、彩纸、双面胶、剪刀、橡皮泥、盘子、柜子、围

裙。服务员：三角巾、小围裙。小动物服装：小兔服装、小熊猫服装、小鸭服装、猴子服装、小青蛙服装、小蜜蜂服装。小记者：照相机、麦克风。拉花、背景图、彩色贴纸、菜圃、录像片、录制的音乐磁带、录音机、黑板、屏风、拱形门、纸盘。

三、说教法

《幼儿园教育指导纲要(试行)》指出："教师应成为幼儿学习活动的支持者、合作者、引导者。"因此，本次活动采用适宜的方法组织教学，如下所示。

情境教学法：本次活动通过艺术对环境的渗透，让幼儿发现生活中有趣的节奏韵律，引发幼儿活动的兴趣，满足幼儿的好奇心。

演示法：通过现代教学的辅助手段、电教手段，用多媒体再现生活中的影像，让幼儿对生活有全新直观的认识。

操作法：本次活动通过尝试操作，让幼儿获得最直接的经验，通过制作、表演的形式表现自己的感受，体验生活的乐趣。

四、说学法

活动采用幼儿参与、教师引导的方式。

多种感官法：引导幼儿看一看、试一试、说一说等，调动多种感官参与活动。

交流讨论法：让幼儿交流自己在生活中的发现，讨论音乐中蕴含的生活。

展示法：让幼儿展示自己所擅长的才能，获得表现自我的机会。

五、说教学流程

活动流程为：感受和体验—发现和探索—交流和分享—操作和展示—表演。

感受和体验：观看饭店、家庭中的厨房工作的视频，引起幼儿活动的兴趣。模仿再现厨房的劳动场景，学厨师劳动的动作，完成第一个目标。

发现和探索：通过倾听快慢不同的节奏的音乐，请幼儿寻找生活中的节奏，完成第二个目标。

交流和分享：让幼儿讲述自己对厨房的认知和自己的节奏感受。

操作和展示：请幼儿根据自己的喜好，运用多种艺术形式，完成小厨房的各种准备工作，展示自己的优势，树立自信心，完成第三个教育目标。

表演：请幼儿分别扮演不同的角色，进行小小饭店表演游戏。提高幼儿语言表达能力以及交往能力。

（案例提供：刁红梅）

(四)评课教研用语

评课教研用语即评价课堂教学的语言。通过公开课的展示活动，教师针对活动本身在听课活动结束之后进行教学延伸，对执教教师的教学得失、成败进行分析评价。评课是加强教学常规管理、深化课堂教学改革、促进幼儿发展、推进教师专业水平提高的重要手段。

1. 评课的语言依据

评课应做好三个准备工作：

第一，熟悉课程领域目标，理解相关理论要求。

第二，观察活动过程中的师幼互动情况，倾听师幼对话交流的语言。

第三，记录分析活动中的目标完成情况。

2. 评课标准用语

评课语言要突出重点、明确目标。评课流程：理念为先—过程分析—具体问题—解决方案。评课语言以认可激励为主，评课教师应充分得当地分析问题，调动教师潜心教研的积极性。

教师评课时要思考如下的问题。教师的教育思想是否可以突出新的教育观？活动内容设计是否符合幼儿的年龄特点、生活经验，是否有创意？活动目标设定是否科学，幼儿的完成情况如何？幼儿在活动中的情绪表现如何，活动是否有趣，是否可以吸引幼儿活动的注意力？教师的教育行为以及指导策略是否适合幼儿的需要？教师在活动中能否把握教学内容的重点、难点？在教学过程中，教师的教学基本功是否扎实？教态(亲切适当)，语言面貌(吐字清楚、语速适中、语言生动)，逻辑(教学思路有层次性)，导语(语言表述思路具有逻辑性)，互动(体现幼儿主体性、引导幼儿自主探究)是否合适，是否做到了因材施教？有哪些具体表现？教师是否抓住了幼儿的年龄特点、能力水平情况进行适时思维引导？活动后是否做到了有效小结(抓住重要问题进行说明)？

3. 活动建议

评课一定要在活动后第一时间进行，因为教师对活动场景的印象还比较深刻，更有利于思考实际教学问题。针对刚刚活动中出现的各种教学问题、看到的各种情况，评课者结合自己的经验，对认同点给予肯定，对问题质疑或者提供解决的建议。评课者要帮助分析为什么会出现这一现象，找到多种解决的方案。评课者要做好听课记录和指出评课要点。

应用举例 9

在教研组评课活动中，一名老师的发言如下。×老师的这节活动课总体上不错，活动准备非常充分，内容丰富、富有童趣，语言清晰，表述完整。从引导到进行操作活动环节比较连贯，问题是要引导幼儿发展多种表达方式，这样更有利于幼儿发展创造性思维，要关注弱势幼儿的接受情况，给予及时的帮助。如果×老师在讲解的过程中增加肢体的示范，效果会更好。

应用举例 10

在评课活动中，一名老师的发言如下。王老师的教学活动目标符合幼儿年龄特点，兼顾了幼儿的情感、态度、能力、知识、技能等方面的发展。教学准备充分，有经验准备和物质准备。王老师在活动过程中运用了适合幼儿发展的教学方法，“听到了什么?”的有效提问，使孩子自由发言，各抒己见，充分地展开想象，较好地体现了幼儿是主体、老师是主导的教育理念。老师通过有效引导、启发提问、倾听、观察、表演等形式，帮助幼儿理解了音乐，幼儿积极参与，气氛活跃，愿意表演音乐作品。活动有集体活动、分组活动和个人活动，由易到难，由浅入深，教师以游戏贯穿始终，引导幼儿轻松地学习。教师情绪饱满，教态亲切，语言标准，师幼关系融洽，师幼互动效果好，教学效果较好。我有一个想法，就是建议将图片投放到区域活动中，以进一步激发幼儿对这个音乐活动的兴趣。

(五)同课异构教研用语

同课异构教研用语是针对同一个活动的内容，不同的老师根据自己的想法、观念准备教学方案，在完成授课内容后，综合分析实际教学效果、进行交流的研究语言。评课者运用总结性评价方式给教师提出更高的要求。

通过交流研讨的方式，平行组针对同课异构的分析、实际活动过程的观察，分析幼儿的活动状况，进行讨论，对比教学效果。教师辩证地看待自己，汲取别人的优点，改进不足，客观分析教育活动过程中的问题和教育对象的反应状况，在此基础上进行第二次备课。

案例 3

中班数学活动：我身上的数

时间：教研活动时间。

地点：教研室。

参加人员：全体中班教师。

事件：同课异构——中班数学活动“我身上的数”。

一、中一班教师的活动设计

(一)活动目标

感知 5 以内的数量，认识数字 1～5。

寻找、发现自己的身体有关部位蕴含的数量。

尝试用绘画的形式记录自己的发现，能用数字表示具体的物体数量。

(二)活动准备

教具：数学挂图(一)中的 1～5 数卡，数学挂图(二)中的 1 个娃娃图片。

学具：黑色水彩笔，记录单，固定记录单用的大头针、透明胶带或磁铁。

(三)活动过程

1. 认识数字 1～5

①教师：“小朋友，你见过数字吗？我们周围哪里有数字？”

②教师出示数学挂图(一)中的 1～5 数卡，并逐一引导幼儿观察字形，认读数字。

2. 理解数字表示的意义

①教师出示数学挂图(二)中的 1 个娃娃图片，引导幼儿观察：这里有几个娃娃，可以和数字几做朋友？

②教师：“娃娃的脸上有几只眼睛，可以和数字几做朋友？”

教师：“数字 2 还能在娃娃的身上找到朋友吗？在哪里？”

教师：“它们为什么都能和数字 2 做朋友呢？”

3. 寻找自己身上的数

①教师：“这些数字还想在小朋友的身上找朋友，请你们仔细找找，看谁能帮它们找到更多的数字朋友。”

②教师介绍记录及操作要求：“请大家把自己的发现记录下来，一张纸上只画一个发现，画好后就送给数字朋友(如在记录单上画一个鼻子，然后放在数字 1 的下面)。有几个发现就画几张纸，画好后就送给它的数字朋友。”

③幼儿操作。

4. 交流与检查

①教师请幼儿介绍自己的发现。如：身上有6个纽扣，衣服上有8朵花等。

②教师引导幼儿共同检查所记录的物体数量是否与数字相匹配。

二、中二班教师的活动设计

(一)活动目标

复习数字1～5，感知5以内的数量。

发现自己身上蕴含的数量，使物品或身体部位与数量一一对应，并用连线的方式记录。

乐于参与数学游戏，感受发现的快乐。

(二)活动准备

数字卡片、数字外衣、连线表格。

(三)活动过程

1. 复习认识数字1～5

①幼儿做手指游戏，教师激发幼儿学习的兴趣，引出数字1～5。

②幼儿出示数字1～5，给数字宝宝照相，加深对数字宝宝的认识。

教师依次出示数字，幼儿复习数字1～5。

2. 寻找、发现自己身上蕴含的数量，给数字找朋友

①教师展示数字衣服，自主讨论衣服的独特之处，引导幼儿寻找教师身上的数量与每个数字对应的部位或物品，初步建立数字和数量的对应关系。

②幼儿探索、寻找自身数量与教师所拿数字相对应的部位或物品。

3. 用连线的形式记录自己的发现

①教师出示表格，记录个别幼儿的发现。

②教师发放表格，请幼儿自主探索和记录自己的发现，将身上蕴含的物品或身体部位的数量和数字一一对应。

4. 师幼共同检查操作结果

幼儿展示记录表格，教师引导幼儿共同评价操作结果。

（案例提供：吴艳丽）

(六)备课教研用语

1. 普通备课

普通备课除了备教材，最主要的是备幼儿，抓住幼儿的年龄特点；教师要针对不同问题，思考幼儿会有哪些想法。教师要研究创设什么样的活动内容会被幼

儿喜欢，使他们愿意主动参与；如果幼儿不感兴趣，应该做怎样的随机调整，哪些引导能让幼儿发挥想象力，体现自主性等？教师要通过各抒己见的研讨过程，集思广益，找到适合本班幼儿的活动形式。

2. 集体备课

集体备课是指教师群体针对集体教学活动、家园开放活动、家园共育、区域活动与游戏、环境创设、大型专题活动等而进行横向分年龄班、纵向分领域或专题的集体研讨，讨论最佳方案的教研形式。其目的是确保教育活动的有效性，提升教育质量；其内容是多元化的，呈现的方式是多样化的。集体备课的意义在于教师之间通过探讨与交流，取长补短，集思广益，将个人才智转化为集体智慧。集体备课是提高老师整体教学素质和教学研究水平的有效手段。

案例 4

“六·一”亲子活动

时间：“六·一”前夕。

地点：会议室。

参加人员：教师。

事件：集体研究“六·一”活动方案。

园长提前一个月召集各班教师一起商议制订庆“六·一”亲子活动的总体方案。

园长：“下个月就是孩子们的节日——‘六·一’国际儿童节了，为了使孩子们度过一个快乐而又有意义的节日，我们将开展为期一周的系列亲子活动，请大家认真考虑内容，下周我们来商议讨论。”

第二周，商议讨论如期进行。

园长：“根据上周布置的庆‘六·一’亲子系列活动内容，欢迎大家踊跃发言。”

教师甲：“我建议开展亲子游园活动，到动物园、植物园去参观，这样大家既能领略大自然的风光，又能观察各种动物，感受集体活动的乐趣。”

教师乙：“我建议开展亲子运动会，体现运动、健康、快乐的理念。”

教师丙：“我认为两位老师的提议很好。我们还应该增加艺术活动的内容，搞一个绘画T恤衫的亲子活动，亲子装以后还能穿，可以给孩子和家长留下美好的回忆。”

教师丁：“太好了。可以再搞一个美食活动，孩子们能够吃上自己亲手制作的糕点和凉拌菜，不但动手操作了，还能感受成功的喜悦，会更开心的！”

园长："大家讲得都很好。下面我们将这四个活动具体化，各个年级组由组长负责，继续讨论研究各个年级组的活动方案。"

（案例提供：吴艳丽）

3. 年龄组备课

年龄组备课是在平行的班级中，在活动计划开始前，教师间针对在具体教学过程中如何设计教学环节、教学语言、语言使用的策略等进行探讨互动。教师不仅要分享教学收获、发现，还会就教学中遇到的问题和困惑进行集体的讨论。通过集体备课、开放式的交流，同伴间吸取经验、教训，积累教学语言的技巧，调整活动中的问题，让教学能力得以提升。教师通过各抒己见的研讨过程，集思广益，找到适合本年龄段幼儿的活动形式。

应用举例 11

小班年级组组长组织小班年龄段教师集体备课。小班全体教师被集中在教研室中。组长说："上周我给大家布置了本周的集体教学内容，并且已将内容分配给了小班的每位教师，现在请各位老师根据内容说一说你设计的活动方案、准备的教具和学具。"

教师逐一说课(设计理念、预设目标、准备工作、方法与措施等)；提出困惑；全体教师针对每个活动进行研讨，提出自己的看法与解决策略；小班年级组组长(或业务园长)引领大家完善设计；将完善的方案分发到每个小班实施。由此教师完成了讨论、修正、优化每个教学活动方案。

二、 推荐幼儿园教研活动用语百句举例

(一)课题研究用语和评课用语

1. 课题研究用语

推荐用语：

- "课题的选材比较有针对性。"
- "课题应从教学中的困惑出发，帮助大家解决实际问题。"
- "课题实施方法要多样、易操作。"
- "课题立意要创新。"
- "课题研究要注重细节。"

2. 评课用语

推荐用语：

• “活动导入短而精，很好地起到了引子的作用。”

• “教学设计得很好，活动思路清晰，符合幼儿的年龄特点。”

• “活动内容贴近幼儿生活，容易让幼儿理解。”

• “重难点突出，设计合理。”

• “教师语速适中，体态语自然亲切。”

• “幼儿参与度非常好，完成了教学内容。”

• “活动环节紧密，有层次性。”

• “操作材料丰富，体现了幼儿在玩中学。”

• “活动形式有创意，能够激发幼儿创作的欲望。”

• “教师能抓住幼儿的好奇心，引导幼儿自主探究。”

• “语言生动有趣，具有说服力。”

• “教师能够给幼儿提供自我探索的机会，使他们发挥主动性。”

• “教师能够充分发挥引导者、支持者、合作者的作用，引发幼儿思考自己解决问题的方法。”

• “活动氛围轻松、愉悦。”

• “教师能够运用领域间的联系整合活动内容。”

• “语言规范、吐字清晰。”

• “教师能够采用新的信息技术，引起幼儿的活动兴趣。”

• “教学表现形式不拘泥于统一，体现幼儿的个性需要。”

• “教师以问题引入活动，突出幼儿的主体位置。”

• “教师要在活动环节中培养幼儿合作的意识。”

• “活动秩序活而不乱。”

• “教师语言的基本功很扎实。”

• “教师经验储备比较丰富，处理问题比较有方法。”

• “教师能够尊重孩子的思想，给予积极的肯定。”

• “活动体现了‘以幼儿为本’的新理念。”

• “教育评价具体明确，让幼儿能够准确地知道自己的优势。”

(二)具体问题用语

1. 活动区域材料的有效提供用语

推荐用语：

•“材料体现了层次性。”

•“材料多样，适合该年龄阶段。”

•“材料的互动性很强。”

•“操作性的材料引发了幼儿的探究兴趣。”

2. 教师进行适时指导用语

推荐用语：

•“教师能够选择适合的方式(平行式、交叉式、垂直式)进行指导。”

•“教师能够把握时机进行指导。”

•“指导语言清晰明确。”

•“教师能根据幼儿的动作发展水平以及理解能力进行个别指导。”

•“幼儿出现行为问题时，教师能够耐心地讲解。”

•“教师能够用积极、正面的语言鼓励幼儿完成任务，使幼儿树立自信心。”

•“教师能够做到有效指导，把握好教育机会循循善诱，引导很到位，能够发挥幼儿的主动性。”

3. 观察记录用语

推荐用语：

•“×××小朋友，你在做什么，你发现了哪些问题?”

•“幼儿的具体表现说明了什么?”

•“观察记录解决了什么问题?”

•“观察对象如何选择?”

•“观察的幼儿有哪些学习行为?”

•“观察记录对研究有什么帮助?”

•“为什么要观察？目的是什么?”

4. 教师遇到实际问题时的用语

推荐用语：

•“你觉得你有哪些解决方法?”

•“你发现问题后做了什么？是否有效?”

•“你可以从一个方面进行尝试，把你解决的问题进行整理。”

•“为什么要这样做？行为依据是什么?”

•“思考一下为什么会出现这样的问题?”

•“幼儿园教师与其他教师的区别是什么?”

•“你应该对自己所在年龄阶段幼儿的特点非常清楚，要非常了解幼儿的能力水平。”

•“你如何让幼儿喜欢参与你设计的活动?”

三、 教研活动用语技能的培养

教研工作主要的任务是解决教学中的实际问题，为更好地、科学地开展教育教学活动，为提高幼儿的可持续发展的能力而改进教育教学的手段。

通过分析不同水平的教师言语类型，我们认为培养教育活动用语技能可以从以下几个方面着手。

(一)分析各种教研语言表达形式及实际应用

教师把理念转化为实际的教育行为，能够促进先进教学经验的提炼和传播，促进教师专业化的发展，这将成为教研工作的重要内容。

(二)勤读书、勤思考，拓展教研语言

教育的进步是永远不会停止的，语言的培养是在阅读的基础上才会有所提升的。教师只有不断除旧更新，才能具有全新的教育观。教师需要具备丰富的知识量，需要通过读书来丰富头脑、获取新知、领会教研语言的精练、汲取教研经验、开阔研究视野；通过读书积累不同领域研究的优秀案例，提高研究语言的表述能力。只有这样全面地、有效地学习，教师才能找到应对职业倦怠的出路，彰显魅力。

(三)多交流、多参与，积累教研能力

研讨、培训、观摩等多种教研方式，是教师间相互学习的方式，在教学活动过程中，教师会发现共性的问题，也会出现教育方式分歧，这样的交流学习会引发教师相互借鉴，从多角度理解最新的教育理念。“站在巨人的肩膀上”，教师才能有更高的见识，及时地提炼、反思，不断地完善自我，才会让教育的语言更丰富。在参与过程中，教师积累语言的表达、语言的组织以及提高总结实践的能力。教师在教研过程中需要做到以下几点。

1. 认真倾听

听是说的前提，只有多听取，教师才能储备丰富的语言去表达。教师要给予自身思考的空间，从听的过程中获取信息，了解不同的想法、认知，给自己心中的疑问、迷茫找寻适当的答案。当遇到不同问题时，不同的教师有不同的思考方法、解决方法，可以判断哪个更适合自己、效果更好，这样在实践教学中就能得心应手。

2. 提出自己的疑惑

教师要及时将自己遇到的困惑说出来，积极参与讨论。在实际教学中，教师把遇到的问题集中起来，通过开展教研活动，有目的地与有经验的教师进行交流，适时地解决问题。在教研活动中，大家集思广益，最终找到更适合的教育方式。教育不是闭门造车，需要更多人的合作，才能有更好的教育手段，让自己成为更优秀的教师。

3. 建立合作关系

教研不是在孤立状态下进行的。教师间只有通过交流彼此的特长与成果，形成研究氛围，建立合作共享的平台，才会转变教研观念，弥补教研能力的不足，改变知识结构的狭隘与教研方法的欠缺等问题，才能推动教研的顺利开展。

(四)学理论、重实践，提升专业素养

教研的依据来源于理论的支撑，教师用实践的操作得出科学的验证。理论也让实际的教学更有说服力。教师要共享教育智慧，互相商议、研讨，让教研真正为教学服务。只有理论联系实际，教师才能真正地了解理论。教师在教学过程中进行实践操作，发现教学的问题，将理论问题还原教学，尝试分析问题。如果实践的效果非常好，教师就要及时总结相关的经验；如果效果不尽如人意，教师就要找到问题的环节，及时做记录并寻找理论引领方向，再次实践。实践的取材最

关键的是靠观察，教师要学会捕捉幼儿的学习故事，进行整理记录，以便提高学习、分析、研究的能力，成为专家型、研究型教师。

研究型教师的主要特征如下。

1. 具有自主意识

一线教师具有实际教学经验的研究优势，承担不断提高教学水平的责任，教研主体是教师自身，教师只有积极主动地参与教研，总结教研方法，才会在教研能力上更上一层楼。

2. 具有问题意识

教育研究的主线来源于问题，教师要善于发现问题，才可能去分析研究问题、解决问题。这就需要教师观察与思考，自我反思教育行为，不断地探索、总结教育的精华。

3. 具有课程意识

课程是教育活动的中心，不管哪一种课程形式，都是服务于幼儿的。了解幼儿的需要，了解幼儿的能力水平、年龄特点是完成课程的前提。优秀的教师要有课程意识："教什么?""备课备什么?""用什么样的方法教?"

第二节　幼儿园教研活动用语运用的策略

一、　理论语与应用语运用的策略

(一)理论语运用的策略

理论语是指有理论依据的说明。在进行课题研究过程中，教师找到有关的理论思想、概念，给予具体操作合理的解释。

应用举例 1

一、幼儿攻击性行为概念的界定及表现

幼儿攻击性行为指的是当幼儿的需求得不到满足，或者自己的权利受到损害时，幼儿出现的身体上的进攻、言语上的攻击等侵犯性行为。主要表现为：打，踢，咬，大声叫嚷，叫喊名字，骂人，暴力，抢别人的东西等。

专家认为，攻击性行为多集中在 4 至 5 岁学龄前儿童中。因为幼儿的自我意

识开始形成，会出现行为上的偏差。当遇到这样的情况时，教师要了解幼儿的年龄特点。

二、幼儿攻击性行为出现的原因分析

（一）年龄分析

年龄越小，攻击性行为出现的频率越高。因为幼儿处于直觉行动阶段，幼儿的一切探索都要靠行为，因此行为的目的性不明确，也不会想到行为背后的结果，当遇到问题的时候，动作会作为第一反应出现。

（二）能力分析

大多数出现攻击性行为的幼儿，语言发展比较迟缓，当遇到问题时，会用动作直接代替语言来表达自己的想法。他们的交往能力比较差，以自我为中心，占有欲强，不能正确地与伙伴合作。教师要思考如何提高幼儿的语言表达能力，让他们学会运用正确的方式解决矛盾，培养幼儿的交往能力。

（三）问题分析

出现的问题具体属于哪一种情况？

无意性攻击：无心的触碰。教师要提示幼儿："活动时要小心一些，把你身边的伙伴碰疼了，你应该说什么？"幼儿要及时向同伴表达歉意。

表现性攻击：妨碍别人获得快乐的行为。教师在第一时间制止幼儿的行为，以免造成幼儿的身体伤害，要让幼儿了解发生问题的后果，转移幼儿的注意力。

工具性攻击：因为抢夺某种物品发生的冲突。教师引导幼儿学会用语言沟通，让幼儿感受语言所带来的有效性。

（二）应用语运用的策略

应用语是指理论联系实际的沟通与交流。教师要善于用理论作支撑，有效地解决实际问题。教师在理解理论的基础上，用理论概念分析幼儿的行为，找到对应解决的方法。

应用举例 2

教师通过观察发现幼儿出现了攻击性行为，分析具体的行为表现，找到幼儿攻击性行为的根源，正确适时地指导干预。

教师引导幼儿进行语言交流。教师说："你想拿这个玩具，应该说什么？只要你跟伙伴说说，他一定愿意和你分享。""不管遇到什么事情，我们都要学会把自己的想法表达出来。"

对语言发展比较慢的幼儿，教师说："不要着急，你说说看，你要做什么？"

面对幼儿因为不小心出现的问题时，教师说："我知道你不是故意的，但是你把她弄疼了，你应该说什么？"

面对以损害他人利益为快乐发生的事情时，教师说："来，你来老师这里给我讲讲刚刚发生了什么事情。如果你还想和小朋友一起玩，你应该怎么做？"教师与幼儿进行沟通，了解其想法，如果幼儿情绪激动，教师可以让他静静地坐一会儿。然后教师了解幼儿的家庭交往情况，以家园合作的方式解决问题。

二、描述语与说明语运用的策略

（一）描述语运用的策略

描述语注重对人物的行为态度或事物性质形态进行真实的描述。描述的内容不要添加个人的判断，而是直观地描述。

物质描述：对提供活动的环境、材料的具体描述。

对象描述：对象描述的前提是观察，观察是科学研究的一种基本方法和必要步骤。科学观察具有明确的观察目的和观察对象。在教研活动中，教师将自己对幼儿的观察和实际教学行为进行描述，了解幼儿不同的行为特点，加强教育策略的相互学习。

应用举例 3

一名教师在交流观察区域进行活动记录时的描述如下。今天的科学区里有很多孩子，每个孩子都从家里带来了有关动物的图书。最先进区的是乐乐和欣欣。乐乐手里拿了一本有关恐龙的书，欣欣拿的是有关多种猴子的图书。乐乐拿着书走到欣欣那里看了看，说："你看我的书里有大恐龙，可厉害了。"欣欣有点儿不高兴："我觉得猴子最厉害，因为猴子聪明。你看现在都没有恐龙了，还有猴子。"乐乐一下子没有什么可说的了："那你给我看看，我想看看你的书里面厉害的猴子是什么样的。"欣欣说："我们一起看吧。"

（二）说明语运用的策略

说明语运用的策略是指对教育行为及研究过程进行解释说明，通过分析说明，将问题具体化，提供借鉴方案，使教师之间共享教育资源。

1. 说明的逻辑性

教师就具体的实例运用清晰的逻辑语言进行分析讲解，使参与的教师产生思想的共鸣，达到传递经验、互通有无的目的。

应用举例 4

在科学区里，幼儿通过看书和图片，发现了动物的秘密，了解了很多相关的问题。幼儿很喜欢提出自己的想法，提出了很多问题，并在相互的交流中说出自己的看法，而且用到了一些逻辑的推理，这是我以前没有想到的。因为在平时的集体教学活动中，我不能够做到关注全体，所以我对一些孩子的想法不够了解，在区域活动中，我更加了解了幼儿的潜力。我们在创设环境时，要关注环境对幼儿的影响，提供给幼儿进行伙伴间分享交往的空间，这样的学习方式更能让幼儿各取所需，有利于提高幼儿自主学习的能力。

2. 说明的具体性

通过具体的做法以及实施的策略，教师来寻求大家的理解并产生认同度。也就是说，相互理解的前提是知己知彼。活动后的交流分享给予了幼儿进行知识拓展的空间。

应用举例 5

活动过后，教师先请幼儿介绍自己看的科学图书，说说有什么问题，然后针对幼儿想寻求的答案，一是引导幼儿自己运用多种方法找寻答案，二是进行引导。“动物的生活环境根据自然界的变化而出现改变，你们看一看恐龙长什么样子？它的身体是什么样的？”乐乐说：“它的身体很大。”教师：“对，观察得很好，恐龙就是因为身体不能和环境相适应，所以最后灭绝了。而你看到的猴子能上树，有很多本领，根据环境改变自己的生活方式去适应环境，它就存活下来了。”“你们认真了解动物的各种生活方式，会知道动物和我们人类关系的很多知识。”

三、 评价语与点拨语运用的策略

教研活动是多方面的，为了更好地服务于教学，教师应把握正确的研究方向，建立正确的评价方式是至关重要的。评价是非常好的不断实践、不断修正自我的过程，有效的评价对教师持续发展起到了积极促进的作用。

(一)评价语运用的策略

评价语是在教学活动过程中，教师根据幼儿的思考、发现以及活动表现等方面得出的客观、公正的评价语言。

1. 客观事实评价

应用举例 6

专家：“这项活动设计得太难了，你们班的孩子根本完成不了。”

专家：“你提供的材料导致幼儿参与得不够，很多孩子都没参与活动。”

专家：“你的重心太高，你应该蹲下来和孩子沟通，这样才有亲和力。”

2. 引导榜样评价

应用举例 7

专家：“我觉得设计活动要依据自己班级的情况，这样孩子完成的效果会更好。”

专家：“提供的材料要能满足幼儿的兴趣需要，让材料动起来，才能发展幼儿的探究能力。”

专家：“有的教师已经想出了一些做法，我相信你一定能想出更好的做法。”

3. 能力水平评价

应用举例 8

专家：“你是一个善于思考、发现问题、敢于创新的教师。原有的评价语言过于简单模糊，或表扬，或批评。‘你真棒’‘你很聪明’不能让幼儿清楚自己棒在什么地方，为什么很聪明。幼儿不能明确自己受表扬的原因以及被批评的问题。你能运用直观的身体各部分做标记，来评价幼儿。眼睛(代表观察)：善于观察发现。耳朵(代表倾听)：认真地倾听别人的想法，认真听老师的要求。嘴巴(代表表达)：大胆表达自己的想法，多发言。手(代表操作)：自己的事情自己做。脚(代表运动)：积极地锻炼。你让幼儿直接了解自己的优势以及不擅长的弱势，这样的做法非常好，而且在这个过程中，提高了幼儿进行自我评价的能力。”

(二)点拨语运用的策略

点拨语是作为引子，引发思考，针对遇到的困惑给予必要的指点时运用的话语。面对不同的教学问题，教师采用问答的方式，引导学生学会发现问题。在教研的过程中，教师会因为思路受局限而停滞不前。研究最重要的就是研究过程，同行间适当的指点会起到画龙点睛的作用。

应用举例 9

教师："什么样的环境是好环境？"

专家："环境没有好坏之分，可以用适不适合来判断。你为什么要提供这样的环境？它给幼儿带来了什么？"

教师："看着好看。"

专家："我们经常说'环境是幼儿的第三任老师'，它和幼儿有没有互动？环境是因幼儿而创设的，所以要思考环境潜移默化渗透给幼儿怎样的教育。幼儿的自主活动就是依靠环境才能激发兴趣的。"

同行点拨语会引导教师跳出主观想法，把孩子的需要作为创设环境的依据，帮助教师克服思想封闭的问题，走出教育误区。

第三节　幼儿园教研活动用语规范化训练

能力目标：善于创设良好的研讨学习的氛围，能够运用真实、客观、严谨的研究性语言，沟通交流彼此的心得体会、幼教科研信息和成果。

一、实训任务 1：园本课题活动中的教师规范用语

（一）实训目的

能够熟练地运用所学的幼儿园园本课题教师用语策略，参加研讨活动。

（二）实训要求

具备一定的幼儿园教研活动中的教师用语的常识。

掌握园本课题（区域活动）的相关理论知识。

具备钻研精神。

（三）实训案例

案例1

区域活动的实施与策略研究（园本课题）

时间：集体活动时间。

地点：课题活动室。

参加人员：实验班级教师。

事件：园本课题研究活动——区域活动的实施与策略研究。

一、确立研究方向

教研组组长："区域活动是幼儿园园本课题，全园的班级都参加，我们这几个班级是重点的实验班级，说一说你们各个班级的老师对区域活动的理解吧。"

甲班教师："我觉得区域活动是幼儿自主的活动，各个活动区的游戏材料必须丰富。"

乙班教师："区域活动是以游戏的形式，促使幼儿自主学习的活动。"

丙班教师："我觉得关键在于教师如何创设区域内容。"

教研组组长："你们说的都对。教师要根据幼儿的兴趣和发展的需要，在幼儿园中设置一定的教育环境即活动区，让幼儿通过主动活动来学习，从而促进幼儿身心和谐全面发展。《3—6岁儿童学习与发展指南》也明确指出，幼儿园应多为幼儿提供自由交往和游戏的机会，鼓励他们自主选择、自由结伴开展活动。"

教研组组长："为了让每个班级能够针对一个问题进行深入研究，各个班级老师自己选择研究方向，确定方向后就可以根据需要进行下一步活动了。"

二、小班课题成员相互交流

教研组组长："在区域创设的过程中，你们需要哪些物品？"

甲班教师："娃娃家中操作的用具比较少，幼儿经常因为用具而发生争吵。"

乙班教师："我需要制作屏风的材料，因为角色区域和其他的区域互相干扰。"

丙班教师："我需要幼儿直接可以操作的玩具。因为我们制作的一些用具需要更换。"

教研组组长："你们可以发动家长，给班里收集一些废旧材料，就可以解决以上问题了。"

教研组组长："这一段时间开设区域活动以来，你们有什么新的想法或者针

对问题有哪些具体的做法？请分享给大家。”

甲班教师：“我在制定规则的时候，考虑到孩子太小，就用他们自己的照片做规则的展示，幼儿非常喜欢，而且有人没按规则做时，小朋友还互相提醒。在人数的规则方面，我们就用小脚丫来表示，鞋子摆满了，就不能再进了。效果不错。”

乙班教师：“我们以创设角色区域为主，因为小班幼儿刚入园不久，比较喜欢娃娃家，我们创设了两个娃娃家：一个针对小一点儿愿意抱娃娃的孩子，我们就在娃娃家中投放了很多毛绒玩具，让幼儿自由地坐一坐、抱抱娃娃。另一个针对能力强一些的孩子，我们就在厨房中多投放游戏材料，孩子可以做饭招待客人。幼儿玩得挺好，而且减少了哭的现象。”

丙班教师：“我们针对自己班级幼儿的能力水平，对玩具进行分类，不同能力水平的幼儿都能找到适合自己的游戏材料。”

教研组组长：“观察了解幼儿的能力水平是创设有效区域的关键。我们下一步还要多搜集相关的理论资料，以及相关的教育理论书籍，及时搜集研究信息。在教学实践中，进行课题研究探索和实践，分别从不同的角度对研究的问题进行分析。要不断完善操作过程，提升理论水平，做好各阶段的总结，为课题研究打下坚实的基础。”

（案例提供：刁红梅）

（四）分析任务

1. 进行教研活动的指导思想

> “从事科学研究、学术交流，参加专业的学术团体，在学术活动中充分发表意见……”
>
> ——《中华人民共和国教师法》

教研的语言以尊重为前提，教师要善于把握语言的流畅性，语言突出重点，能将自己的困惑问题以及尝试后的收获分享给大家。课题研究要为实际的教育活动服务，有效地促进幼儿身心全面健康地发展。

2. 归纳有效的教师用语策略

理论语运用的策略。

应用语运用的策略。

(五)完成任务

1. 课堂训练

教师把全体师范生分成几个课题小组，师范生按照任务要求，寻找不同的教育活动问题，作为研究方向，内容可以是幼儿的行为表现等。教师请每个小组选择一人担任分享的教师，进行观察—分析年龄特点—找寻解决策略—验证策略效果。

针对各组同学的研究成果，教师就是否对发现的问题找到了有效的解决方案以及互动交流的语言表述进行评分。

2. 职场训练

第一，你如何针对一个教研课题进行有效研究？

第二，在幼儿园实习的过程中，你作为实习教师，要运用有说服力的教研用语，参加课题组的交流。

(六)心得体会

二、实训任务2：反思活动中的教师规范用语

(一)实训目的

能够运用所学的幼儿园教研用语的策略进行反思。

(二)实训要求

具备一定的教师反思规范用语的常识。

能够理论联系实际，对自己的教学活动进行反思。

了解《幼儿园教育指导纲要(试行)》《3—6岁儿童学习与发展指南》的相关教育依据，并能熟练运用。

具有良好的师德修养。

(三)实训案例

案例 2

区域活动实施策略研究的反思交流活动

时间：午休教研活动时间。

地点：会议教研室。

参加人员：全体教师。

事件：区域活动实施策略研究的反思交流活动。

在幼儿园区域活动的实施策略研究中，我们注重以幼儿为主体，尝试创设多种区域内容，提供多种体验学习的方式，不仅培养了幼儿的社会交往能力，还潜移默化地培养了幼儿良好的行为习惯。我们课题实验班开展的合作学习富有成效，教师相互交流问题策略，推进实际应用初见成果。让我们在观察中学会思考，在思考中学会实践。教师解决每一个原来觉得很小的问题时要把握最好的教育方式，真的需要深入研究，留意观察每个孩子的兴趣、操作情况和交往能力，了解幼儿的特质、想法，真正地走近幼儿。

一、激发幼儿的兴趣，让幼儿自主参与

幼儿是活动的主体，创设适合的区域能唤起幼儿活动的兴趣。教师要将幼儿被动的等待转变成为积极的参与，从而使幼儿多方面的能力得以提高。

二、自主探究中的教师角色

幼儿进行区域活动时，教师对幼儿的指导主要起到引子的作用，教师引导幼儿自己摸索和总结适合自己学习的方法，从操作发现、搜集资料、实践尝试、解决问题等方面，幼儿根据教师的提示自主思考，积极动脑，使得创造及发散思维的能力得到提高。

三、合作学习中的幼儿交往

在区域活动过程中的自主学习中，教师有意识地创造幼儿合作探究的环境，观察倾听并及时介入幼儿的讨论当中，予以合理指导，让幼儿处于乐此不疲的状态。

总之，在区域活动的实施过程中，幼儿能够自主地参与，积极地思考，积累了丰富的生活经验，在角色的交往中，幼儿提高了语言表达能力、自信心，也增强了解决问题的能力。

（案例提供：刁红梅）

(四)分析任务

1. 进行教研活动的指导思想

> “从事科学研究、学术交流，参加专业的学术团体，在学术活动中充分发表意见……”
>
> ——《中华人民共和国教师法》

教师要善于在教育理论指导下，反思自己的观念以及教育行为。教师遇到困惑的时候，能够主动交流经验。

2. 归纳有效的教师用语策略

描述语运用的策略。

说明语运用的策略。

(五)完成任务

1. 课堂训练

师范生以个人为单位，针对自己在实习过程中所完成的教学活动，做 1 分钟的自我反思。

师范生针对语言逻辑的表达进行互评，教师进行点评和打分。下课后，教师要求交一份作业。

2. 职场训练

第一，完成一篇教育活动的反思。

第二，在幼儿园实习的过程中，你作为实习教师，在反思中要善于运用规范的语言，分析实际问题，运用科学的研究方法，找到解决问题的策略。

(六)心得体会

三、 实训任务3： 说课活动中的教师规范用语

(一)实训目的

能够运用标准的普通话和说课活动教师规范用语进行说课活动。

(二)实训要求

具备一定的说课活动中的教师用语的常识。
能够用规范的语言进行说课活动。
思路清晰，表述准确。

(三)实训案例

案例3

“多样的水果”说课稿(中班)

时间：教研活动时间。
地点：教研室。
参加人员：全体教师。
事件：中班说课活动——“多样的水果”。

一、说教材

(一)教材分析

秋天是丰收的季节，水果种类繁多，而且营养丰富。水果也是幼儿生活中经常接触到的比较熟悉的食物。为了结合生活中的经验，引导幼儿进行有意义的学习，教师设计了“多样的水果”这一活动。

(二)活动目标

①尝试用多种感官，了解多种水果的特点。
②喜欢吃水果，体验分享的快乐。
③能完整清楚地描述水果的特征，准确说出水果的名称、形状、味道等。

(三)活动重点、难点

①重点：能够完整清楚地描述水果的特点。
②难点：运用多种感官感知水果。

（四）活动准备

①经验准备：幼儿要了解常见的水果，参观水果超市。

②物质准备：教师在科学活动区中投放各种水果的图片、实物或模型，准备一个探秘箱，里面放一些特点鲜明的水果。

二、说教法

《幼儿园教育指导纲要（试行）》指出，教师应成为学习活动的支持者、合作者、引导者，在活动中应力求形成合作探究式的师生互动。教师采用了如下的教学方法。

①提问法。在教学中，教师根据幼儿的生活经验运用启发式提问，引起幼儿的活动兴趣，用追问的方式引导幼儿按照顺序进行观察，激发幼儿探索的欲望。

②交流讨论法。《幼儿园教育指导纲要（试行）》指出：要支持和鼓励幼儿在科学活动中敢于表达自己的真实想法与看法，要引导幼儿积极参与讨论。教师要引导幼儿主动尝试，鼓励幼儿积极思考，让幼儿相互分享、交流自己的发现。

③游戏法。《幼儿园教育指导纲要（试行）》指出："……以游戏为基本活动……"幼儿在游戏中进一步感知水果。

三、说学法

活动遵循幼儿的学习规律和年龄特点，教师让幼儿在参与中学习活动，提高能力，更让幼儿感受活动的乐趣。教师采用了观察法、讨论交流法、操作法。

①观察法。教师引导幼儿有顺序地观察，探索发现。

②讨论交流法。教师要给幼儿互动的时间，引导幼儿将自己的经验表达给同伴。教师组织幼儿探讨、交流，发展幼儿的语言表达能力。

③操作法。教师运用丰富的操作材料，让幼儿在实际操作中感知认识，产生探究的欲望。

四、说活动过程

（一）游戏导入：猜猜我是谁

①教师引导幼儿在探秘箱中摸一摸，猜猜谁藏在里面。"你能描述一下它是什么样的吗？"教师在不同的小组的箱子中放上不同的水果，请幼儿自己尝试。

②"你觉得像什么？说一说表面的感觉怎么样，形容一下是什么样的，形状像什么。"教师要提高幼儿语言的表达能力和想象力。

③教师出示水果，请幼儿根据实物验证自己的描述情况。

（二）探究与发现

①教师引导幼儿说一说生活中认识的水果。

猜水果：请幼儿描述一下它长的是什么样的，吃到嘴里是什么味道。提示幼儿描述得尽量详细，引导幼儿一起猜猜看是什么水果。

②隐身的水果。教师请幼儿品尝果汁，猜一猜是什么水果的味道。请幼儿形容一下这种水果的味道。

（三）操作

①教师出示水果，请幼儿每人选择一种水果，以组为单位，制作水果沙拉。

②展示作品，一组选择一名幼儿介绍自己组的创作，互相分享。

教师小结："小朋友今天认识了很多水果，而且还自己动手制作了水果沙拉，你们真是太能干了！水果营养丰富，小朋友可以搜集相关的营养资料，下一次介绍给同伴。"

（案例提供：曹佳琪）

（四）分析任务

1. 进行教研活动的指导思想

> "提供丰富的可操作的材料，为每个幼儿都能运用多种感官、多种方式进行探索提供活动的条件。"
>
> ——《幼儿园教育指导纲要(试行)》

教师能够自如地运用口述交流语言，将教学设计思路及理论依据介绍给聆听者。语言精练、具有感染力，突出重心、主次分明。

2. 归纳有效的教师用语策略

说明语运用的策略。

点拨语运用的策略。

（五）完成任务

1. 课堂训练

教师把全体师范生分成几个课堂学习小组，师范生按照任务要求，设计教育活动，包括设计意图以及整个活动设计的想法，教师请每个小组选择一人担任说课人。

学生针对各组同学语言表述的情况进行互评，教师进行点评和打分。下课后，教师要求各组上交一份详细的说课文稿。

2. 职场训练

第一，请设计完成一节说课稿。

第二，在幼儿园实习的过程中，你作为实习教师，要善于灵活地运用规范语言进行说课活动，能够清楚地传递语言信息，掌握语言交流的方法。

(六)心得体会

四、实训任务4：评课活动中的教师规范用语

(一)实训目的

能够熟练地运用《幼儿园教育指导纲要(试行)》和《3—6岁儿童学习与发展指南》，针对不同领域教师的教学目标要求来进行理论实践的评价。

(二)实训要求

具备科学领域教育活动用语的常识。

能够用准确的语言进行教育活动。具备一定的科学知识。

具备一定的教育学、心理学知识，有良好的师德修养。

(三)实训案例

案例4

手指游戏(综合领域活动)

时间：教学活动时间。

地点：会议室。

参加人员：讲课教师、幼儿、评课教师。

事件：手指游戏的讲课和评课活动。

一、活动目的

知道手指的名称，能用手指边唱边做动作。

通过做手指碰碰游戏，能够与同伴友好地玩。

通过做手指变变变的游戏，培养运用手指的创造能力。

二、活动准备

物质准备：录音机、磁带、动物头饰指偶若干、小棋子11个。

经验准备：学唱歌曲《手指碰碰歌》，学做“小雨伞”手指操。

三、活动过程

（一）手指操引入

教师：“小朋友，今天我们要来玩一个有意思的游戏，和谁做游戏呢？（教师动手指），和我们的小手指。先让我们的小手指表演一个节目吧。请欣赏手指操——‘小雨伞’，看谁表演得最好。”（通过做手指操，教师使幼儿轻松地进入活动中，引出了活动的主题。）

（二）认识手指

教师：“你们知道每根小手指的名字吗？”（教师分别出示手指，请幼儿辨识。这一个环节出现了一个问题，在食指和无名指的辨识中，幼儿辨识自己的手指和老师的手指时出现了错误。）

游戏：给手指戴帽子。教师说出手指名称，幼儿给相对应的手指戴帽子。教师说出手指喜欢的颜色，请幼儿给手指戴帽子。

（三）做手指游戏

1. 碰一碰

教师请幼儿为小手指找朋友。教师：“手指手指找朋友，找到朋友碰一碰。请你的食指碰一碰，请你的小指碰一碰，请你的中指碰一碰，你还可以和伙伴或者老师一起来碰手指。”（通过这一环节，教师要使幼儿增强交往能力。）

2. 跳一跳

教师：“小手指都找到了朋友，我们一起来唱《手指碰碰歌》吧。我们选大拇指、小拇指，还有个子最高的中指来唱。哎呀，小手指玩累了，想休息一下。它伸了个懒腰，真舒服。”

3. 变一变

教师：“我的手指能变魔术，（教师转动手臂）看我的一根手指变成了什么？（毛毛虫）你的手指能变成毛毛虫吗？一根手指还能变成什么？（火箭、小羊、小鼓棒）你们看我的两根手指变成了什么？（教师的手指变成了兔子，并马上站了起来。）我是兔妈妈，我的孩子们在跟着妈妈一起跳。你的两根手指还能变成什么？（剪刀、小牛、小鸡、手枪、大象）我的三根手指变成了什么？（教师表演好猫咪轻轻走，喵喵喵。）我的三根手指还能变成什么？（孔雀、老鼠、小鹿）小朋友快蹲下，把眼睛闭起来，我的四根手指变成了什么呢？（教师出示螃蟹头饰指偶。）我是螃蟹，喜欢横着走。我又变成了小狗，快蹲下，我又要变了。我的五根手指能变成什么呢？你们先猜一猜。（老虎、小房子、小鸟、小花）请小朋友们给手指戴上指偶，请我们的小手指一起变成各种动物来跳舞吧。”

案例评析：

本活动在施教过程中，主要采用了音乐导入法、游戏巩固法、感知操作法。活动开始时，幼儿在轻松的音乐中，对手指有了感性认识，产生了活动兴趣。然后通过做手指碰碰游戏，幼儿进一步熟悉了手指的名称。教师在互相找朋友的活动中，为幼儿搭建了合作的平台。活动环节紧密，环环相扣。在活动的整个过程中，幼儿的参与欲望强烈，活动效果非常好。

第一，活动将各领域内容相整合，符合小班幼儿的年龄特点，教学的切入点是幼儿的手指，容易让幼儿理解，产生兴趣。

第二，活动目标明确，突出幼儿是活动的主体。在多角度的尝试中，幼儿收获了生活经验。

第三，游戏的方式能够激发幼儿的活动兴趣，而且幼儿能够在游戏中锻炼手的灵活性。幼儿能够自发地投入到操作活动中，去探求、体验、表现自己。

第四，教师在活动过程中的语言清晰，亲切，语速适中，以积极的语言提示幼儿要及时改正问题。

第五，教师遵循“葆有儿童天性”的原则，通过做游戏的环节，让幼儿有创造的空间，能够有效地把各领域知识点整合在一起，形成自己的想法。

（案例提供：刁红梅）

（四）分析任务

1. 进行教研活动的指导思想

> “教育评价是幼儿园教育工作的重要组成部分，是了解教育的适宜性、有效性，调整和改进工作，促进每一个幼儿发展，提高教育质量的必要手段。”
>
> “评价的过程，是教师运用专业知识审视教育实践，发现、分析、研究、解决问题的过程，也是其自我成长的重要途径。”
>
> ——《幼儿园教育指导纲要（试行）》

教师要善于结合课程目标的内容，针对活动内容各环节的实际情况，分析教育活动中的问题，进行评价。教师要注重活动的重点，语言逻辑性要强。

2. 归纳有效的教师用语策略

评价语运用的策略。

指导语运用的策略。

(五)完成任务

1. 课堂训练

教师把全体师范生分成几个课堂学习小组，师范生按照任务要求，完成对活动的评价。每个小组选择一人担任主讲教师，进行完整的评课。

针对各组同学评价的情况，学生对语言组织的表达进行互评，教师进行点评和打分。下课后，教师要求各组上交一份详细的评课文稿。

2. 职场训练

第一，你如何评价一节教育活动?

第二，在幼儿园实习的过程中，你作为实习教师，要善于将每次参与的教学活动用规范的语言进行评价总结。

(六)心得体会

五、 实训任务5： 同课异构活动中的教师规范用语

(一)实训目的

能够熟练地运用教研活动教师规范用语，进行同课异构活动。

(二)实训要求

具备一定的同课异构活动中的教师用语的常识。

能够用规范的语言进行同课异构活动。

具备一定的教育学、心理学知识，有良好的师德修养。

(三)实训案例

案例5

(语言领域活动)学习《谁的本领大》(大班)

时间：教研活动时间。

地点：教研室。

参加人员：大班全体教师。

事件：同课异构活动——大班语言领域活动：学习《谁的本领大》。

全体教师以故事《谁的本领大》为活动内容设计教育活动。

一、活动设计1

(一)活动目标

了解不同动物特有的本领，理解故事内容。

能够讲述故事的主要情节，知道团结合作的本领更大。

(二)活动准备

经验准备：幼儿对动物已经有了初步的认知经验。

物质准备：故事《谁的本领大》多媒体课件。

(三)活动重难点

体验相互合作的力量。

(四)活动过程

1. 谈话导入

请幼儿介绍自己喜欢的小动物，说说它有什么特殊的本领。

教师："你们说说这些小动物谁的本领大？"

2. 完整讲述故事

教师："小朋友仔细听一听故事里的小动物因为什么事情在争吵。"

教师完整讲述故事，请幼儿认真倾听。

①故事里面的小动物都有谁？它们因为什么事情在吵架？

②谁的本领大？

③最后它们怎样顺利地摘到了果子？为什么？

3. 教师小结

教师："听了故事，你们说说到底谁的本领大。"

教师：“其实每个动物都有各自的本领，就像小朋友一样，每个人都有自己很擅长做的事，有的小朋友擅长说，有的小朋友的小手很灵巧，还有的小朋友画画很不错。如果我们团结起来，本领就会更大，任何困难都不怕。”

二、活动设计2

(一)活动目标

理解故事的主要内容，知道梅花鹿和小猴子各自的本领。

丰富词汇：得意、合作。完整表述摘果子的办法，尝试绘声绘色地模仿动物的声音。

体验合作的快乐，知道团结力量大。

(二)活动准备

知识准备：丰富已有的关于动物本领的经验。

物质准备：故事《谁的本领大》多媒体课件、音乐、视频资料。

(三)活动过程

1. 教师出示梅花鹿和小猴子的图片，引起幼儿的活动兴趣

教师：“它们是谁？都有哪些本领？你认为谁的本领大？”

2. 教师分段播放课件，讲述故事

(1)第一部分

提问：故事里的梅花鹿和小猴子怎么了？

讨论：它们各自擅长什么？

大象伯伯用什么办法让它们比本领？

教师：“你们说谁会取得胜利？为什么？”

(2)第二部分

教师：“你们有什么办法帮助它们？(幼儿讨论、猜测)没有摘到果子，它们的心情是什么样的？”

教师：“最后小猴子和梅花鹿是怎样摘到果子的？”

(3)第三部分

教师：“大象伯伯说了什么？(丰富词汇：合作)摘到果子后，它们的心情怎么样？现在你们知道谁的本领大了吗？”

3. 结合课件，幼儿与教师共同讲述故事

教师小结：“小猴子会爬树，梅花鹿会过河，它们用自己的本领互相帮助、一起配合就摘到了果子，合作让本领更大了。”(教师引导幼儿分享生活中合作的案例。)

案例评析：

两位教师针对语言故事《谁的本领大》的教学内容，设计了两种教学方案，制定了适合幼儿能力水平的目标，体现了以幼儿为中心，突出了教学重点，活动效果很好，从语言的层次可以看出教师扎实的教学业务技能和厚实的教学基本功。两人都是以问题引起幼儿思考，开阔了幼儿的思维。尤其是在第二节活动中，教师并没有完整地呈现故事，而是给予幼儿自由发挥的空间，让故事的内容更丰富。

同课异构活动让我们在异中求同，在同中求异，共同研究适合幼儿活动的形式、方法，提高自身的教学研究水平，就像《谁的本领大》的故事一样，同课异构活动给我们新的启示，合作创新、潜心钻研让我们成为优秀的团队。

（案例提供：刁红梅）

(四)分析任务

1. 进行教研活动的指导思想

> “进行教育教学活动，开展教育教学改革和实验……”
>
> ——《中华人民共和国教师法》

教师要善于用准确的语言表达自己的思想，能够在交流中积累教学的经验，创新教学方法，拓展教学思路。

2. 归纳有效的教师用语策略

评价语运用的策略。

说明语运用的策略。

(五)完成任务

1. 课堂训练

教师把全体师范生分成几个课堂学习小组，师范生按照任务要求，根据同样的内容(如“认识数字 3”)设计出不同的教学活动。每个小组选择一人担任主讲教师，完整地组织教学过程。

针对各组同学设计的教育环节，学生对语言的运用进行互评，教师进行点评和打分。下课后，教师要求各组上交一份详细的教案。

2. 职场训练

第一，你如何设计同课异构的教育活动？

第二，在幼儿园实习的过程中，你作为实习教师，要善于运用恰当的教育用语，参加同课异构的活动。

(六)心得体会

六、 实训任务6： 年级组集体备课活动中的教师规范用语(大班)

(一)实训目的

能够熟练地运用所学的幼儿园教研活动教师用语策略，进行年级组集体备课。

(二)实训要求

具备一定的集体备课活动教师用语的常识。

在了解各领域课程的内容、目标及教学方法的基础上，能够用规范的语言进行集体备课。

具备一定的教育学、心理学知识，有良好的师德修养。

(三)实训案例

案例6

大班集体备课：幼小衔接

时间：大班年级组集体备课时间。

地点：年级组教研室。

参加人员：大班全体教师。

事件：大班集体备课——幼小衔接。

组长："今天我们来讨论幼小衔接的问题，我们从哪些方面入手，幼小衔接的效果会更好?”

教师甲:“我们要把小学的课程内容和幼儿园的课程内容进行衔接。”

教师乙:“我们要加强生活自理能力的培养。有很多家长反映，孩子在小学中经常管不好自己的东西，经常丢三落四。”

教师丙:“活动时间应该适当延长一些，这样让孩子能坐住。”

组长:“针对课程内容衔接，我们应该怎么做？安排什么内容?”

教师甲:“中国传统文化的内容，如成语故事。”

教师乙:“数的认知以及熟练掌握数的增减关系，幼儿会在实际中应用。”

教师丙:“增强幼儿的身体素质，在健康领域的内容里增加手、眼、身体协调活动(如跳绳、玩球类等)的时间。”

组长:“在生活自理能力方面，你们发现幼儿在哪些方面还需要提高？哪些方面做得比较好?”

教师甲:“幼儿动手操作能力比较强，但是自我管理能力比较差。”

教师乙:“我也发现孩子很喜欢操作玩具，但是自己的物品有的时候整理得不够好。”

教师丙:“我教孩子把图书按照从大到小的顺序摆放，把文具用品放在一侧，我会随时观察，孩子做得还可以。”

组长:“根据各班幼儿的情况，我们可以对活动时间进行适当的调整。但活动时间不宜过长，以免影响幼儿活动的注意力。”

组长:“今天大家围绕幼小衔接的问题，谈到了课程内容、生活自理能力、适当延长活动时间的几点做法，谈得很好，接下来，我们要尝试着去做，要注意观察幼儿的情况，下次继续分享。”

(案例提供：刁红梅)

(四)分析任务

1. 进行教研活动的指导思想

> “关注幼儿学习与发展的整体性。儿童的发展是一个整体，要注重领域之间、目标之间的相互渗透和整合，促进幼儿身心全面协调发展，而不应片面追求某一方面或几方面的发展。”
>
> ——《3—6 岁儿童学习与发展指南》

教师要善于发现问题，学会运用科学的理论依据，不断尝试，探索出科学有

效的方法。

2. 归纳有效的教师用语策略

交流语运用的策略。

点拨语运用的策略。

(五)完成任务

1. 课堂训练

教师按活动年龄阶段将全体师范生分成小班、中班、大班三个小组，师范生按照任务要求，针对年龄特点集中的问题进行交流，教师请每个小组选择一人担任主讲教师，介绍组内讨论的问题。

学生针对各组同学讨论的语言表述情况进行互评，教师进行点评和打分。下课后，教师要求各组上交一份详细的讨论文稿。

2. 职场训练

第一，参加各年龄班组的集体备课。

第二，在幼儿园实习的过程中，你作为实习教师，要善于运用恰当的教育用语，组织幼儿教育活动，妥善处理在教育活动中可能出现的各种问题。

(六)心得体会

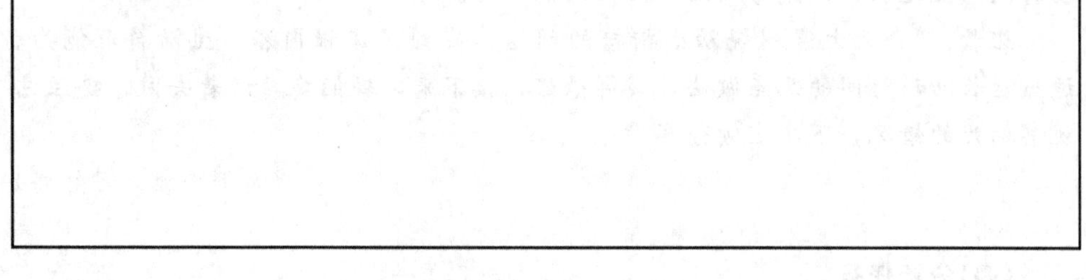

★本章考核方案★

师范生的教师口语技能实战表演

一、活动背景

目前，师范生的教研素养以及教育语言运用水平面临着新的挑战。大家必须加强幼儿教师口语的实战演练，尽快熟练地掌握规范化的教师口语技能。

幼儿教师肩负着儿童启蒙教育的重任，其语言素养直接关系到下一代的成长和发展，因此，师范生必须学会表达、学会认知、学会做事和学会共同生活，以适应未来职业发展的需要。

二、活动目标

旨在指导师范生掌握幼儿园教研活动用语常识与规范，优化幼儿教师教育研究中的语言知识结构，通过进行幼儿园教师教研用语的实战技能表演，提升他们的教师口语技能和教研水平，培养一批高素质、技能型的师范人才。

三、活动内容

(一)第一阶段

考考你的判断力！测测你的实战力！

——幼儿园教研活动用语知识竞赛

要求：

第一，本章的推荐幼儿园教研活动用语百句举例是知识竞赛的必考题。

第二，比赛采取口答或笔答的形式，分小组进行。

第三，比赛时间由任课教师灵活安排，可以在课上或课后进行。

(二)第二阶段

考考你的判断力！测测你的实战力！

——挑战幼儿园教育实战情境

要求：

第一，所有参赛选手均需在学校、幼儿园指导教师的指导下，进行“幼儿园教研活动用语技能实战表演”的排练。

第二，第一轮是“综合知识问答”。知识点涵盖本章全部内容(推荐用语内容除外)，参赛选手需要认真准备。

第三，第二轮是“实力大比拼”，如表演“情境对话练习”等。

第四，第三轮是“挑战幼儿园教育实战情境”，如表演本章第三节的“职场训练”部分，或者表演与本章内容相关的案例故事。

第五，指导教师要制定竞赛优胜者的奖励办法，并把竞赛成绩计入平时成绩的考核。

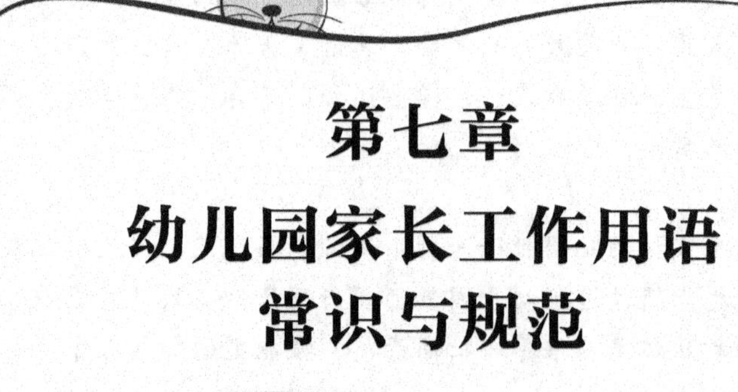

第七章 幼儿园家长工作用语常识与规范

第一节　幼儿园家长工作用语常识

陈鹤琴先生认为，幼稚教育是一件很复杂的事情，不是家庭一方面可以单独胜任的，也不是幼稚园一方面可以单独胜任的，必定要两方面共同合作方能得到充分的功效。在幼儿园的实际工作中，家长工作是很重要的工作内容之一，由于幼儿年龄尚小，生活自理能力、表达能力都有限，因此幼儿园教师必须积极与家长沟通，取得家长的理解、信任和支持，才会有利于教育教学工作的开展。幼儿园教师应掌握与家长沟通的口语技巧，使用规范的教师用语，展示良好的专业素质，家长才会信服，才会支持教师的工作。反之，家长会产生误会甚至反感教师，对幼儿园造成不良的影响，给教师的工作带来极大的麻烦。

一、幼儿园家长工作用语的内容

(一)接送幼儿中的教师用语

每天早上和傍晚，家长到幼儿园接送孩子的时候，正是教师和家长沟通的良好时机。教师可以及时把幼儿在园的情况告诉家长，并了解幼儿在家的情况；针对幼儿存在的问题，与家长交流教育的方法；表扬幼儿的优点和进步。为了收到较好的效果，教师应注意做到以下几点。

1. 态度要热情

每天不断重复的工作需要幼儿园教师投入极大的热情。幼儿园教师对每位家长都要笑脸相迎，热情地与幼儿、家长打招呼，对每一位家长和孩子一视同仁。

2. 沟通要耐心

在家长的心里，孩子是他们最重要的宝贝，他们希望孩子在幼儿园里得到老师的重视，并且很关心孩子的表现。面对家长的提问，老师要不厌其烦地回答，不能敷衍了事。

3. 内容要简洁

教师要做到对每一个孩子的表现心里有数，准确地向家长介绍幼儿的情况，及时回答家长的问题。由于家长接送幼儿的时间比较集中，因此教师与幼儿家长沟通的时间不是很多，交流时要注意突出重点。

应用举例 1

接送幼儿的时候，教师向家长介绍幼儿的情况："洋洋今天中午吃了两个包子，喝了一碗紫米粥。""辰辰今天在幼儿园里大便了。""紫涵今天一连穿了12个珠子。"

(二)接待家长来访中的教师用语

在接待家长一般性来访或教师常规性邀请家长时，教师要对家长的到来表示感谢，接待要热情，言语要礼貌，尽可能简洁地回答、叙述，不做占用家长时间的无关事情。在接待家长的质疑性来访或教师突发性邀请家长来访时，双方的关系容易紧张，如果教师处理不当，那么就会产生矛盾甚至冲突，对工作造成不良影响。因此，教师务必要做到平静、诚恳而不卑不亢，先让家长充分表达，教师要耐心地、专心地倾听，找到家长关注的核心问题，有针对性地调整交际策略，保证谈话处在教师的主动控制下，双方在合作的气氛中顺利谈话，以期最终解决问题。

案例 1

接待家长来访

时间：接待家长来访时间。

地点：幼儿园接待室。

接待对象：优优妈妈。

事件：优优妈妈担心优优睡不好。

优优妈妈："老师，您好，我想占用您一点儿时间，跟您谈谈。"

老师："优优妈妈，您好。欢迎您，请讲。"

优优妈妈："我想知道，优优在幼儿园里的午睡情况怎么样。"

老师："优优的午睡挺有规律的，她每天上床后不一会儿就睡着了，能一直睡到起床的时间。"

优优妈妈："优优在家里睡觉的时候都是脱掉衣服和裤子的，优优在幼儿园里是怎么午睡的?"

老师："幼儿园对孩子的午睡是有要求的，小朋友都要脱掉外衣、外裤，穿线衣、线裤就可以了。"

优优妈妈："现在是冬季，外面有零下二十多摄氏度，幼儿园睡房的温度怎么样啊?"

老师："睡房有地暖，温度是绝对没有问题的。"

优优妈妈："太热了对孩子也不好啊。"

教师："虽然现在是冬季，但是寝室也要定时开窗通风，以保证空气质量，每个房间都有温度计，我们会在孩子午睡前掌握好寝室的温度，好让孩子睡得舒服。"

优优妈妈："我家孩子有时会蹬被子。"

教师："如果有孩子蹬被子了，我们就要给孩子盖好被子。我们在孩子午睡的时候，都会看护他们的，请您放心好了。"

优优妈妈："我早就想问这个问题了，就是有点儿不好意思，现在我放心了。谢谢老师!"

（案例提供：吴艳丽）

(三)电话沟通中的教师用语

对于工作繁忙、无暇接送孩子的家长，教师可以利用电话和家长联系。教师要记住这些家长的电话号码，并了解最佳的通话时间，和家长适时联系。教师要掌握每位家长的电话号码，每位家长也都要有教师的电话号码。

打电话时，家长看不到对方的表情，所有的感觉、印象都来自电话中的声音，不论家长的语气、言语如何，老师都要控制自己的情绪。当称赞肯定幼儿时，教师的语气要坚定；诉说孩子的问题时，教师的话要婉转。教师要把电话当成“感情专线”。教师需注意的礼仪如下。

1. 接听电话

教师要铃响三声之内接听电话，如果没来得及接，最好不要让电话铃响过第五声，如果不得已铃响多次才拿起话筒，应向对方道歉。

教师要用声音握手。教师的第一声的音量要适中，语气要亲切、柔和，态度要热情友好。

教师要礼貌周全地结束通话。结束通话前，教师要询问家长是否还有其他问题或事情，如果没有，再用礼貌语结束通话。教师要等家长先挂断电话，再轻轻地放下听筒。

2. 拨出电话

充分准备，不要冒失。教师要把想要表达的内容列出提纲，每句话该如何说，说后家长会有什么反应，如何应对，要有所准备，必要时提前演练一遍。

掌握时机，避免打扰家长。教师要避免在用餐、休息的时间打电话，礼貌地询问家长是否方便接电话，如果不方便，要礼貌地约好再次通电话的时间，然后挂掉电话。

礼貌问候，简单介绍。拨通电话后，教师要礼节性问候和自我介绍，迅速切入主题。

主动结束，客气道别。结束时，教师要用明确的结束语“谢谢，再见”等道别，等待两三秒钟后，轻轻地挂断电话，以示尊重。

案例 2

电话沟通

时间：电话沟通时间。

地点：幼儿园。

沟通对象：革革妈妈。

事件：革革妈妈不想参加亲子活动。

教师：“革革妈妈，您好！我是刘老师，现在讲话方便吗?”

家长：“老师，你好！方便，方便。”

教师：“是这样，幼儿园要组织亲子采摘草莓活动，时间定在星期五的上午，好多家长都报名了，请您或爸爸也带革革参加。”

家长：“可是，我工作忙，没时间啊。”

教师：“我知道您工作很忙，但是对孩子来说，家长陪伴孩子的成长比什么都重要，革革眼巴巴地盼着您带他参加，咱们都不忍心让孩子失望，您说对吧?”

家长：“那好吧，我和革革爸爸安排一下。谢谢老师。”

教师：“不客气。有了你们的参与，革革不知道会有多开心呢！”

（案例提供：吴艳丽）

(四)微信沟通中的教师用语

随着信息技术的飞速发展及智能手机的广泛运用，微信作为一种新型的及时沟通工具，得到了普及。微信的功能非常强大，能让教师与家长在不同的时间、地点通过手机进行沟通，快捷、经济。教师与家长互加为微信好友，建立班级微信群，家园互动，已经成为家园联系的常用手段之一。教师也要制定群规，比如，规定微信发布的时间、内容等，教师还要注意对微信群进行管理，发现违反群规的行为后，教师要及时制止。

1. 常规性沟通

(1)信息发布

教师在微信群里发布一些通知、注意事项、需要家长配合的工作等，家长通过手机就能接收。教师要注意语言规范、准确，有利于家长收听和转换文字。

应用举例 2

在手足口病高发季节，为了保障幼儿的身体健康，幼儿园在严格执行晨检、午检制度的基础上，进一步加强了消毒工作、强化幼儿体格锻炼、宣传健康知识等防控措施。教师在家长微信群中说道：“目前是手足口病高发时期，希望各位家长做好家庭预防工作，力争最大限度地保障幼儿和家长的身体健康。一是吃熟食，注意口腔卫生，进食前后可用生理盐水或温开水漱口，不要让孩子吃生冷食物。二是喝开水。三是勤洗手，勤剪指甲，减少接触病毒的机会。四是常通风，不带儿童到人群聚集、空气流通差的公共场所，家里要经常通风。五是晒太阳，有效消灭病毒，家居物品如衣被等也要勤曝晒。孩子的健康是我们大家的心愿，让我们携起手来共同努力，让孩子健康地度过每一天。感谢您的配合！”

(2)活动展示

教师可以将幼儿的活动拍成一些照片或录成一段小视频，向家长展示幼儿的活动情况，使家长了解幼儿在园的一些细节，帮助家长了解孩子在幼儿园中的一些表现，还能帮助幼儿回忆他们的在园活动。对于刚入园的孩子来说，这样做还能减少家长的牵挂，消除他们的顾虑。幼儿有了进步，教师也要及时在班级微信群中展示，以示对幼儿的鼓励，调动幼儿的积极性。教师的语言要精练，归纳要准确、生动、有趣，如：“看！小小音乐家。”

(3)情感沟通

教师可以利用微信群向家长送上节日的祝福，或者是在家长参加的活动结束之后，教师要趁热打铁，增进家长与教师的感情。

应用举例 3

在一次家长开放活动之后，教师发现外面已经下雪了。这名老师及时地在家长微信群中说道：“我下班出来才发现外面下了这么大的雪，各位家长还都能坚持来参加活动，太棒了，我好感动！宝贝们也都表现得越来越好了。还在路上开车的家长请注意安全。”家长纷纷回复：“谢谢老师！老师辛苦了。老师也要注意安全。”这种沟通，使家长对幼儿园活动的关心得以延续，无疑加深了教师和家长之间的感情。

2. 个别沟通

对于出现个别问题的幼儿，教师可与家长进行单独沟通，以免影响到大家。

应用举例 4

有的幼儿因病不能来幼儿园的时候，教师就将歌曲录下来发给这个幼儿的家长，使缺勤的幼儿在家里也能学唱这首歌。教师在家长微信群里说道：“小朋友今天学会了唱一首新的歌曲，大家也都想听到××小朋友的歌声。”当这名幼儿通过微信中老师的歌声学会了唱这首歌，家长将歌声发回到微信群中后，教师用语音讲道：“××小朋友也学会了唱这首歌曲，声音真好听!”

(五)家访中的教师用语

家访即家庭访问，是幼儿园教师为了特定目的走进幼儿家庭，就幼儿的教育问题与幼儿家长进行单独交谈的一种家园联系方式。教师与家长互通情况，深入交流幼儿的生活问题、沟通教育观念、共商教育策略的方式，家访是幼儿教育当中较好的一种方式。家访一般在开学初进行，教师可以通过家访了解孩子的教育背景。如果发现孩子在成长过程中有一些问题需要解决，或者班级出现了一些突发事件，或者需要临时组织家园活动，教师也需要通过家访进行个别沟通，取得家长对幼儿园、教师的信任，这是做好家长工作至关重要的一环。只有互相信任，家长和教师才能互相理解；只有互相理解，家长和教师才会互相配合。家访

不仅能够沟通师幼之间的感情，解决一些在幼儿园中难以解决的问题，还能使幼儿家长更加了解并支持幼儿园的工作，在对幼儿的教育上与幼儿园保持一致，使家园共育更加顺畅，形成教育合力。

新生入园的家访更是十分有必要的，可以使教师了解一些孩子的性格，兴趣，爱好，生活习惯，家庭环境，父母的教育观点、教养态度及对幼儿园的需求等，以便教师在孩子入园后有针对性地开展工作。另外，教师在孩子入园前进行家访，让孩子在入园前认识老师，与老师建立初步的感情，可以减缓幼儿入园的分离焦虑情绪反应，使幼儿能较快地适应幼儿园生活。家访也让家长了解了教师细致的工作态度，感觉到了教师对孩子的关心，从而产生好感。

(六)处理突发事件中的教师用语

幼儿在幼儿园里突然生病，或者发生摔伤等意外情况时，教师要主动及时向家长反映情况，要注意表达的语言。特别是在处理幼儿因摔伤或打架受伤的情况的时候，教师还要看平时的工作是否得到了家长的认可和理解。如果家长特别认可老师的各项工作，在一些小事上教师会很容易得到谅解；如果家长对教师平时的工作就不太认可，很可能一件小事就会成为一个导火索，有的家长就会不依不饶，甚至投诉到园长室。

应用举例5

一名幼儿在活动时跌倒受伤，教师对家长说：“某某家长你好，非常抱歉，今天在幼儿园内玩游戏的时候，宝宝摔倒了，膝盖处擦破了，我及时带宝宝到医务室进行了处理。实在对不起!”

(七)开家长会中的教师用语

家长会是由教师组织幼儿家长一起参加的集体会谈，目的是促进家园共育。教师是会议的主持人，会前要做好相关准备工作，包括了解会议内容、每位幼儿及其家庭的情况等，以便在家长会上能够应付自如。教师在会上要把握住“一对多”的交际特点，说话要做到点面结合，既要有一般性概述和共同性话题，又要有重点、特点和个别性话题。教师在谈及幼儿的表现时，要从正面肯定入手，这样既能维护家长的自尊心，又能让家长体会到教师了解孩子、关注孩子的成长，从而对教师产生信任感，更愿意配合教师完成任务。

1. 家长会的主要内容

介绍情况：教师首先要介绍这一年龄阶段的特点以及突出的问题，然后介绍这一个学期的主要教学情况，以及能力发展的目标。

汇报情况：教师对班级幼儿各方面的情况进行汇报。

讨论问题：教师可以让家长之间就某个专题展开一些讨论。

经验交流：家长之间、家长与教师之间就幼儿教育情况展开交流。

宣传理念：教师可以借机宣传幼儿园的一些改革措施、正在开展的一些活动以及一些新的教育理念，争取获得家长的支持与理解。

2. 家长会的注意事项

教师要目视家长，语言有亲和力，最好脱稿，目光不要一直停留在讲稿上。

教师对家长要诚实守信，但也要讲究方式方法。一名新老师不要说："我刚从幼师学校毕业不久，对教育孩子没有经验，希望家长能多帮助我。"新老师可以说："我是今年刚从幼师毕业的老师，我很喜欢孩子，喜欢带孩子唱歌、跳舞、讲故事，在实习的时候，带班老师教会了我很多工作的经验和方法，相信孩子在我们班三位老师的共同努力下会更加健康、快乐地成长！"

拓展阅读1

幼儿园家长会方案

一、开场白

第一，教师对家长在百忙中来参加家长会表示感谢。

第二，老师简单表达对本学期家长工作的感想。（家园共育、家长配合等）

二、家长会的目的

第一，教师向家长汇报幼儿的进步，征求家长的意见和建议，使今后的家园共育工作更好地开展。

第二，教师与家长、家长与家长之间要相互了解，创设良好的合作关系。

第三，家长要了解幼儿的学期表现，分享优秀的家教经验。

三、议程

第一，教师总结本学期班级工作和家园工作情况。

第二，教师有针对性地分别概括一下每一位幼儿的学期表现。

第三，教师对部分事项进行说明。

第四，产生家委会代表，其他家长均为委员。

第五，家长交流优秀育儿经验。

第六，教师征求家长意见，谈下一步的工作设想。

四、会议内容

第一，教师总结本学期班级工作和家园工作的情况。

主要内容：教师介绍幼儿园的教学活动、主题活动、区域活动，重点介绍区域活动创设的作用。教师感谢家长(列出名单)带来的废旧材料，展示一两件用家长带来的材料制作的物品。

其他：教师介绍安全工作、德育工作，介绍体现幼儿园健全人格的教育，保障幼儿在园的安全与营养健康(介绍食谱是基于科学营养配方形成的)，介绍幼儿成长档案建立的作用，间接显示老师的辛苦付出，激发家长共同参与档案记录的兴趣。教师介绍亲子活动的开展情况，可以向家长征求更多的建议。

第二，教师有针对性地分别概括一下每一位幼儿的学期表现。

教师说出具体事例，以幼儿取得的进步、优点为主，适度委婉地指出不足和希望家长配合教育改进的地方。

第三，教师对部分事项进行说明。

第四，产生家委会代表，其他家长都是委员。

家长要明确了解家长代表的作用，家长代表要协助幼儿园开展各项工作，反映广大家长的心声及建议等。

第五，家长交流优秀育儿经验。

家长具有丰富的育儿经验，孩子的教育是三方面的：幼儿园教育、社会教育、家庭教育，优秀的家庭教育对孩子的影响最深。父母是孩子的第一任老师。请几位家长就家庭育儿的方方面面交流经验。(教师要注意安抚没有被请到的家长，以后还将请更多的家长共同分享点滴心得。)

第六，教师征求家长意见，谈下一步的工作设想及对今后家园合作的信心。

拓展阅读 2

与家长交流需注意的问题

第一，在正式谈话开始前，为了避免紧张，教师可向家长关切地询问孩子的生活情况，如孩子每天什么时候睡觉、起床，平时喜欢和什么人玩，遇到问题一般愿意跟谁说，等等。

第二，谈话内容要始终集中在孩子身上，教师要尽量多介绍孩子的在园表现，询问孩子在家里的情况。教师谈论时如果说“咱们的孩子如何如何，咱们班的孩子怎样怎样”，会让家长觉得很亲切。

第三，教师要多倾听家长的意见和看法，不要随便打断家长说话，与此同时还要巧妙地答复与引导。如果始终以教师为主，家长可能会厌烦。教师越是乐于倾听，家长就越愿意交流。教师倾听时可多使用开放式的提问，如“为什么”“怎么样”等，尽量少用封闭式的提问，如“是不是”“对不对”等。

第四，教师要尽可能以第一人称“我”来表达要说的内容，而不要用“你”来提出要求。教师要说“你的孩子最近经常迟到，我担心他会错过很多非常好的活动”，而不是说“别让你的孩子再迟到了，他会错过很多非常好的活动”。

第五，交谈一段时间后，教师可略做总结，如“您的意思是……”“您刚才说的话我是这样理解的，您看对吗?”，等等，以表示理解和认同。

第六，谈话侧重点要因人而异。

一是对于较熟悉、性格直爽的家长，教师可直接进入正题，指出孩子近阶段的进步与存在的问题，并互相商量对策。

二是对于不太熟悉的家长，教师开始时可拉拉家常，以了解家长的性格，以便有针对性地开展谈话。

三是对于脾气急躁、虚荣心强的家长，教师可多提孩子的长处，并委婉地指出孩子的缺点。

四是对于谦虚、诚恳的家长，教师可直接挑明孩子近阶段的问题并商量对策。

五是对于一些不关心孩子的家长，教师可直接指出问题的严重性。

六是对于宠爱、放任孩子的家长，教师应宣传科学的育儿知识，并详细分析孩子在集体生活中的表现，使家长明白溺爱孩子的不良后果。

二、 推荐幼儿园家长工作用语百句举例

(一)十字文明用语

推荐用语：

• “您好。”“请。”“谢谢。”“对不起。”“再见。”

(二)基本用语

1. 问候语

推荐用语：
- “你好！”(“您好！”)
- “早上好！”(“上午好！”)
- “×××妈妈好！”

2. 迎接语

推荐用语：
- “欢迎光临！”(“欢迎您的到来！”)
- “见到您真高兴！”
- “很荣幸能再次与您相遇。”

3. 欢送语

推荐用语：
- “再见。”(“明天见。”)
- “请慢走。”
- “欢迎再次光临。”
- “一路平安。”(“一路顺风。”)

4. 致谢语

推荐用语：
- “谢谢。”(“谢谢您。”“非常感谢。”)
- “谢谢您的理解，这是我们应该做的。”
- “谢谢您的建议。”
- “非常感谢您的关心与支持。”
- “感谢您的支持与配合！”
- “多亏您的支持与帮助，这件事才能办得这么好。”

5. 征询语

推荐用语：
- “请问有什么能帮到您?”
- “我能够帮你做什么吗?”
- “我这样处理，您觉得满意吗?”
- “对不起，请您重复一遍，行吗?”
- “对不起，我可以占用您一点时间吗?”
- “您有什么事情需要老师做吗?”
- “您有特别需要我们帮助的事情吗?”
- “您有空吗？我们谈谈您的孩子好吗?”
- “您看，我们这样做好吗?”
- “请您多提宝贵意见。”
- “您有什么要求千万别客气。”
- “我们有做得不够的地方，请指正。”

6. 请托语

推荐用语：
- “请您稍候。”
- “很对不起，让您久等了。”
- “劳驾您了。”
- “对不起，打扰您一下。”
- “近期我们要举行××活动，相信有您的参与支持，活动会更精彩。”
- “孩子今天不太舒服，请多观察。”
- “麻烦您协助我们填写……”

7. 应答语

推荐用语：
- “好的。”(“是。”)
- “没关系。”(“没关系，这是我应该做的。”)
- “您不必客气。”(“请不要客气。”)
- “请多多指教。”
- “谢谢您的理解(支持和配合)，这是我们应该做的。”

8. 赞赏语

推荐用语：

- “非常好。”“非常正确。”
- “您的意见非常宝贵。”
- “您的意见对我们非常重要。”
- “大家都要向你学习。”
- “有了您的配合，我觉得孩子进步了许多。”
- “您的孩子近来在××方面进步很快。”
- “这孩子太可爱了，老师和小朋友都很喜欢他。继续加油！”
- “您的配合让我非常感动，谢谢您。”
- “有您这样的合作伙伴，太好了。”

9. 致歉语

推荐用语：

- “对不起。”
- “非常抱歉。”
- “不好意思，请多包涵。”
- “十分抱歉。是我们的失误耽搁了您。”（“对不起，耽搁您的时间了。”）
- “很抱歉，让您担心了。”
- “对不起，请您稍等片刻。”（“对不起，请谅解。”）

10. 推脱语

推荐用语：

- “十分遗憾，我帮不了你。”
- “我们幼儿园有规定……不能这样，请多包涵。”
- “您知道……所以请理解和支持我们的工作。”
- “很遗憾，我不能满足您的要求。”

11. 祝贺语

> 推荐用语：
> •“生日快乐!”
> •“节日快乐!”(“新年快乐!”“新年好!”)
> •“祝您身体健康，万事如意。”

12. 请求语

> 推荐用语：
> •“请。”
> •“打扰您了。”
> •“麻烦您帮我。”

13. 先扬后抑语

> 推荐用语：
> •“您的孩子最近表现很好，如果能在×××方面改进一下，孩子的进步会更大。”
> •“您的孩子一直有进步，只是……还需要努力。”
> •“小朋友搭积木的时候很认真，搭出来的东西很独特，有一定的创造性；可是有的时候爱抢别人的东西……”

(三)具体事件用语

1. 当家长提出要求或意见时

> 推荐用语：
> •“我们一定认真考虑您的意见，您的要求我明白了，请您放心。”
> •“我会转达您的建议，谢谢您。”
> •“我们非常欣赏您这样直言不讳的家长，我们会考虑您的建议的。”
> •“我们一定会改进的，谢谢!”
> •“谢谢提醒！我查查看，了解清楚了再给您答复好吗?”

2. 当幼儿生病，家长提出需要服药和照顾时

推荐用语：

•“您放心，我们会按时给孩子服药，如有特殊情况，我们会及时与您联系。请您保持电话畅通。”

•“我们已经按时给孩子吃了药。据观察，孩子的病情有所好转，请回家继续服药。”

3. 当家长打电话或亲自来为生病的幼儿请假时

推荐用语：

•“谢谢您通知我们。”

•“孩子的病情怎么样？”

•“您别着急。”

•“等孩子病情稍好些，可把药带到幼儿园，我们会帮您照顾的。”

•“您的孩子最近没有来园，老师和小朋友都很想他，真希望能早点见到他。”

4. 当幼儿请假结束后来园时

推荐用语：

•“×××小朋友看起来全好啦。”

•“宝宝的病好些了吧？我们会注意观察孩子的，请您放心。”

•“××小朋友来了，老师和小朋友都很想他。”

5. 当家长随意走进活动室帮幼儿做事时

推荐用语：

•“家长请留步，要让孩子学做自己的事情。”

•“请您放心，孩子能做好自己的事情。”

•“孩子们正在用餐，请您留步。”

6. 当家长晚接孩子时

推荐用语：

•“没关系，不着急。”

•“请商量好谁来接，免得孩子着急。”

•“帮助家长是我们应该做的。”

•“孩子玩得很开心，晚点接没关系。”

7. 当与个别家长谈话时

推荐用语：

•“对不起，耽误您几分钟时间，我有些事情需要和您交流。”

•“对不起，耽误您一会儿时间，反映一下××小朋友的近期情况。”

•“在……方面要……，希望您给予配合。”(态度平和，说话和气、委婉)

•“现在向您汇报一下孩子在这里的各种情况和表现。”

•“您的孩子最近经常迟到，我担心他会错过许多好的活动。我们一起来帮他好吗?”

•“幼儿园的食谱是营养配餐，为了他的身体健康，请让他坚持在幼儿园里吃早餐。”

•“幼儿园的食谱是营养配餐，为了他的身体健康，我们一起来帮他改掉挑食的习惯，让他吃饱吃好。”

•“您的孩子表现不错，……”

•“我们非常欣赏您这样直言不讳的家长，您的建议我们会考虑的。”

8. 当幼儿在幼儿园里发生意外事故时

推荐用语：

•“真对不起，今天……”

•“您别着急，是……”

•“麻烦您观察孩子，有什么不舒服时，需要我们做什么，您尽管与我们联系。”

•“很抱歉，孩子受伤了，老师也很心疼，以后我会更关注他的。”

•若次日幼儿未来园，教师要主动打电话询问：“×××怎么样了？我们都很关心宝宝。”

9. 当家长请求教师做职责以外的事或对幼儿园工作有疑虑时

推荐用语：

•“这件事该由……来帮助你……”

•“这件事由×××负责，我可以帮您联系一下。”

•“谢谢您的提醒！我查查看，了解清楚了再给您答复好吧 ?”

•“对不起，这件事我不太清楚，待我了解一下好吗?”

10. 当家长对本班其他教师或另一班的保教工作表示不满时

推荐用语：
- “我理解你的苦衷。”

11. 当一位生气的家长想要指责一位教师对他(她)造成的麻烦时

推荐用语：
- “让我们看看这件事该怎么解决。”

12. 当家长向教师提出一些可能超出幼儿园常规做法的要求时

推荐用语：
- “我试着帮助你解决问题。”

13. 当家长对幼儿及幼儿园不甚了解，提出一些在幼儿园教师看来是“幼稚”的问题时

推荐用语：
- “我认为，这件事的解决办法是……”

14. 当教师正在跟一位家长交谈，另一位家长在旁边急于提问时

推荐用语：
- “请稍候。”

15. 当家长失望、生气、沮丧和担心时

推荐用语：
- “您有什么想法，我们可以坐下来谈谈，都是为了孩子好。”
- “请家长不要着急，孩子偶尔犯错是难免的，我们一起来慢慢引导他。”
- “孩子之间的问题可以让他们自己来解决，放心吧，他们会成为好朋友的。”
- “您有这样的心情我很理解，等我们冷静下来再谈好吗？”
- “很抱歉！”(教师只是对所发生的一切和对家长造成的负面影响表示抱歉。)
- “孩子比我们想的要棒，请放手，孩子能行的。”

- “我理解你们对×××小朋友的担心，让我们看看能否一起为之想办法。”
- “我们和您一样爱孩子，请放心。”
- “请您放心，我们会记着提示他的。”
- “请相信孩子的能力，他会做好的。”
- “请放心，我们会照顾好您的孩子的！”
- “您放心，我们一定按时给孩子服药。”
- “您放心，我们今天多关照他一些。”
- “您放心，孩子有特殊情况时，我们会及时与您联系。”
- “孩子刚入园，肯定有许多不适应的地方，不过请你放心，我们会像妈妈一样照顾好他的。”
- “我们一定会考虑您的意见。”
- “我们会努力帮您解决问题。”
- “您的心情我十分理解，我能帮您做些什么吗？”

16. 当家长对教师提出了超出幼儿教育目标的要求时

推荐用语：

- “我能做到的是……”

17. 打电话用语

推荐用语：

- “您好！请问您是×××小朋友的妈妈(爸爸)吗？”
- “我是×××幼儿园×××班×××小朋友的×××老师，请问怎样称呼您？”
- “您好！我是×××幼儿园的×××老师，请帮我找×××同志，谢谢！”
- “对不起，我打错电话了。”

18. 接听电话用语

推荐用语：

- “您好！这里是×××幼儿园×××班，请问您找谁？”
- “我就是，请问您是哪位？……请讲。”

•“请问您有什么事?”

•“请稍等，我记录一下。您放心，我会尽力办好这件事。”

•“不用谢，这是我们应该做的。”

•“××老师不在，我可以替您转告吗?(请您稍后再来电话好吗?)”

•“对不起，这项业务请您向×××室咨询，他们的电话号码是……(×××老师不是这个电话号码，她的电话号码是……)”

•“您打错号码了，我是×××幼儿园×××班的老师，……没关系。”

19. 电话家访用语

推荐用语：

•“您好！×××妈妈(爸爸)，我是您孩子的老师。”

•“现在您说话方便吗?”

•“您什么时候方便？那我再打给您。”

•“为了孩子在幼儿园里能过得健康开心，我想更多地了解孩子在放松状态下的表现，您愿意为此向我提供一下几个关于孩子习惯方面的问题吗?”

•“请问您家中的成员有哪些?”

•“宝宝平时由谁来看护?”

•“宝宝在幼儿园里的表现是这样的……”

•“宝宝在×××方面表现得很好。”

20. 家长会用语

推荐用语：

•“尊敬的各位家长，大家上午好!”

•“欢迎大家在百忙之中来参加家长会。”

•“感谢各位家长对幼儿园工作的大力支持!”

•“欢迎您对我们的工作多提宝贵意见和建议。”

三、 幼儿园家长工作用语技能的培养

(一)加强情境对话练习

我们虽不能将幼儿园真实的工作情境搬入课堂，但却能模拟幼儿园家长工作

的真实情境，创设接近工作情境的语言环境，在一定的情境中学习使用家长工作用语，有利于我们理解和掌握与家长的对话内容，有身临其境的感觉，加深对对话内容的理解，灵活应对在家长工作中遇到的各种情况。

教师将全班师范生分成两组，抽签确定“教师”组和“家长”组，进行对话练习。

“教师”组和“家长”组换角色练习。

模拟练习 1

当家长抱怨时

时间：家长接待时间。

地点：接待室。

接待对象：彤彤妈妈。

事件：彤彤妈妈抱怨托儿费钱数不对。

家长：“老师，这个月我家彤彤的托儿费钱数不对劲，肯定是你们把孩子出勤天数给记错了。”(家长带着抱怨的语气，而且是用肯定的口吻，对老师的工作表示不满。)

教师说：“你别着急，我马上帮你核对一下。”(教师没有直接否定家长的抱怨，而是缓解一下，给弄清事实留有时间，经过查看，也许家长的抱怨是对的，也许家长的抱怨是误会。)

禁忌：“不可能，绝不可能发生这样的事。”(有些教师由于对自己的保教工作充满信心而说出这样的话，但是如果说出这样的话，就会严重地伤害家长，因为既然“绝不可能发生这样的事”，那么，家长的抱怨一定是“谎言”了。无形之中，教师就把家长置于不被信任的境地了，本已情绪激动的家长会更加气愤。)

模拟练习 2

当家长提出超出幼儿教育目标的要求时

时间：家长接待时间。

地点：接待室。

接待对象：家长。

事件：家长提出幼儿园应教幼儿练习书法。

家长："幼儿园从小班开始就应该教给孩子一些汉字的书写。"(这是超出幼儿教育目标的要求，明显是不对的。)

教师："您好，我知道您对孩子的培养非常重视，非常高兴您能把想法与我们及时沟通。幼儿园的教育教学内容是依据《幼儿园教育指导纲要(试行)》来制定的，尊重幼儿的身心发展规律及特点，选择这一年龄阶段的幼儿能够完成的内容。三岁幼儿的小手的小肌肉群发育不完全，过早的书写会让幼儿因为无法完成而产生厌烦心理。我们通过在玩中学，在做中学，开展绘画以及动手操作的活动，培养手的灵活性。幼儿在这个年龄阶段适合多阅读，在生活中将文字与实物相结合来感知文字，对汉字产生兴趣，养成良好的阅读习惯。"(即使幼儿园的教育观念是正确的，教师也应该晓之以理，说明不能这样做的原因，用"我能做到的是……"开头，委婉地表达幼儿园教育的意图，易于达成家园共识。)

禁忌："不行!"(教师使用这种生硬的语言拒绝，容易给家长留下这个教师难以沟通的印象。)

模拟练习 3

当家长请求教师做教师职责以外的事时

时间：家长接待时间。

地点：接待室。

接待对象：家长。

事件：家长要求幼儿园为孩子打预防针。

家长："我家孩子打预防针的时间到了，可是我没时间带孩子去打预防针。幼儿园应该考虑为孩子打预防针。"(家长请求教师做教师职责以外的事，对幼儿园工作有疑虑。)

教师："这件事该由后勤部门来帮助你，我带你去找相关负责人咨询一下好吗?"(教师采取积极帮助家长解决疑难的态度，带家长去找能帮助他解决问题的有关部门，表现出对家长的重视。)

禁忌："那不是我的工作。"(教师使用这种生硬的语言拒绝，容易给家长留下这个教师简单应付了事、不负责任的印象。)

模拟练习 4

当家长对幼儿园其他教师的保教工作表示不满时

时间：家长接待时间。

地点：接待室。

接待对象：家长。

事件：老师没给孩子穿衣服。

家长："老师，昨天我给孩子带了一件外衣，让班级的另一位老师给孩子穿上，可是她没给孩子穿。"(家长对本班其他教师的保教工作表示不满。)

教师："实在很抱歉，老师没有及时给孩子穿衣服，孩子没事吧？孩子的健康是最重要的。谢谢您对我们工作的提醒，我们一定多注意，有什么我们没想到的，您马上跟我们说。我理解您的苦衷。"(教师以"我理解您的苦衷"这种带有移情作用的语言来表达对家长的理解、关心。移情作用在于教师已明白和意识到了家长的心情，但没有必要非得赞同他们。教师通过使用移情语言能让家长有一个发泄的机会，有利于幼儿园与家长之间架起一座理解的桥梁。)

禁忌："你是对的——这个教师很差劲。"(教师千万不要通过对他表示安慰而把矛盾弄得更大，不必通过同意或不同意来回答家长的问题。)

模拟练习 5

当家长生气指责幼儿园的工作时

时间：家长接待时间。

地点：接待室。

接待对象：幼儿的爷爷。

事件：幼儿的爷爷不接受幼儿园的建议。

一名幼儿的爷爷："老师，我得跟你说说，早上保健医和你发现我家孩子嘴里有红点，说肯定是得了手足口病了，让我领回家观察，到医院检查。可到医院检查的结果不是手足口病，让我们白白折腾了半天，打乱了我的生活安排!"(一位生气的家长指责保健医和教师给他造成了麻烦。)

老师："让我们看看这件事该怎么解决。"（当对自己的言行进行辩解的话要到嘴边时，教师应闭上嘴或将舌头在嘴里绕三圈，深吸一口气，然后再对家长说："让我们看看这件事该怎么解决。"通过抵制这种迫切的自我保护意识，教师便能很快地、轻松地把问题解决掉。）"孩子在幼儿园里过集体生活，发现疑似手足口病症状后，老师要为全体孩子负责，如果别的孩子有相同的情况，您也一定会希望那个孩子到医院检查一下，感谢您支持幼儿园的工作，您带孩子检查后没有事，大家也就都放心了，请理解老师的工作，谢谢您了。"（教师要引导家长站在其他人的角度考虑问题，使其理解、支持幼儿园的工作。）

禁忌："我可没说过孩子肯定是得了手足口病。"（教师本能的反应是自卫。然而，如果让这种本能占上风，教师就会听不进家长的话，失去达成一致的可能性。）

模拟练习 6

当家长提出超出幼儿园常规做法的要求时

时间：家长接待时间。

地点：接待室。

接待对象：家长。

事件：家长希望幼儿园延时关大门。

家长："老师，幼儿园关大门的时间太早了，我家孩子特别喜欢在幼儿园的院子里面玩，你们应该延后关大门的时间。"（家长向教师提出了超出幼儿园常规做法的要求。）

教师："我试着帮助你解决。"

禁忌："这件事你应该去找我们园长说。"（在这种情况下，教师把这种事情很快地推给园长其实是一种对家长和幼儿园不大负责的做法，教师应该考虑自己能做些什么来帮助家长解决这一问题。如果确实需要园长参与此事，教师可以把这一原始情况反映给园长，然后带着解决问题的办法来到家长面前。这样在家长眼里，教师就能树立起值得信赖的形象。）

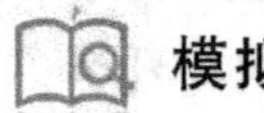

模拟练习 7

当教师与家长谈孩子的缺点时

时间：家长接待时间。

地点：接待室。

接待对象：家长。

事件：家长向老师了解幼儿的情况。

家长："我的孩子最近表现怎么样?"

教师："你的孩子一直有进步，只是吃饭不挑食这方面还需努力。"(为了让家长积极配合教师共同教育幼儿，教师在指出幼儿的缺点时，以"你的孩子一直有进步，只是吃饭不挑食这方面还需努力"这种正面赞扬形式提出较为合适，使家长易于接受。)

禁忌："你的孩子今天又犯挑食毛病了。"(教师在向家长指出调皮幼儿的缺点时，容易以十分肯定的语气把孩子的问题陈述出来，造成家长较为难堪的局面，甚至使气急败坏的家长对孩子有过激的行为。)

模拟练习 8

当家长提出"幼稚"的问题时

时间：家长接待时间。

地点：接待室。

接待对象：家长。

事件：孩子记不住 5 能分成几和几。

家长："老师，我家孩子总是记不住 5 能分成几和几。"

教师："我认为，这件事的解决办法是利用生活中的实物做练习，在操作中来帮助孩子理解这个问题，相信孩子一定会行的!"(幼儿园教师特别是年长的教师和年轻的家长沟通时，要有平等的而不是居高临下的态度，并提出具体的方法，给家长信心，以达到家园配合教育幼儿的目的。)

禁忌："这件事太简单了。"(幼儿园教师每天在幼儿园里接触孩子，对孩子的保教内容已经烂熟于心了，但有些年轻的家长对幼儿及幼儿园不甚了解，

时常会提出一些在幼儿园教师看来是“幼稚”的问题，此时幼儿园教师绝不能欠考虑地说出“太简单了”之类的话。因为这种话极容易使家长的自尊心受到伤害，认为教师是在贬低他的智力水平。）

模拟练习 9

当教师正在跟一位家长交谈，另一位家长急于提问时

时间：家长接待时间。

地点：幼儿园。

接待对象：家长。

事件：老师，我想问你……

教师正在接待一位家长，另一位家长：“老师，我想问你……”

教师：“请稍候。”(这样简短的一句话再加上令人愉快的语调，可以使家长领会教师已意识到了他的存在，一定会尽快帮助他。但是，教师要尽快结束现有的谈话。)

禁忌：“我忙着呢!”(教师停止正在做的事情而去为一个请求帮助的家长服务并不总是那么容易做到。尤其当家长接送孩子时，教师常常要面对许多家长的询问，如教师正在跟一位家长交谈时，另一位家长在旁边急于提问。面对这种情形，一些教师容易对家长说：“我忙着呢!”这就等于对家长说：“干吗打扰我，看不见我正忙着吗?”)

模拟练习 10

当家长失望、生气、沮丧和担心时

时间：家长接待时间。

地点：幼儿园。

接待对象：家长。

事件：家长希望幼儿园有校车。

家长："我好久之前就提出建议了，幼儿园应该设立校车接送孩子，可是等到现在你给我的答复还是没有校车！我要等到什么时候！"（家长失望、生气、沮丧和担心。）

教师："很抱歉！幼儿园的新安排需要全园做调查，所以时间会长一些，如果有任何消息，我会马上通知您。"（如果教师想让家长平静下来，就采取相反的方法——向他们道歉。道歉并不意味着教师赞同家长的观点或教师有过错，而只是说教师对所发生的一切和对家长造成的负面影响表示抱歉。）

禁忌："冷静点儿。"（教师告诉他们冷静下来就意味着他们的感情不重要。）

（二）运用榜样学习法进行模仿学习

实习教师要运用榜样学习法，通过观察幼儿园指导教师在实际工作中应用家长工作用语，并模仿学习，灵活运用。

案例 3

晨间接待

时间：早上幼儿入园时。

地点：幼儿园。

接待对象：乐乐姥姥。

事件：乐乐没吃饱。

早上教师迎接幼儿入园的时候，乐乐姥姥找到了老师。

乐乐姥姥："老师，这几天接乐乐离开幼儿园以后，孩子总说在幼儿园里没吃饱饭。"

如果你是实习老师，你会怎样回答？

老师："乐乐吃完了自己的一份饭菜。孩子这么说，是不是有什么原因呢？"

乐乐姥姥："那孩子还能撒谎吗？"

如果你是实习老师，你会怎样回答？

老师："这样好了，明天晚餐的时候，请你来幼儿园看看乐乐吃饭的情况，好不好？"

乐乐姥姥："那好啊，我来看看。"

晚餐的时候，乐乐姥姥如约而至，老师安排她在门外偷偷地看乐乐吃饭。

乐乐姥姥："我看到了，乐乐吃得挺好的，这下我就放心了。谢谢你们了。"

老师："不用谢，乐乐每天吃饭都是这样的，我们会让每个孩子都吃好的。"

第二天早上，乐乐姥姥又找到了老师。

乐乐姥姥："老师啊，在昨天晚上回家的路上，乐乐又说没吃饱，要买各种零食，否则他就大吵，说肚子饿，没办法啊，只得依他，要什么就得买什么给他吃。"

如果你是实习老师，你会怎样回答？

老师："这样好了，您接乐乐的时候，我们先让乐乐确认自己吃饱了。针对他想买零食吃，我们先跟孩子讲道理，如果孩子无理取闹，可以不必理会，您看怎么样？"

乐乐姥姥："你说的有道理。"

老师："您一定要坚持啊。"

老师又与乐乐妈妈通了电话，针对乐乐的教育方法提出了建议，请乐乐妈妈共同对乐乐进行帮助。

案例评析：

小班孩子的特点之一就是容易把想象与现实混淆，乐乐的这种行为，我们不能斥之为"说谎"。其实，这是由孩子想象的特点造成的。幼儿期的孩子往往不容易分清想象和现实之间的界限，他们的言谈中常常有虚构的成分，对事物的某些特征和情节会加以夸大，不能完全理解什么是实际存在的东西，什么是想象出来的东西，常常把自己的幻想与真实的东西混在一起。我们要让家长了解孩子在这个年龄段的一些常见的行为特点，当家长发现自己的孩子有这样的行为时，不必训斥，相信随着年龄的增大，孩子想象的某些特征会逐渐消失。

对于孩子无理取闹，成人若是一次次地妥协让步，无形中就助长了孩子以哭闹来满足要求的做法，只能养成孩子的不良习惯。讲明道理，设定鼓励，成人和孩子一起遵守，有奖有罚，才能使孩子改掉不良习惯。

（案例提供：吴艳丽）

（三）运用案例学习法提高家长工作用语技能

教师要对案例进行分析、讨论，经过认真思考，找出解决问题的正确方法。

案例 4

新教师和大龄家长的对话

时间：接待家长时间。

地点：幼儿园。

接待对象：壮壮妈妈。

事件：壮壮自理能力差。

一名刚参加工作不久的老师，发现班里壮壮的生活自理能力很弱，在了解了壮壮在家里的表现后，这名老师对壮壮妈妈说："你的孩子快四岁了，什么都不会，在家里不能什么事情都靠你们家长给做啊，在幼儿园里吃饭要老师喂饭，穿衣服也要老师给穿，壮壮以后可怎么办啊？"

壮壮妈妈听了以后很生气地说："我快四十岁才生了壮壮，我的孩子就是什么都不会才来上幼儿园的，他要是什么都会还来你们幼儿园干什么？"

思考：

教师的哪些做法是你认可的？

家长为什么会生气呢？

如果你是这名教师，你会怎么做？

这件事情之后，这名老师仔细想了想，家长没有一个不是希望孩子好的，一定是自己与家长沟通时的说话方式出现了问题。于是，这名老师仔细观察老教师与家长沟通时的用语。

第二天，壮壮妈妈来接孩子的时候，老师说："壮壮其实聪明又可爱，我特别喜欢壮壮！就是您有点儿太疼爱孩子了，帮他做的事情太多了。以后我们一起来提高壮壮的生活自理能力好不好？像吃饭、穿衣服、收拾玩具的事情，尽量让壮壮自己做，壮壮这么聪明一定能做好！"壮壮妈妈说："那得慢慢来，不能一下子就都会了。"老师说："只要有了好的开始，相信壮壮一定会越来越好的！"

壮壮妈妈虽然没说什么，但是她还是接受了老师的建议，并照着去做了。

案例评析：

壮壮妈妈大龄得子，对孩子比较溺爱，包办代替得太多，在家中包办了孩子自己应该做的事，以至于壮壮快四岁了，还不会自己吃饭和穿衣服，连最基本的事情都不会，孩子养成了习惯，觉得吃饭、穿衣服就应该是大人为自己做的，久而久之，对孩子的成长是非常不利的。对于这类的孩子，教师要耐心地做好家长工作，与家长进行沟通时，要采取适宜的方法，特别是要使用恰当的语言进行表

达。教师一开始就与家长谈家长的不是，数落孩子这也不会、那也不会，容易引起家长的误会，以为教师看不上自己的孩子，家长当然也就不会顺利地配合教师了。第二天沟通时，教师先讲出孩子的优点与长处，然后再委婉地讲出孩子的不足，壮壮妈妈虽然没说什么，但是她还是接受了老师的建议，并照着去做了。只有教师采用了规范的用语表达，家长才能与老师配合，真正实现家园共育，双方形成合力，达到最佳效果。

（案例提供：吴艳丽）

第二节　幼儿园家长工作用语运用的策略

一、直言语和简言语运用的策略

（一）直言语运用的策略

直言指诚挚地和直率地说。在拒绝、制止或反对对方的某些要求和行为时，教师会诚恳地陈述一下原因和利害关系。教师直言时要配上适当的语调、速度和表情、姿态。

教师对正在门口窥视班级里幼儿吃饭的家长说："请不要在门口逗留，这样会分散孩子的注意力，影响全体孩子专心用餐。"教师对正在吸烟的家长说："请不要在幼儿园里吸烟，幼儿园是禁烟单位。""请您给孩子交管理费。"同时教师的语调温和，略带笑意，就容易使家长接受。

（二）简言语运用的策略

简单而言，简言就是讲重点的意思。在幼儿园早晚接送幼儿的环节中，家长很集中，教师根本没有太多的时间与每位家长进行细致的沟通，所以必须要言简意赅。

应用举例 1

豆豆家长早上给豆豆带药了，教师对豆豆家长说："您给豆豆带的药，我们会按照说明给孩子吃的，放心吧。"美美吃饭有进步了，教师对美美家长说："今天美美自己吃完了一份晚饭，美美加油！"

二、委婉语和道歉语运用的策略

(一)委婉语运用的策略

关于委婉语的定义有两种比较流行的说法：第一，用一种不明说的、能使人感到愉快的含糊说法，代替具有令人不悦的含义、不够尊重的表达方法。第二，使用委婉语就是用婉转或温和的方式来表达某些事实或思想，以减轻其粗俗的程度。

教师与家长沟通的时候，都希望达到最佳的效果。有时孩子犯了点儿错，或者老师希望孩子能够改掉不好的习惯，都需要家长的配合。如果教师直接对家长说，话虽然完全正确，但家长往往碍于情感而难以接受，有时还会引起家长的误解，这时，直言不讳就不能取得较好的效果。但如果教师把话语变得软一些，使家长既能从理智上、又能从情感上愉快地接受教师的意见，并且感激教师对孩子的关注，从而愿意配合老师，就能达到家园共育的目的，这就是委婉的妙用。

应用举例 2

小雨吃饭时有挑食的毛病，教师想通过家长配合，共同帮助小雨改掉挑食的毛病。教师对小雨家长说："小雨画画线条大胆，用色鲜艳，空间感觉好。要是什么都吃、不挑食就更好了。"

(二)道歉语运用的策略

在幼儿园家长工作中，教师难免有疏忽或做得不到位的地方，要诚恳地向家长道歉。有的时候，家长需要的只是教师的态度。尤其是发生意外事件的时候，教师必须向家长道歉，才能有利于问题的解决。

案例 1

教师的道歉

时间：幼儿离开教师后。

地点：幼儿园。

道歉对象：蛋蛋和亮亮及家长。

事件：亮亮用铅笔扎了蛋蛋。

家长接完孩子后，亮亮和蛋蛋在幼儿园的院子里玩耍。亮亮用铅笔尖捅到了蛋蛋的手上，蛋蛋的手上留下了一个小点。平时这两个孩子很要好，常在一起玩，可是这次的事让蛋蛋的姥姥很不高兴。老师看到了，对蛋蛋的姥姥说："蛋蛋姥姥，实在对不起，亮亮和蛋蛋都是我们班的小朋友，发生了这件事，我向您老人家说声对不起了!"老师又对亮亮说："亮亮，你知道错了吗?"亮亮说："我错了，我不该一边跑一边玩铅笔，扎到了蛋蛋，蛋蛋，对不起!"这时，蛋蛋和亮亮又高高兴兴地玩起来了。亮亮妈妈说："是我没教育好亮亮，对不起了!"蛋蛋姥姥说："没事了，老师，谢谢你啊!"

（案例提供：吴艳丽）

三、 倾听语和转移语运用的策略

(一)倾听语运用的策略

家长找上门的时候，有时候会就事论事，有时候可能会借题发挥，把平时对老师的不满和积怨一并发泄出来。这时候教师不必急于解决问题，只要专注、耐心地倾听就可以了。其实，家长可能是想让老师多多关注自己的孩子，诉说之后，他自己就会发现，其实并没有什么大不了的事情，既没有具体想要解决的问题，老师也没有什么原则性的错误，等他诉说之后心情平静下来，问题就变得简单多了。另外，从家长的倾诉当中，教师很容易了解家长的真实想法，便于解决问题，取得令家长满意的效果。

(二)转移语运用的策略

有时候，教师会遇到火气很大的家长，得理不饶人。面对面的冲突是不会解决问题的，任由家长吵闹下去也不是好办法。遇到这种情况时，教师一定要注意克制自己的情绪，保持清醒的头脑去思考解决问题的方法，刚柔相济，可以采取转移的办法，把话题转移到其他方面。比如："孩子是由谁带大的呀？是不是和老人住在一起呀?"教师尤其要在不经意间把孩子的在园情况、可爱之处在字里行间表现出来。如果老师把平时对孩子的赞誉通过第三者的语言表达出来，会令家长格外感动。这就要求教师在平时的工作中注意了解所有孩子的情况，发掘每一个孩子的闪光点。通过谈话，家长了解到，他所掌握的情况可能是片面的，老师都是有爱心和负责任的，而且在深深地关爱着他的孩子。这样家长常常会转怒为喜，在和谐轻松的气氛中解决问题，结果当然是容易令人满意的。

案例 2

转移话题

时间：家长接待时间。

地点：幼儿园。

谈话对象：琦琦妈妈。

事件：琦琦没坐上校车。

家长："园长，我向你反映一件事。"（情绪激动）

园长："欢迎！请坐。请讲。"

家长："幼儿园的校车每天都不等我们家孩子，今天又是我自己打车送孩子来的！我交钱让孩子坐校车，就是方便我忙自己的事情，可是花了钱却坐不上车，白白地浪费了我的时间！"

园长："你和孩子坐校车的站点时间是几点？你和孩子是几点到站点的？"

家长："我每次都是正点到的，反正就是司机根本不等我们。你说我能不生气吗？"

园长："司机师傅是怎么说的？"

家长："司机师傅说每个站点的时间都是有规定的。可为什么就唯独不等我家孩子？"

园长此时心里有数了，用温和的语气说："琦琦妈妈，我很理解你。看起来你的压力很大，作为一个女人真是不容易啊！"（转移话题）

家长："我可真是不容易啊！"琦琦妈妈顿时泪如雨下。

园长："你慢慢说。"（园长拿来纸巾送到琦琦妈妈手里，又倒了一杯水送到家长手里。）

家长："我和孩子爸爸一起经营一家饭馆，赔钱的时候，孩子爸爸一走了之，去了外地。"

园长："嗯，只剩下你一个女人支撑这个饭馆。"

家长："我又得还债，还得照顾孩子，全靠我一个人。"

园长："真是挺辛苦啊！"

家长："我又没有朋友，没有人能帮我。"

园长："又没人帮你。"

家长："我真支撑不下去了！"

园长："你很坚强啊！你一个人管理饭馆还了债，还把孩子培养得这么可爱，我很佩服你啊！可是，幼儿园的校车站点和时间是固定的，一个站点如果拖延2分钟，整个车上的孩子就不能按时到幼儿园吃早餐了，还得请你谅解啊！”

家长：“我知道了。我就是觉得胸口憋得慌，谢谢你听我说了这么多，我现在好多了。”

（案例提供：吴艳丽）

四、赞美语和感谢语运用的策略

（一）赞美语运用的策略

在家长工作中，教师需要肯定家长对教师工作的配合与支持，教师对家长的一句赞美，无疑是对家长的鼓励，可以强化家长继续努力的同理心，在热情友好的氛围中，使家长轻松、自信、愉快地面对教师，主动向教师提出孩子目前存在的一些不足或育儿的困惑，期望得到教师更多的指点与帮助，更加乐于与教师合作，使家长与教师的沟通更加顺畅，形成良性循环。对于家长带来的废旧材料，教师要给予肯定：“您和宝宝带来的瓶子，在科学活动的时候发挥了作用呢！”

案例3

赞美冬冬

时间：幼儿入园时间。

地点：幼儿园。

谈话对象：冬冬妈妈。

事件：老师喜欢森森。

早上，幼儿园老师迎接幼儿入园。冬冬妈妈领着冬冬走了过来，老师微笑着说：“冬冬早上好！”冬冬妈妈和冬冬说：“老师好！”冬冬妈妈看着老师说：“老师，冬冬回家说，老师可喜欢森森了，每天都是老师给森森喂饭的。”说完，冬冬妈妈的眼睛更加专注地看着老师。老师注意到了冬冬妈妈语言的真正意思，她的意思不只是说老师喜欢森森，给她喂饭，背面的意思是老师偏向森森，而怠慢了冬冬。老师说道：“冬冬的生活自理能力很强，我们几位老师经常夸赞冬冬呢！相信冬冬在家里也是自己吃饭的，这与你们在家里给孩子养成的良好习惯是分不开的，相信您也会为冬冬的表现而感到自豪。”冬冬妈妈的眼神收了回去。老师又说：“森森现在还做不到自己吃饭，相信在幼儿园和家长的共同努力下，她也会逐步进步的。”冬冬妈妈听了老师的话，脸上露出了笑容。老师又说：“您也可以同淼淼妈妈交流一下关于孩子自己吃饭的经验，相信淼淼妈妈一定会受益匪浅的。”冬冬妈妈连声说道：“我会的。老师辛苦了，你们也很不容易啊!”

（案例提供：吴艳丽）

(二)感谢语运用的策略

家长工作中一定少不了对家长的感谢。家长按照教师的要求去做了，就是对教师工作的支持。按时接送孩子，按照教师的建议带领孩子参观动物园，按照主题活动的要求，收集图片资料、知识信息，带来废旧材料，等等，都是家长对教师工作的热心支持，教师要对家长表示感谢。这样家长得到了鼓励，会更加努力地配合、支持教师的工作。

案例 4

换老师

时间：接待家长时间。

地点：接待室。

接待对象：家长。

事件：家长反对换老师。

家长：“园长，我得找你谈谈。”

园长：“欢迎啊，请讲。”

家长：“小一班的辛老师是我们班的家长和孩子都非常认可的老师，孩子刚来幼儿园时就认识了辛老师，跟辛老师的感情很好。现在幼儿园把辛老师调离了孩子的班级，孩子很舍不得辛老师啊，天天回家念叨辛老师。”

园长：“您的评价太准确了！辛老师是公认的好老师，真希望辛老师能一直带到小一班的孩子毕业，那该多好啊。可是正是由于辛老师非常优秀，所以我们才安排辛老师担任小二班的班长，只有辛老师能够胜任这个岗位。”

家长：“这……”

园长：“我知道您是个通情达理的家长，也非常感谢您一直以来支持幼儿园的工作，我们理解家长的感受，考虑安排孩子都喜欢的王老师接替辛老师的工作，相信您一定会顾全大局的。”

家长：“王老师也很好，我配合幼儿园的工作。”

（案例提供：吴艳丽）

五、 非言语技巧运用的策略

研究表明，在交往信息中，面部表情占55％，声调占38％，语言占7％，因而与言语交流相配合的非言语交流特别重要。教师在与家长沟通的过程中，如果能使用以下非言语技巧，效果会更好。

一是与家长保持平行的目光交流，避免出现仰视、俯视的眼光或游离的眼神。

二是用微笑、点头等表示对家长的尊重(微笑三部曲：嘴巴翘起来、笑肌提起来、眉毛扬起来)；用身体前倾或以“对”或“是”等回应来表示对话题饶有兴趣，最好能动笔记录家长谈话的要点。

三是注意力集中，不要边谈边干其他事情，心不在焉。

四是在和家长沟通前、沟通中，要注意观察家长的情绪。当家长情绪不好时，最好不要“追”着家长谈话，可以等家长情绪好转时再沟通。

第三节　幼儿园家长工作用语规范化训练

能力目标：创设宽松的语言交流环境，掌握家长工作规范用语，能够运用家长工作规范用语创造性地开展家长工作。

一、 实训任务1：家长送幼儿入园时的教师规范用语

(一)实训目的

能够熟练地运用所学的幼儿园家长工作用语策略，成功地完成接待幼儿入园的工作，认真对待家长交代的注意事项，得到家长的认可，使家长放心。

(二)实训要求

掌握一定的接待幼儿入园时的家长工作用语技能。

以亲切放松的状态，与家长顺畅沟通。

掌握本班幼儿的情况，了解家长的基本需求。

(三)实训案例

案例 1

家长送幼儿入园时的教师规范用语(小班)

时间：入园时间。

地点：幼儿园。

谈话对象：天天奶奶、乐乐妈妈。

事件：教师晨间接待。

天天奶奶领着天天走了过来。老师微笑着说："天天每天自己走路来幼儿园，真棒!"天天奶奶高兴地合不拢嘴。老师又说："我发现天天的舌头像是地图舌的样子，建议您带天天查一查微量元素，如果是缺乏哪一种微量元素，赶快补还来得及。"天天奶奶说："是吗？我还没发现呢。我看看。"天天奶奶看见了天天的地图舌，吃惊地说："还得谢谢老师啊，你真细心啊！我马上告诉孩子的妈妈。"

乐乐妈妈领着乐乐，一边走一边吃着糕点。老师微笑着说："乐乐会自己穿衣服，老师最喜欢乐乐了。可是，一边走路一边吃东西不卫生。"乐乐把手里的糕点放到了妈妈的手里。老师说："怎么不卫生呢？你知道吗?"乐乐说："不知道。"此时，正好大班的一菡小朋友从此走过，老师说："你去请教一下一菡姐姐，为什么一边走路一边吃东西不卫生呢?"一菡小朋友很愿意回答这个问题，她说："第一，一边走路一边吃东西容易感染细菌，容易拉肚子；第二，一边走路一边吃东西容易吃进去凉气，也会肚子疼。"乐乐说："我知道了，谢谢小姐姐。"乐乐妈妈不好意思地说："乐乐以后不要一边走路一边吃东西了，好不好?"乐乐说："好。"

（案例提供：吴艳丽）

(四)分析任务

1. 进行家长工作的指导思想

"幼儿园同时面向幼儿家长提供科学育儿指导。" ——《幼儿园工作规程》

教师要善于运用适宜的语言与家长沟通，在科学育儿方面给予家长及时、必

要的指导，引导家长与教师共同对幼儿进行教育，使家长从内心接受、认可教师，并愿意配合，真正做到家园共育，从而收到良好的效果。

2. 归纳有效的教师用语策略

赞美语运用的策略。

直言语运用的策略。

委婉语运用的策略。

(五)完成任务

1. 课堂训练

教师把全体师范生分成几个课堂学习小组，师范生按照任务要求，分别设计以下活动。

第一，情境对话练习。

第二，分角色实战表演，每个学习小组选择其中的一种课堂训练形式，进行创编和认真的准备，然后各组派代表上台表演。

针对各组的表现，同学们进行互评，教师进行点评和打分。下课后，教师要求各组上交一份任务型的作业，如情境对话练习的内容、实战表演的小剧本等。

2. 职场训练

第一，你如何应答在幼儿家长送幼儿入园环节中出现的各种问题？

第二，在幼儿园实习的过程中，你作为实习教师，要善于运用恰当的教师用语，完成在家长送幼儿入园环节中的语言沟通，妥善应对在此环节中可能出现的各种问题。

(六)心得体会

二、实训任务 2：家长接幼儿离园时的教师规范用语

（一）实训目的

能够熟练地运用所学的幼儿园家长工作用语策略，认真向家长汇报幼儿一天的表现，对家长早上交代的事情给出回复，根据幼儿实际情况，给予家长必要的指导，使家长满意，成功地完成送幼儿离园的工作。

（二）实训要求

掌握一定的幼儿离园家长工作用语技能。
以亲切自然的状态，与家长顺畅沟通。
掌握本班的幼儿情况，了解家长的基本需求。

（三）实训案例

案例 2

家长接幼儿离园时的教师规范用语（中班）

时间：幼儿离园时间。
地点：幼儿园。
谈话对象：琪琪妈妈、萱萱妈妈、朵朵爸爸。
事件：幼儿离园。

傍晚，幼儿园老师组织幼儿在院内的班级大圈里做自由活动，等候迎接小朋友的家长。

琪琪妈妈走了过来，老师微笑着说："琪琪妈妈好！"琪琪妈妈回答："老师好！"老师说："琪琪今天特别有进步，她能吃完自己的一份饭菜了。胡萝卜都被吃光了，一点儿没剩，我真为琪琪感到高兴！"琪琪妈妈说："真的吗？太好了，谢谢老师的培养！"老师说："如果琪琪在家里也不挑食那就更好了！"琪琪妈妈说："我们一定会配合的。"

萱萱妈妈走了过来。老师微笑着说："我们在科学活动中用到了您今天带来的纸筒，孩子们很是喜欢，非常感谢您啊！"萱萱妈妈听见了说道："不用谢！老师以后有什么事尽管说。"

朵朵爸爸走了过来。老师微笑着说："今天中午我们按照您的交代给朵朵吃

了您给朵朵带来的药。下午朵朵的咳嗽减轻了一些。”朵朵爸爸说：“谢谢老师。”老师说道：“这是我们应该做的，您不用客气。”

（案例提供：吴艳丽）

(四)分析任务

1. 进行家长工作的指导思想

> “理解幼儿保教工作的意义，热爱学前教育事业，具有职业理想和敬业精神。”
>
> ——《幼儿园教师专业标准(试行)》

教师谈到了孩子的进步，又适时指出了提高的目标；感谢家长带来的废旧材料在科学活动中发挥了作用，同时调动了家长的积极性；认真对待家长交代的事情，并告之孩子的咳嗽减轻了。家长一定感受到了教师对孩子的细心和爱心，会从心里肯定教师的工作。

2. 归纳有效的教师用语策略

赞美语运用的策略。

委婉语运用的策略。

感谢语运用的策略。

简言语运用的策略

(五)完成任务

1. 课堂训练

教师把全体师范生分成几个课堂学习小组，师范生按照任务要求，分别设计以下活动。

第一，情境对话练习。

第二，分角色实战表演，每个学习小组选择其中的一种课堂训练形式，进行创编和认真的准备，然后各组派代表上台表演。

针对各组的表现，同学们进行互评，教师进行点评和打分。下课后，教师要求各组上交一份任务型的作业，如情境对话练习的内容、实战表演的小剧本等。

2. 职场训练

第一，你如何应答在幼儿家长接幼儿离园环节中出现的各种问题？

第二，在幼儿园实习的过程中，你作为实习教师，要善于运用恰当的教师用语，完成和家长在幼儿离园环节中的语言沟通，妥善应对在此环节中可能出现的各种问题。

(六)心得体会

三、 实训任务3： 与家长电话访谈时的教师规范用语

(一)实训目的

能够熟练地运用所学的幼儿园家长工作用语策略，针对个别幼儿的表现，向家长表示关心，提出建议，给予指导，成功地完成与家长电话访谈的工作。

(二)实训要求

掌握一定的用电话访问家长时的工作用语技能。

以亲切自然的状态和家长顺畅沟通。

掌握幼儿的情况，了解家长的基本需求。

(三)实训案例

案例3

与家长电话访谈(小班)

时间：电话访问时间。

地点：幼儿园。

访谈对象：菲菲妈妈。

事件：与菲菲妈妈电话沟通问题。

老师："菲菲妈妈，您好，我是菲菲的老师，方便跟您谈谈菲菲的情况吗?"

家长："好的，老师。"

老师："菲菲来幼儿园已经快一个月了，孩子很聪明，我很喜欢菲菲。可是菲菲每天入园的时候还会哭闹，我们很是关注，您是怎么认为的呢？"

家长："是啊，每天早上孩子一进幼儿园就哭，我也是很着急呢。"

老师："嗯。"

家长："你们老师也接不过去孩子呀，菲菲搂着我的脖子不松手，我根本放不下菲菲，我实在是不忍心啊。"

老师："哦。"

家长："孩子一哭，我就更舍不得走了，我真是没办法！老师，你有什么好办法吗？"

老师："您是不是希望缩短孩子哭的时间呢？"

家长："那当然了。"

老师："每天您离开后，我抱着菲菲哄一哄，她一会儿就不哭了。我建议您早上尽快地将孩子交到我的手里，这样就可以缩短孩子哭的时间了。您觉得呢？"

家长："是这样啊，好吧。"

在家长的配合下，菲菲很快减少了早上来幼儿园时的哭闹现象，最后能高高兴兴地来幼儿园了。

（案例提供：吴艳丽）

（四）分析任务

1. 进行家长工作的指导思想

> "与家长进行有效沟通合作，共同促进幼儿发展。"
>
> ——《幼儿园教师专业标准（试行）》

面对不同的家长，教师要运用适当的语言，引导家长认可教师的方法，从而在行动上配合教师，使家园合作顺利。

2. 归纳有效的教师用语策略

委婉语运用的策略。

倾听语运用的策略。

(五)完成任务

1. 课堂训练

教师把全体师范生分成几个课堂学习小组，师范生按照任务要求，分别设计以下活动。

第一，情境对话练习。

第二，分角色实战表演，每个学习小组选择其中的一种课堂训练形式，进行创编和认真的准备，然后各组派代表上台表演。

针对各组的表现，同学们进行互评，教师进行点评和打分。下课后，教师要求各组上交一份任务型的作业，如情境对话练习的内容、实战表演的小剧本等。

2. 职场训练

第一，你如何应答幼儿家长提出的各种问题?

第二，在幼儿园实习的过程中，你作为实习教师，要善于运用恰当的教师用语，完成与家长电话访谈中的语言沟通，妥善应对可能出现的各种问题。

(六)心得体会

四、 实训任务 4： 处理突发事件时的教师规范用语

(一)实训目的

能够熟练地运用所学的幼儿园家长工作用语策略，成功地完成处理突发事件时与家长沟通的工作，做到冷静处理，得到家长的谅解，使家长满意。

(二)实训要求

掌握一定的处理幼儿园突发事件时的家长工作用语技能。

以诚恳的态度和家长交谈，与家长顺畅沟通。

掌握幼儿突发事件的情况，了解家长的基本需求。

(三)实训案例

案例 4

突发事件(中班)

时间：泽泽摔伤后。

地点：幼儿园。

谈话对象：泽泽妈妈。

事件：泽泽摔伤了。

刘老师带班时，泽泽在上楼梯时不小心摔倒了，眉毛下磕破了点儿皮，刘老师请幼儿园的保健医给孩子处理了伤口，并给泽泽妈妈打了电话："泽泽妈妈，你好，我是幼儿园的刘老师。有一件事很对不起，泽泽在上楼梯时，不小心摔倒了，眉毛下边磕破了点儿皮，我已经请幼儿园的保健医给处理好了。请您过来，看看泽泽是否需要去医院治疗。"

泽泽妈妈在电话里说道："刘老师，我马上去幼儿园。我要看看泽泽的情况再做决定。"

刘老师说："我正要给泽泽买一些棉签、药水、口服消炎药之类的药物，那这样好了，我现在把泽泽领到幼儿园旁边的大药房，也方便您尽快见到泽泽，您看好吗?"

泽泽妈妈："好吧。"

刘老师一边安慰泽泽，并告诉泽泽以后一定要小心，注意安全；一边带泽泽到幼儿园旁边的大药房，给泽泽买好了一些棉签、药水、口服消炎药之类的药物。

泽泽妈妈赶来后，刘老师再一次向泽泽妈妈表示歉意："泽泽妈妈，实在是对不起，我没有看护好泽泽。泽泽眉毛下边磕破了，我很心疼。您看，用不用去医院?"刘老师流出了眼泪。

接着刘老师又请泽泽妈妈看了泽泽的伤情，并将包扎棉签、药水、口服消炎药之类的药物交给了泽泽妈妈。

泽泽妈妈只是说："刘老师，你也别着急了。泽泽，咱们回家吧。"

刘老师下班后，确认泽泽妈妈和泽泽一同在家里，就买了一些水果和泽泽喜欢的小玩具来到了泽泽的家中进行看望。

刘老师说："泽泽走了之后我心里一直惦念泽泽，实在很心疼泽泽。这是我的一点心意，请收下，我真心希望泽泽快点好起来。"

泽泽妈妈说："刘老师太客气了。后来我也想了想，刘老师的工作我还是认可的，我们家长在一起经常谈论，孩子也很喜欢刘老师。"

刘老师说："谢谢您对我工作的肯定，可是这次我还是没有照顾好泽泽，很是对不起!"

泽泽妈妈说："孩子磕磕碰碰是难免的，刘老师你不要自责了。孩子在家里养几天就上幼儿园了，你放心吧。"

之后刘老师经常与泽泽妈妈和泽泽电话沟通。

泽泽妈妈安慰刘老师说："刘老师，没事了，你不要把泽泽的事放在心上了。"

后来泽泽眉毛下的皮肤完全恢复好了，泽泽来到幼儿园后，常常主动让刘老师看他的眉毛，并对其他小朋友说："刘老师很关心我。"

（案例提供：吴艳丽）

(四)任务分析

1. 进行家长工作的指导思想

> "关爱幼儿，重视幼儿身心健康，将保护幼儿生命安全放在首位。"
>
> ——《幼儿园教师专业标准(试行)》

在与老师沟通的过程中，家长感受到了教师发自内心对孩子的爱，再结合平时对教师的观察和了解，家长确实对刘老师是认可的。最后家长完全谅解了老师，幼儿对教师更加喜爱了。

2. 归纳有效的教师用语策略

道歉语运用的策略。

感谢语运用的策略。

(五)完成任务

1. 课堂训练

教师把全体师范生分成几个课堂学习小组，师范生按照任务要求，分别设计以下活动。

第一，情境对话练习。

第二，分角色实战表演，每个学习小组选择其中的一种课堂训练形式，进行创编和认真的准备，然后各组派代表上台表演。

针对各组的表现，同学们进行互评，教师进行点评和打分。下课后，教师要求各组上交一份任务型的作业，如情境对话练习的内容、实战表演的小剧本等。

2. 职场训练

第一，你如何处理幼儿突发事件中出现的各种问题？

第二，在幼儿园实习的过程中，你作为实习教师，要善于运用恰当的教师用语，完成处理突发事件中的语言沟通，妥善应对在此环节中可能出现的各种问题。

(六)心得体会

五、 实训任务5： 开家长会时的教师规范用语

(一)实训目的

能够熟练地运用所学的幼儿园家长工作用语策略，成功地召开家长会。

(二)实训要求

掌握一定的幼儿园家长会工作用语技能。

以亲切自然的状态和家长交谈，与家长顺畅沟通。

掌握本班的幼儿情况，了解家长的基本需求。

(三)实训案例

案例 5

家长会(大班)

时间：××年××月××日 14：30。

地点：幼儿园大班活动室。

倾听对象：大班幼儿家长。

事件：召开家长会。

老师站在幼儿园班级活动室的门口，微笑着对前来参加家长会的家长打招呼："××妈妈，您好，欢迎光临！""请签到。""××爸爸，您好，快请进！""××奶奶，您好，快请坐！"

家长陆续到场后，老师站到前面，微笑着看着家长们。家长们安静了下来，都看着刘老师。

老师说道："尊敬的各位家长，大家下午好！"活动室里响起了掌声。

"欢迎各位家长在百忙之中参加今天的家长会。很高兴有这样一次交流的机会，让我们彼此了解、学习。你们的积极参与就是对孩子教育的重视，也是对我们工作的支持！在此我代表班级全体老师对大家的光临表示衷心的感谢！"

"今天家长会的安排内容是：向各位家长汇报小朋友的进步；提醒家长一些注意事项；发放致家长的一封信《幼儿自信心的培养》；小朋友汇报演出，展示作品、征求家长意见。"

第一部分：汇报小朋友的进步。

"又一个学期就要结束了，经过大班全体教师的努力，在各位家长的积极配合下，我们班的小朋友在行为习惯、智力发展、身体健康、兴趣能力等各方面都有了明显的进步。"(略)

"尤其是在幼小衔接方面，我们……"

第二部分：注意事项。

第三部分：发放致家长的一封信《幼儿自信心的培养》。

第四部分：小朋友汇报演出，展示作品。

第五部分：征求家长意见。

第六部分：结束。

“在这个学期的工作中，各位家长给予了我们很多的支持和帮助：提供资料、查找信息、带来材料、参加活动等，小朋友能有这么多的进步，与各位的鼎力相助是分不开的，我代表大班全体教师，再次对各位家长表示衷心的感谢！谢谢大家！”

“最后我祝大家身体健康，万事如意！”

（案例提供：吴艳丽）

教师的规范用语，在家长工作中起着重要的作用，体现着教师的专业度，教师要善于发挥专业特点，使家长认可、理解、肯定教师的工作，从而使家长更加积极地配合幼儿园的各项工作。

（四）分析任务

1. 进行家长工作的指导思想

> “幼儿园应当主动与幼儿家庭沟通合作，为家长提供科学育儿宣传指导，帮助家长创设良好的家庭教育环境，共同担负教育幼儿的任务。”
>
> ——《幼儿园工作规程》

2. 归纳有效的教师用语策略

赞美语运用的策略。

感谢语运用的策略。

委婉语运用的策略。

（五）完成任务

1. 课堂训练

教师把全体师范生分成“家长组”和“教师组”，师范生按照任务要求，分别设计以下活动。

第一，情境对话练习。

第二，分角色实战表演。每个小组成员认真进行创编和准备，然后“家长组”和“教师组”派代表上台练习。

针对各组的表现，同学们先自评，再进行互评，最后教师进行点评。“家长组”和“教师组”的同学们互换角色继续练习。下课后，教师要求各组上交一份任务型的作业，如情境对话练习的内容、实战练习的过程等。

2. 职场训练

第一，你如何处理幼儿园家长会中出现的各种问题?

第二，在幼儿园实习的过程中，作为实习教师，要善于运用恰当的幼儿园家长工作用语，向有经验的教师学习，争取与家长沟通的机会，配合教师开好家长会，妥善处理在家长会中可能出现的各种问题。

(六)心得体会

师范生的教师口语技能实战表演

一、活动背景

目前，师范生的语言素养和语言运用水平面临着新的挑战。大家必须加强幼儿教师口语的实战演练，尽快熟练地掌握规范化的教师口语技能。

幼儿教师肩负着儿童启蒙教育的重任，其语言素养直接影响着家长工作的语言环境，关系到沟通的效率和结果。因此，师范生必须学会表达、学会认知、学会做事和学会共同生活，以适应未来职业发展的需要。

二、活动目标

旨在指导师范生掌握幼儿园家长工作用语常识与规范，优化幼儿教师口语知识结构，通过进行幼儿园家长工作用语的实战技能表演，提升他们的教师口语技能和教育水平，培养一批高素质、技能型的师范人才。

三、活动内容

（一）第一阶段

考考你的判断力！测测你的实战力！

——幼儿园家长工作用语知识竞赛

要求：

第一，本章的推荐幼儿园家长工作用语百句举例是知识竞赛的必考题。

第二，比赛采取口答或笔答的形式，分小组进行。

第三，比赛时间由任课教师灵活安排，可以在课上或课后进行。

（二）第二阶段

考考你的判断力！测测你的实战力！

——挑战幼儿园教育实战情境

要求：

第一，所有参赛选手均需在学校、幼儿园指导教师的指导下，进行"幼儿园家长工作用语技能实战表演"的排练。

第二，第一轮是"综合知识问答"。知识点涵盖本章全部内容(推荐用语内容除外)，参赛选手需要认真准备。

第三，第二轮是"实力大比拼"，如表演"情境对话练习"等。

第四，第三轮是"挑战幼儿园教育实战情境"，如表演本章第三节的"职场训练"部分，或者表演与本章内容相关的案例故事。

第五，指导教师要制定竞赛优胜者的奖励办法，并把竞赛成绩计入平时成绩的考核。

第八章 幼儿园日常行政工作用语常识与规范

第一节　幼儿园日常行政工作用语常识

一、幼儿园日常行政工作用语的内容

在幼儿园的工作中，行政主管领导和相关人员需要建立起一定的人际关系，并在此基础上进行人际交往、分工合作，在沟通中交换信息和内心感受，影响彼此的行为，并达到心理相容。在幼儿园行政工作中，沟通的目的是完成规定的工作任务，最终实现沟通双方的目标；工作沟通的核心是配合协调到位，保证工作准确高效。

(一)沟通的基本原则

1. 组织利益至上

在职场关系中，人们是为了实现组织的目标而走到一起的，建立良好的人际关系是为了更好地完成工作，因此，在沟通前沟通双方要有整体目标意识，需要衡量一下：是否符合组织整体目标的达成，是否会违反组织的制度，是否有悖于组织的利益……

2. 维护团队和谐

和谐的团队、良性的工作环境是完成工作任务的保障。我们每天至少有三分之一的时间是在与上司、同事、下属的沟通中度过的，人际环境是否和谐、同事关系是否融洽，会直接影响我们的工作效率和身心健康。如果同事关系好，则工作氛围就好，人的心情就好，工作效率就高；反之，如果同事关系差，心情烦躁，工作效率就低。所以，教师在沟通中要树立团队和谐意识，以同心同德为目标，处理好上下级之间、同事之间、部门之间的关系，共同致力于打造团结共进的团队。

需要特别强调的是，教师要“团结”，而不是“拉帮结派”，要站稳立场、明辨是非，要有大局意识和整体观念，既要保持自身独立性，又要维护单位的团结氛围。

3. 体现人情味

职场中的人们是因为工作关系而走到一起来的，但这并不意味着职场沟通就仅仅是为了工作。事实上，职场中的很多沟通都是为了融洽彼此感情、建立亲密互信的关系，因为这些是增加团结合作、减少矛盾最好的润滑剂。生病时问候一声，受挫时安慰一番，成功时祝贺一下，无疑会有助于教师之间增进友谊。

职场中也需要“先处理心情，再处理事情”。领导在与下属沟通时，应尊重下属的面子，从下属的期望和需要出发。领导不要只给下属提要求，还要看自己能给下属提供什么帮助；下属应尊重领导的价值观和奋斗目标，思考能给领导提供哪些方面的支持，怎样才能让领导更信任和赞赏自己；同事之间应相互尊重、嘘寒问暖，尽量给彼此提供方便和帮助。这些充满人情味的沟通，不是为了谋求一时一事的成败，而是为了在互尊互信的基础上建立和维护持久深入的、富有建设性的合作关系，最终实现互利共赢。

4. 适时适度

沟通适时，指把握好时机、场合；沟通适度，指把握好分寸、距离。职场中的人际沟通尤其要注意适时、适度。否则，教师很可能在不经意间已经让对方感到了不悦，甚至得罪了对方，严重影响今后的合作。

5. 保守秘密

第一，保守组织的机密。不该说的话不说，不该透露的信息绝不透露。

第二，保守他人的秘密。每个人都有自己的隐私或秘密，这些隐私仅限于和最亲密的人、自己信任的人分享。对于他人的秘密，不管是听说的还是别人亲自告诉我们的，我们都应该严加保密，这也是对人对己都负责的表现。

第三，保守自己的秘密。职场中的人际关系，是既合作又竞争的关系，有着共同的利益，也有着利益上的矛盾和冲突。保守自己的秘密，一是为了避免给他人增加为你保守秘密的负担，二是为了避免出现利益冲突时，自己的秘密成为被利用和攻击的工具，从而使自己饱受感情和利益上的双重伤害。

(二)与同事沟通的教师用语

教师与同事相处时要互助合作、亲切宽容，正确对待竞争，切忌揽功诿过。教师与同事建立良好的关系，有助于形成良好的工作环境，提高工作效率。

1. 教师之间的交接工作用语

幼儿园的教师一般分为上午、下午主班，中午交接班的时候，上午班教师要将幼儿一上午的情况、家长交代的事情、需要特别注意的事情向下午班教师做好交代，同时做好记录。这样有利于下午班教师掌握班级幼儿上午的情况，做到在组织下午活动的时候对幼儿心中有数，家长接孩子的时候，与家长沟通时也会心中有数。

应用举例 1

上午班教师：“陈老师，今天上午共出勤 23 名小朋友；东东上午尿裤子了，已经换过干净的裤子和袜子了，脏衣服被洗干净后晾在了晾衣竿上；有 3 名小朋友大便了(×××、×××和×××)，排便正常；还有，蓉蓉妈妈早上交代，今天接孩子的是蓉蓉的二姨，请到时候与蓉蓉妈妈电话联系。这是记录本。”

下午班教师：“好的。你辛苦啦！”

2. 教师之间的研究工作用语

为了完成对幼儿的教育目标，落实幼儿园下达的各项工作任务，教师必须做到密切配合，平等协商，互相尊重。教师绝不能自以为是，以自我为中心，要冷静、客观地对待工作中出现的各种问题，进行商讨。“这个问题我没想好，咱们一起研究研究?”“我是这么想的……你的意见是什么呢?”教师要在轻松、愉快的气氛中完成各项工作。

应用举例 2

毕业典礼的日子快到了，大班的王老师和杨老师正在组织小朋友排练节目。在进行到队形排列的时候，王老师对现有的队形很不满意，对杨老师说：“这个队形我觉得很一般，咱们班的小朋友应该能做得更好，只是我还没想好怎样能更好地表现出孩子的表演能力。你有没有更好的办法呢?”杨老师说:“我也觉得这个地方有点儿不对劲。如果增加三个小三角形的队形,然后再回到原有的队形,你觉得怎么样?”王老师高兴地说:“太好了!就按你说的办!”王老师和杨老师相视一笑,继续进行排练。

3. 教师与保育员的配合工作用语

一个班级的一般人员配备是两名教师、一名保育员,教师除了与教师交流之外,还会与保育员交流。教师要注意尊重保育员,也要虚心听取意见,理解和支持保育员的工作。《幼儿园工作规程》规定,教师要“指导并配合保育员管理本班幼儿生活,做好卫生保健工作”。教师要做到积极主动,指令清晰,态度诚恳,语气柔和,音量适中,语句简短。

应用举例3

教师用很急的语气说:“刘阿姨,小朵朵吐了一地。”保育员刘阿姨说:“我这就去拿拖把。”保育员拿来了拖把:“我先擦干净污物,再用干拖把将地面擦干,免得小朋友滑倒。”教师:“你做得很对。”

4. 教师与其他同事之间的工作用语

教师还要与保健室人员、资料室人员等进行交流,都要以诚相待,彬彬有礼,做到就事论事,心胸坦荡。

应用举例4

班级中有名幼儿受伤了,教师带幼儿来到了幼儿园的保健室。教师说:“时医生你好,我班孩子刚才不小心腿上擦伤了点儿皮,请处理一下。”又如,教师到资料室借阅参考书,对资料室人员说:“郭老师,你好,我想借阅一本关于幼儿园区域活动的书籍,麻烦你了!”

拓展阅读1

与不同类型的同事沟通

一、生性刻板的同事

有些人生性刻板,对人常常是一副冷面孔。你热情地和他们打招呼,他们也是爱理不理的样子。刻板的人的兴趣和爱好比较单一,不太爱和别人往来。他们通常不会注意你在说什么,甚至你会怀疑他们听进去没有。

但是,要知道这些人也有自己追求的目标和关注的事,不过他们不会轻易告诉别人罢了。与这一类人打交道，他们冷若冰霜，你不必在乎，应该热情洋溢，以你的热来化解他们的冷，并认真观察他们的一言一行、一举一动，寻找出他们感兴趣的问题和比较关心的事。要是你和他们突然有了共同的话题，那么他们的那种刻板就会荡然无存。接下去，你要好好利用这一话题，让他们充分表达自己的意见。每个人都有他感兴趣、关心的事，只要你稍一触及，他就会开始滔滔不绝地说，而且会表现出少有的热情。

二、傲慢的同事

有时我们都会遇到一些比较“傲”的同事。这种人或有傲气，或举止无礼、出言不逊。与这种人打交道，你会如坐针毡，但你又不得不和他们接触。这时，你不妨采取以下的方法。

减少与他们相处的时间，不给他们表现的机会。

交谈言简意赅，尽量用短句来清楚地说明你的意思，给他们留下干脆利落的印象，使他们有架子也摆不上。最后，瞅准他们的薄弱环节，进行适当的“攻击”。比如，他们不会跳舞，你就让他们去跳，这样他们以后就会收敛一些了。

三、沉默寡言的同事

与沉默寡言的人交流是比较费力的事情。这样的同事往往过于沉默，让你没办法了解他们的想法，更无从得知他们对你是否有好感。对于这类的同事，最好采取直截了当的方式，让他们明确表态；尽量避免迂回式的谈话，直接问他们是或不是，行或不行。

四、咄咄逼人的同事

这种类型的人大都非常好胜，且喜欢自我表现，总是不失时机地想显现出高人一等的姿态，好像自己什么都比别人强。更有甚者，还会不分场合地贬低别人、抬高自己，在各个方面都好占上风、好攀高枝。

面对这种人，开始的时候，你可以适当谦让。但在有些情况下，他们争强逞能，把你的迁就忍让当作一种软弱，反而更不尊重你，或者瞧不起你。在这种时候，你就要适当反击，锉其锐气，让他们知道你的厉害。

五、性急草率的同事

这种人多半是急性子，有的时候为了表现自己的果断，就会显得随便而草率。他们常常会对事物产生错觉和误解。如果遇到上述这种人，你最好把问题分成若干个小问题，逐一征求他们的意见，这样就可以免除不必要的麻烦。

六、头脑总是不清醒的同事

这种类型的同事自己从来不知反省，而且理解领会能力太差，几乎完全听不

懂别人的谈话。所以你在做重要工作的时候，还是少和他们接触为好。

七、难以被说服的同事

这种同事往往喜欢固执己见，无论别人说什么，他们都听不进去。和这种人打交道，是最累人且又浪费时间的，而且往往徒劳无功。所以在与他们打交道时，你要适可而止，实在谈不拢，就不必耗时费力了。

八、慢性子的同事

与这类同事交往，最重要的是要有耐心。即使他们总是无法跟上你的进度，你也要按捺住性子，尽可能地配合他们去做事。

(三)与上级沟通的教师用语

要摆正与上级领导的关系，尊重并维护领导的权威，主动沟通，适应领导的工作风格。由于工作关系，教师要经常接触各级领导，有时要请示领导对工作进展做出批示，有时要向领导汇报工作安排，有时要向领导寻求帮助，有时要向领导征求意见，甚至有时因为工作失误还要向领导做检讨。这样做的目的是争取园长的认可、理解、信任和支持。

1. 准备要充分

不管是汇报还是请示，教师事先都要做好准备工作，说什么，怎么说，都要考虑清楚，列出提纲，甚至写好书面材料。

应用举例 5

教师要婉约地汇报坏消息："我们似乎碰到了一些状况。"

教师要表现出团队精神："宋老师的主意真不错。"

教师要避免说不知道："让我再认真地想一想，3 点以前给你答复好吗？"

2. 表达要清晰、流畅

教师向领导汇报工作或是在会上发言时，要注意重点突出，条理清晰，坦诚、简明，语速适中。

应用举例 6

教师面对批评时表现冷静："谢谢你告诉我，我会仔细考虑你的建议的。"

教师要承认疏失，但不要引起上级的不满："是我一时失察，少做了几页PPT。不过幸好我连夜赶制好了，没影响使用。"

3. 态度要谦虚、自信

下属教师应适当地表明自己的观点。

应用举例 7

教师要表现得有效率："我马上处理。"

教师要恰如其分地"讨好"领导："我很想知道你对这件事情的看法。"

拓展阅读 2

如何向领导汇报工作

一、言简意赅地概括主旨，让领导知晓"是什么"

（一）梳理汇报工作

向领导汇报工作之前，教师应将汇报的工作仔细梳理一下。有文件材料的，教师要吃透吃准精神，做到心中有数；没有文件材料的，教师需要打好腹稿，理好脉络，分清层次，充分做好汇报准备工作，确保汇报时有的放矢。

（二）简要汇报主要内容

向领导汇报工作时，教师要用精练的语言概括来龙去脉，提纲挈领，纲举目张，让领导在最短的时间内知晓前因后果和轻重缓急，对汇报事宜有大致了解。

（三）提醒关键环节和注意细节

教师简明扼要地向领导汇报主要内容后，要向领导进一步汇报需要注意的关键环节和具体细节，如完成时限、具体标准等，让领导有进一步的认识和理解，使汇报环环相扣。

二、结合实际拟订方案，让领导知晓"为什么"

（一）拟订科学方案

汇报之前，教师应根据汇报任务要求，结合工作实际，多拟订几套备选方案，供领导遴选，充分发挥参谋助手作用。教师要力戒不明就里式汇报，完全将决策任务推给领导，领导一问三不知，再研究再汇报，导致汇报效率低下。

（二）仔细阐述记录

向领导汇报备选方案时，教师不但要汇报方案的具体内容，也要汇报拟订方案的初衷、根据等，提高汇报的科学性。同时，教师要认真记录领导对方案的审批意见，采纳哪一条方案，做了哪些改动，抑或提出了新的方案，要全面记录，不要漏掉任何一个细节。

（三）修改方案后再汇报

根据领导的指示精神，教师要充实、修改具体方案，贯彻领导的意图，将修改后的方案再向领导做一次简要汇报，重点汇报修改内容，待领导认可后具体落实。

三、因事而异，灵活处理，让领导知晓“怎么样”

（一）事前提醒汇报

在有的工作落实中，领导需要签字同意或是出席活动，在这种情况下，教师应事前主动提醒领导，好让领导胸有成竹。

（二）事中主动汇报

有的工作延续性很强，要持续很长一段时间，上级会有新的精神，工作会遇到新的情况。这时教师应主动向领导请示汇报，安排部署下一阶段的工作。

（三）事后汇报结果

有的工作只需要领导同意，不需要领导出席活动，若不及时汇报，领导可能不清楚成效如何。在这种情况下，待工作结束后，教师要及时向领导汇报工作取得的效果，让领导掌握最终结果。

案例 1

“十一”活动准备工作汇报

时间：“十一”前夕。

地点：幼儿园。

汇报人：负责舞台准备工作的教师。

事件：教师汇报工作。

“十一”国庆节前夕，园长安排一名教师负责庆“十一”童心颂祖国大型亲子歌咏会的舞台准备工作。这名教师看了场地，又到市场进行了考察。经过一番准备之后，这位老师向园长汇报道：“园长，我向您汇报一下准备童心颂祖国歌咏会的舞台准备情况。我到几家相关公司进行了询价，搭建临时舞台需要5000元费用，但是用后拆除还需要准备存放的场地；咱们的音响设备达不到户外使用的效果，采购新设备所需费用是5000元，两样共计10000元。我又联系了演艺公司，舞台及舞台音响设备的租金一共是5000元；我建议租用设备，既省资金，又实用。园长，您看呢?”园长听了以后说道：“你用心了。你说得有道理，租用演艺公司的舞台和音响设备吧。”

（案例提供：吴艳丽）

(四)与下属沟通的教师用语

上级领导对下属要做到真诚关怀、平等相待。具体做法如下。

1. 有效布置任务，准确地下达指示，让下属听懂要求

第一，沟通要有效、准确。比如：“郭老师，请将安全工作所有资料按照项目分类装盒，贴好标签，列出目录，于周五下班前完成，以备迎接上级领导检查。”

第二，耐心解答下属的疑问和困惑，确认下属领会了任务的精髓。比如：“第三个任务完成起来有难度，能说说你的理解吗？”“简单说说你对完成任务的想法吧。”“我刚才说了几项？你说说，看看我是否遗漏了什么。”

第三，避免用命令式口吻下达指示。

①建议式口吻：“我有个建议，你可以考虑一下。”

②商量式口吻：“我打算这样实施我们的计划，不知你还有没有更好的想法。”

③询问式口吻：“对于这个计划，我们采用A方案还是B方案呢？”

④信任式口吻：“相信你一定会做好的。”

2. 倾听下属的心声，打造畅通的沟通渠道

领导要善于营造畅所欲言的团队气氛，注意倾听下属的心声；妥善处理抱怨和误解，深入了解抱怨的原因，消除下属的不满、误解；及时向下属反馈结果，乐于接受下属的批评。

应用举例8

组长对教师说：“你的提案非常好，正在实施中。”“多亏了你的建议，我们在这次活动中取得了很大成功。”

3. 有效地激励下属

(1)赞美激励

赞美能使人满足自我的需求。心理学家马斯洛认为，荣誉和成就感是人的高层次的需求。卡耐基认为：“要改变人而不触犯或引起反感，那么，请称赞他们最微小的进步，并称赞每个进步。”赞美态度要诚恳，内容要具体。

应用举例9

领导对教师说：“赵老师，你这次处理家长抱怨的态度非常好，自始至终婉

转、诚恳，并针对了问题解决，你做得很好啊。”

(2)批评激励

领导要以真诚的赞美做开头，使人听得进去，心平气和；尊重客观实事，就事论事，并不是批评对方本人，而是批评他的行为；不伤害下属的自尊与自信；有好的结束。

应用举例 10

组长对教师说：“你以往的表现都优于一般人，希望你不要再犯这样的错误了。我相信你。”

4. 留人、辞人的策略

(1)留住骨干教师的沟通

领导要做好面谈挽留。领导要强调对方在幼儿园中的重要性及领导们对他的重视，表达挽留的诚意。领导要了解对方辞职的真实原因，避免直接问：“你为什么离开幼儿园?”或“谈谈你辞职的理由好吗?”领导可以问：“你希望幼儿园做出那些改变才能让你继续留在这里呢?”“你觉得哪家幼儿园哪些地方更吸引你呢?”领导要针对离职原因提出留人的条件，比如，轮岗、升职、加薪、期权，等等。如果对方提出了组织无法满足或明显不合理的条件，领导要说出组织的难处，不要为取悦对方而满口答应。

(2)辞退教师的沟通

辞退面谈的步骤如下。第一步，直入主题。对方一进会议室落座，领导要马上告诉她单位的决定。第二步，告知原因。领导要委婉地说出单位的难处，指出辞退对方的原因。第三步，倾听。第四步，沟通赔偿协议内容。在面谈过程中，面谈者应始终保持耐心，对被辞退者表示感同身受；语调要平和自然，从容谈定；领导在谈话时该附和的附和，该引导的引导，该沉默的沉默。

拓展阅读 3

辞退员工

一、对生气、充满敌意、感觉很受伤、很失望者

第一，要用试探性语言总结他所说的话。

第二，避免发生争吵。

第三，保持客观的态度，坚持事实，并给对方提供对他日后有帮助的信息。

二、对讨价还价、不信任幼儿园者

第一，要让对方明白面谈者对他的处境很认同。

第二，不要陷入跟他讨价还价的处境中。

第三，提供将来对他有用的帮助，必要时安排心理辅导。

三、对哭哭啼啼、非常悲伤和焦虑者

第一，可提供纸巾给对方，等他哭够了再继续谈。

第二，不要说“哭什么，这有什么了不起”之类的话。

第三，等对方情绪平复后，解释事实以及下一步的做法。

(五)与社区沟通的教师用语

社区中拥有丰富的教育资源，幼儿园通过与社区联系可以有多方面的收获。教师可以拓宽教育渠道，掌握更多的信息；社区可以及时了解社区内幼儿的教育情况，进而采取相应的措施；幼儿可以参加社区活动，增强实践能力。

教师与社区沟通时要注意：用语要礼貌、得体，主动介绍自己，说话通俗，目的明确，符合事实。

应用举例 11

教师对社区工作人员说：“你好，我是××幼儿园的×老师。我代表幼儿园来跟您联系合作事宜。”“我们老师和小朋友准备了一些节目，想为社区人员表演，以便丰富社区活动；咱们社区的老人剪纸技巧很好，能否让幼儿园的小朋友欣赏一下她们的剪纸作品，并让老人教给孩子们一些简单的剪纸方法呢?”

拓展阅读 4

与人相处的十大礼仪

1. 尊重对方，真诚地注视对方。
2. 记住别人的名字，对别人真诚地感兴趣。
3. 给人以友好、真心的微笑。
4. 倾听别人说话，谈论别人感兴趣的东西。
5. 尊重对方生活的秘密，保护他人的隐私权。
6. 不在背后批评人，使他人保持住面子。
7. 从友善的态度出发，采用积极、明确的说话方式。
8. 对别人的想法和希望表示理解或认同。

9. 适当地称呼他人的名字，取得最佳心理强化效果。

10. 根据对方的视线、目光，判断对方的性格。

二、推荐幼儿园日常行政工作用语百句举例

(一)十字文明用语

> 推荐用语：
> • “您好。”“请。”“谢谢。”“对不起。”“再见。”

(二)问候语

问候语一般不强调具体内容，只表示一种礼貌，在使用上通常简洁、明了，不受场合的约束。无论在任何场合，教师与人见面都不应省略问候语。同时，无论何人以何种方式向教师表示问候，教师都应给予相应的回复，不可置之不理。与人交往中，常用的问候语如下。

> 推荐用语：
> • “你好。”“早上好。”“下午好。”“晚上好。”

(三)见面语

见面语是见面打招呼的语言。

> 推荐用语：
> • “您好！很高兴认识您。”
> • “请多多指教。”
> • “请多多关照。”

(四)欢迎语

欢迎语是接待来访客人时必不可少的礼貌语。

推荐用语：
- “欢迎您！”
- “欢迎各位光临！”
- “见到您很高兴！”

（五）请托语

请托语，是指当教师向他人提出某种要求或请求时应使用的必要的语言。当教师向他人提出某种要求或请求时，一定要“请”字当先，而且态度语气要诚恳，不要低声下气，更不要趾高气扬。

推荐用语：
- “劳驾。”
- “借光。”
- “有劳您了。”
- “让您费心了。”

（六）征询语

在交往中，尤其是在接待的过程中，教师应经常地、恰当地使用征询性的语言，使被接待者感觉受到了尊重。

推荐用语：
- “您有事需要帮忙吗？”
- “我能为您做些什么？”
- “您还有什么事吗？”
- “我可以进来吗？”
- “您如果不介意的话，我可以看一下吗？”
- “这样做行吗？”

（七）赞美语

赞美语，是指向他人表示称赞时的用语。在交往中，教师要善于发现、欣赏他人的优点，并能适时地给予对方真挚的赞美。这不仅能够缩短双方的心理距

离，更重要的是能够体现出宽容与善良的品质。

推荐用语：
- “很好。”
- “不错。”
- “太棒了！”
- “真了不起！”
- “真漂亮。”

面对他人的赞美，教师也应做出积极、恰当的反应。

推荐用语：
- “谢谢您的鼓励。”
- “多亏了你。”
- “您过奖了。”
- “你也不错嘛。”

（八）感谢语

为了处理好人际关系，教师要多说感谢的话。

推荐用语：
- “劳驾了。”
- “让您费心了！”
- “实在过意不去。”
- “拜托了。”
- “麻烦您了。”
- “感谢您的帮助。”

（九）致歉语

人们有时难免会影响或打扰了别人，尤其是当自己失礼、失约、失陪、失手时，都应及时、主动、真心地向对方表示歉意。

推荐用语：

•“对不起。”

•“请原谅。”

•“很抱歉。”

•“失礼了。”

•“不好意思，让您久等了。”

•“请稍等。”

•“请多包涵。”

（十）接受对方的致谢、致歉语

推荐用语：

•“别客气。”

•“不用谢。”

•“没关系。”

•“请不要放在心上。”

（十一）拒绝语

拒绝语，是指当教师不便或不好直接说明本意时，采用婉转的词语加以暗示，使对方意会的语言。在人际交往中，当对方提出问题或要求，不好向对方回答“行”或“不行”时，教师可以用一些推脱的语言来拒绝。

推荐用语：

•对园长交代暂时不见的来访者或不速之客，教师可以委婉地说：“对不起，园长正在开一个重要的会议，您能否改日再来？”

•“请您与园长约定以后再联系好吗？”

•如果来访者依然纠缠，教师可以微笑着说：“实在对不起，我帮不了您。”

（十二）告别语

告别语虽然给人几分客套之感，但也不失真诚与温馨。与人告别时，教师应友善温和，语言要有分寸，具有委婉谦恭的特点。

推荐用语：
- “再次感谢您的光临，欢迎您再来！”
- “非常高兴认识你，希望以后多联系。”
- “十分感谢，咱们后会有期。”

（十三）接听电话用语

电话沟通具有直接、高效、经济、可靠的优势。

推荐用语：
- “您好！我是×老师，请讲。”
- “您好！这里是×××幼儿园，请问您找谁？”
- “我就是，请问您是哪位？……请讲！”
- “请问您有什么事？”
- “请稍等，我记录一下。您放心，我会尽力办好这件事。”
- “不用谢，这是我们应该做的。”
- “×××老师不在，我可以替您转告吗？（请您稍后再来电话好吗？）”
- “对不起，这件事请您向×××室咨询，他们的电话号码是……（×××老师不是这个电话号码，她的电话号码是……）”
- “您打错号码了，我是×××，……没关系。”

（十四）打电话用语

推荐用语：
- “×老师你好！说话方便吗？我有件事需要跟你商量一下。”
- “您好！请问您是×××单位×××室吗？”
- “我是×××幼儿园的×××，请问怎样称呼您？”
- “请帮我找×××同志，谢谢！”
- “对不起，我打错电话了。”

（十五）接待来访用语

幼儿园以外的人会应约或主动到幼儿园里就某事或某问题与教师交流。

推荐用语：

•“请进！”

•“请坐。(请喝茶。)”

•“您好！请问您是……？”

•“请问您找哪位？”

•“请问，我能帮到你吗？”

•“对不起，让您久等了。”

•“有什么事，您请讲。”

•“他(她)不在，请问有事需要转告吗？”

•“园长(×××老师)在×××楼，我可以带您去(或指明地点)。”

•“我就是，请问有事需要办理吗？”

•“请稍等，我马上为您尽快办理。”

•“您反映的情况，我们会尽快处理。”

•“对不起，这个问题因……无法立刻办理，请留下您的联系电话，我们研究后给您答复好吗？”

•“不用谢，请慢走！”

(十六)到外单位办事用语

推荐用语：

•“对不起，打扰您一下。”

•“请问×××室在哪儿？”

•“请问×××老师在吗？”

•“非常感谢您。(麻烦您了。)”

•“请留步。”

(十七)处理突发事件用语

推荐用语：

•“真对不起，今天……”

•“对不起！园长(主任)，我们班刚才发生了……”

（十八）上级对下级的工作规范用语

推荐用语：

- “这个问题能不能有别的办法，例如……”
- “这是我个人的意见，你们可以参考。”
- “建议你们看看……资料，看看有什么启发。”
- “你想得真周到。”
- “让我仔细考虑一下。”
- “容我们研究商量一下。”

（十九）下级对上级的工作规范用语

推荐用语：

- “领导高见！”
- “请领导赐教。”
- “园长（主任）您好，我向您汇报……（我向您请示……）”
- “园长（主任）过奖了，……是我的职责。”
- “园长（主任）您工作忙，我就不打扰您了。”

（二十）同事之间的工作规范用语

推荐用语：

- “麻烦您了，非常感谢！”
- “谢谢您的建议！”
- “不客气，这是我应该做的！”
- “对不起，打扰一下！”
- “对不起，耽误大家的时间了！”
- “请多提宝贵意见！”
- 协商解决：“对不起，我认为，这件事的解决办法是……”“我能说说我的想法吗？”“看来在这个问题上我们有不同看法，还需进一步商讨。”“您认为怎样？”“我们共同商量一下吧！”

- 乐于助人："需要我帮助吗？""您好，我来帮助您！"
- 互助学习："您的方法很值得我学习。""有不懂的地方您尽量问。"
- 鼓励支持："别着急，再想一想，肯定有办法的。""我会尽量帮助你的。"

三、 日常行政工作用语技能的培养

（一）提升语言表达能力

1. 良好表达的心智准备

（1）道德修养

思想道德修养决定人格的力量，以德修身方足以服人。无论是谈话、演讲，还是辩论，教师的思想、感情、个人修养都会在有意无意中影响着听众，只有具备了良好的思想道德修养，说出的话才具有说服力，"身教胜于严教"，尊重、理解他人，讲究职业道德，发挥正能量，用正确的方法、立场去分析问题、解决问题，教师的表达才能具有人格的力量，从而感染听众，说服听众。

（2）知识积累

"要想给别人一杯水，自己就要有一桶水。"教师要想给他人提供正确、有趣、新鲜、翔实的信息，需要以丰富的知识积累为基础。

（3）随机应变

顺畅的沟通要求教师在谈话、演讲的过程中随时注意对方，观察听者的表情，掌握听者的情绪，根据其反馈及时调整表达的内容及角度，如把对方不愿意听而自己打算讲的东西删掉，加进一些对方感兴趣的内容等。教师会遇到演讲时有人起哄，讲话时遭人白眼，解释受到质疑等，想要在窘境中得到解脱，就得练就应对自如的能力。

（4）强化记忆

教师通过主动记忆把需要表达的内容存在大脑中，在重要的场合显得极其重要。教师提供的信息越精确，就越能获得听者的信任；演讲时，大段背诵名篇佳句，或对各种数据信手拈来，会使听者佩服不已。良好的表达需要强化记忆。

2. 积极的语言表达方式

教师要采用积极的语言表达方式，以积极、自信的心态，站在对方的角度，针对不同的沟通对象，专注于成功实现沟通目标。积极的沟通者勇于对自己和沟通对象负责，沟通时主动，自始至终表现得诚恳，着眼于解决问题，陈述自己的

观点时清晰、直接、富有建设性，语言表达简明扼要、富有活力，关注并询问他人的想法、意见和期望，给予对事不对人的建设性反馈，提供的建议不带强制意味。比如："我们先明确一下这个议题，然后探讨有几种解决它的途径，好吗？""我对你的观点是这样理解的……""我理解了你的意思，下面谈谈我的想法。""对不起，刚才可能没说清楚，我再解释一下我为什么那么认为。""你别急，请让我把话说完。""对不起，确实是我弄错了。""不要担心，我们一起努力，会找到解决的办法的。"

(二)加强情境对话练习

教师要在假设的情境中进入角色，练习教师日常行政工作规范用语，加深理解，学习运用。

模拟练习 1

两名教师的对话

时间：备课时间。

地点：备课室。

对话人：王老师、张老师。

事件：教师制作道具。

幼儿园的期末家长会时间就要到了，各个班级的教师都在进行相关工作的准备。同年龄段班级的王老师和张老师正在制作小朋友使用的道具。

王老师："张老师，你制作的这个向日葵真漂亮！"

张老师："谢谢！这是我们班小朋友在家长会上唱歌的时候用的道具。"

王老师："如果我们班的小朋友也能用上这么漂亮的向日葵该多好呀！"

张老师："你制作的彩色手铃更漂亮！"

王老师："我有个建议，我借给你彩色手铃，你借给我向日葵，这样，咱们两个班的小朋友就都能用上彩色手铃和向日葵了，你看咋样？"

张老师："这个办法好啊，成交！"

王老师和张老师高兴地互相击掌："耶！"

(三)运用榜样学习法进行模仿学习

实习教师要通过观察幼儿园指导教师的言谈举止，模仿学习教师用语的表达技巧，提高教师用语技能。

案例 2

寒假轮休

时间：教师交谈时间。

地点：幼儿园。

交谈人：教师甲和教师乙。

事件：教师甲和教师乙都想在二月份休假。

幼儿园寒假轮休的时间快到了，幼儿园宣布了轮休的日期，班级的两名教师轮流休假，要求各个班级自行研究后上报到幼儿园。教师甲和教师乙都想在二月份的春节前后集中休息，但这是不可能的，只能是一个人在一月份休息，另一个人在二月份休息。

教师甲："终于快到轮休的日子了，我真高兴!"

教师乙："是呀，我也盼着这一天呢。"

教师甲："辛苦了一个学期了，你先休息吧。我先上班，等二月份我再休息。"

教师乙："我也想先上班，等二月份再休息。"

教师甲："我在二月份有事。"

教师乙："可是我也有事。能不能这样，咱俩把自己的事情都说一说，看能否合理解决好，你看呢?"

教师甲："好吧。我婆婆春节前会从老家过来，一是到医院检查一下身体，说最近身体不舒服，二是跟我们一起过个年。虽说有我老公带她去医院，可我也得陪着呀，你说重要吧?"

教师乙："你真是个有孝心的儿媳妇！我的事情是，我想利用假期时间参加上海的一个幼教培训班学习，已经报名交费了，时间也是在春节前夕，你说这事也重要吧?"

教师甲："你真是个爱学习的人!"

教师乙："这样好了，我一个同学的家离医院比较近，到时候我请她帮你排队挂号，你看咋样?"

教师甲："有你帮我找人排队挂号，我就安心了。那你在二月份休息吧。"

教师乙："那我们就这样定好啦!"

案例评析：

幼儿园教师的工作量是很大的：做好教育教学工作，写每天的活动设计，准备教具、学具，写反思、教育随机、工作总结，参加教学探讨，布置环境；管理好班级的幼儿，做好家长工作等。辛苦半个学期了，大家都盼望着在寒暑假休息，可是也只能轮休，班级的两名教师需要协商安排轮流休息。以上两名教师都希望在二月休息，一个是外地的婆婆“莅临”，必须要热情接待，安排到医院检查身体；另一个是想利用假期自己“充电”学习。两名教师各自将自己的事情诚恳地摆在桌面上进行协商，教师乙赞美教师甲的孝心，教师甲赞赏教师乙的好学，教师乙利用自己的人脉资源帮助教师甲解决了到医院排队挂号的难题，教师乙也做出了让步，最后两人在友好的气氛中达成一致，双方愉快地安排好了轮休计划。

（案例提供：吴艳丽）

第二节　幼儿园日常行政工作用语运用的策略

一、倾听语、反馈语、提问语运用的策略

（一）倾听语运用的策略

积极倾听和有效表达一样重要。每个人都认为自己的声音是最重要、最动听的，都迫不及待地表达自己的愿望，我们有两只耳朵、两只眼睛，却只有一张嘴，要多听、多看，少说。在沟通中，能说会道固然重要，更重要的是要善于倾听。

倾听是接受口头和非语言信息，确定其含义并对此做出反应的过程。倾听过程包括三个层面。

1. 听到

听到即对说话者的口头语言和身体语言信息加以接受的过程。

2. 听懂

听懂即对接收到的信息进行“解码”，从而加以理解的过程。

3. 确认

确认即在听懂对方的意思之后，通过复述或提问的方式，对自己是否真正全面、正确地理解对方的意思进行“印证”，避免自己的理解和说话人的意思不一致的过程。比如："不好意思，请再说一遍。""对不起，你能重复一下吗?"确认是对表达者的话进行回应或者说是反馈的过程，仅有"听"的行为，而没有对表达者的话做出确认，很难保证沟通的有效性，只有当确认了、回应了，才算完成了整个沟通过程。

应用举例 1

甲和乙的对话如下。

甲："我现在确实比较忙。"

乙："是啊，您在这样的领导岗位上，肯定很辛苦!"

(二)反馈语运用的策略

有效的反馈是完整倾听活动的必备环节，所谓反馈，就是信息接收者对信息发出回应的行为。当面口头沟通时，倾听者用微笑、点头、提问、发表意见等反馈活动，告诉讲话者对其信息的理解、对话题感兴趣的程度、是否有想深入下去的意愿等。比如："对。""是的。""不错。""我明白。""接着往下说。""请您说得详细点。""这太有趣了。""接下来发生了什么?""我想听听你的想法。""你好像认为……""你的想法是……""你一定觉得……""如果我的理解正确的话……""让我们小结一下……"

应用举例 2

讲话者："我真是烦死了，这项预算一点都不精确，我花了大量的时间来核对，发现里面有不少错误，真耽误事。"倾听者："是够烦的，你真的不容易。"

讲话者："我真不知道该如何选择，每项活动都有赞成和反对两种意见，而且反映都相当强烈。"倾听者："如果处在你的位置上，我想我也宁愿慢些做出决定，以免得罪某一方。"

(三)提问语运用的策略

提问是沟通中的重要环节，是促进沟通的重要手段，它既可以开启一段对话，也可以是对对方话题的反馈。比如："关于这个观摩研讨活动，你看是准备第一课时的内容还是第二课时的内容?"在沟通过程中，教师借助提问可以判明是非，寻求事实真相。比如："上次你参加的比赛是什么项目?"教师可以引导论证，深入探索问题。比如："作为园长助理，你在以前的幼儿园里肯定遇到过教师之间发生矛盾的时候，你是如何处理的?”陶行知先生在《手脑相长歌》中曾说：“发明千千万，起点是一问。禽兽不如人，过在不会问。智者问得巧，愚者问得笨。人力胜天工，只在就事问。”教师要能像智者那样问得巧妙，掌握好提问的原则和方法。

应用举例 3

寻求承诺：“你可以周一上早班吗?”

询问意愿：“你喜欢那套玩具吗?”

提出要求：“我可以看看这本书吗?”

二、赞美语、批评语与接受批评语运用的策略

(一)赞美语运用的策略

人人都渴望被赞美，因为得到他人的认可是人的基本心理需求。即使再刻薄的人受到真诚的赞美，也会变得通情达理、乐于协作，所以赞美是最好的沟通润滑剂。同时，赞美也是成功者必备的修养，乐于赞美他人的人，往往胸襟宽广、事业开阔、思维灵活，善于发现和汲取他人的长处，不断完善自己。可以说，赞美是嘴角的春风，是开启人心的钥匙。教师掌握了赞美的艺术，十分有利于优化人际关系，拓展人脉关系。赞美式的语言最有利于沟通，适当地赞美对方，常常能够创造出一种热情友好、积极肯定的交往气氛。赞美的作用远远大于批评指责，它能调动起人的所有积极因素，激发其源于内心的责任感。

1. 直接赞美

直接赞美就是当面赞美对方。教师要当着对方的面，以明确、具体的语言，提及对方的名字，微笑地赞许对方的行为、能力、外表或他拥有的物品。认可别人在某件事上所取得的成就也是一种很好的赞美，这是对对方的能力和优点的直接表示，是对他人的贡献的一种赞许。这听起来简单，但真正运用起来并不容易，因为直接赞美绝不是赤裸裸地当面吹嘘对方，而是运用各种技巧，让人感受到你发自内心的喜好、钦佩或鼓励。

应用举例 4

“王老师，你的主意真棒，咱们就这样干吧!”

“张老师，感谢你及时制作了PPT，希望我们今后也像这次一样合作愉快!”

"你弹唱的歌曲《小花猫》真好听。"

"这个发型让你看起来更年轻了。"

2. 间接赞美

间接赞美就是不直接面对面赞美对方，而通过第三者传递赞美信息。间接赞美比直接赞美更委婉，技巧性更强。

(1)在第三者面前赞美

教师可以在一个同事面前赞美另一个同事，在领导面前赞美你的同事，在你朋友的朋友面前赞美你的朋友。

应用举例 5

教师在园长面前说："孔主任工作认真负责，喜爱钻研，经常发表文章，真是我们园里不可多得的人才啊!"

应用举例 6

教师借第三者的话做开场白："难怪韩老师一直说你很不错，今日一见果然名不虚传。"这种开场白，能迅速拉近陌生人之间的距离，便于后面的沟通。

(2)传达第三者的赞美

当有人在教师面前夸奖某人时，教师理当传达这种赞美。如，你对李老师说："前两天我和王老师谈起你，她很敬佩你的家长工作能力，说你也有本事。"李老师因你传达了王老师对她的夸赞而倍感愉悦，并会顺理成章地认为你也是同意王老师的看法的，李老师对你自然也会有好感；王老师知道了你将话传达到了李老师的耳朵里，增进了她和李老师的关系而感激你。

(3)赞美对方在意的人和事

俗话说"爱屋及乌"，有时候赞美与对方紧密相关的人或事，能收到比赞美对方本身更好的效果。

应用举例 7

"你们班的小朋友最近在跳绳方面进步得很快呢!"

(二)批评语与接受批评语运用的策略

批评，是指出他人错误，并对这一错误表示否定态度和自我价值判断的行为。"金无足赤，人无完人"，所以批评或被批评是我们生活和工作中的常事。当

我们被批评时，对于有些人的批评，我们容易接受，而对于有些人的批评，虽然我们感觉到他批评得对，我们却听着不入耳，不愿意接受，这就涉及批评的艺术。批评得当，会引人自省、发人奋进；批评不当，则可能给对方造成伤害。所以，我们要批评他人时，一定要讲究原则和技巧。

当向别人提出建议尤其是批评时，为了让对方能接受，表达者最好在表达自己的核心意见之前，先对对方的相关方面表示认同。意见表达完毕，别忘了给予他希望与鼓励，以使他保持信心与愉悦的心情，不至于有被打击的挫折感。

1. 批评

(1)欲抑先扬

应用举例 8

教师以鼓励的方式提出批评："这个小兔子的轮廓很形象，这个眼睛是不是应该再有神一些啊？"

(2)以鼓励的方式提出批评

应用举例 9

"你的音色是不错的，只是有些节奏不够准确，如果多加练习，相信你一定会唱好这首歌的。"

(3)化"明示"为"暗示"

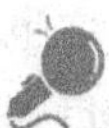

应用举例 10

"你们班级的活动很丰富，可是安全教育也很重要啊。"

(4)慎用"你"，多考虑用"我们"

应用举例 11

"这篇总结还有这么多的错误，我们得谈谈问题出在哪儿了。"

(5)从自我检讨入手提出批评

应用举例 12

"最近我对你的关心不够，你犯了一点错，可是如果你能再仔细一些，是不是会做得更好呢？"

(6)“三明治”策略

教师先肯定对方；然后提出具体的、积极的看法；再提出批评意见；最后对对方进行积极评价和肯定。

应用举例 13

“刘老师，你今天的发型很漂亮啊，如果配上咱们学校的职业装，会显得更精神、更漂亮!”

(7)“将心比心”策略

教师如果在纠正当事者的失误时，首先站在对方立场上肯定他已经做出的努力，并帮助他开脱责任，此时再提出他存在的不足，并与其共同查找失误的原因，研究补救的办法，那么，他一定会感激教师的理解和体谅，不仅不会因为被批评而心怀不满，还会积极地采取措施尽快改正。

应用举例 14

“张老师，看得出来你用心思考了这个亲子活动方案，只是现在时间很紧，有些准备是来不及做的；可是游戏活动之间的环节有些拖拉，你可以与老教师一起再研究一下。”

(8)幽默策略

教师要在点出批评对象的错误之处时含而不露、旨在启发，于轻松诙谐的气氛中，既缓解被批评者的紧张情绪，又使其意识到自己的错误并加以改正。教师在提出幽默式批评时常巧妙运用含有哲理的故事、双关语、形象的比喻、情境等。

应用举例 15

课堂上很乱，有的同学在说笑，有的学生在睡觉，有的学生眼观窗外。正在讲课的老师突然停了下来，一本正经地对大家说：“如果坐在中间的那几位同学，能像观看窗外景色的那位同学那么安静的话，也许就会让前面这两位同学睡得更香了。”此言一出，哄堂大笑。谈笑的学生不说话了，看着窗外的学生回过神来了，睡觉的学生也被大家的笑声惊醒了，几个人也都面带愧色地笑了。

教师需注意的是，幽默式批评不适用于对严重错误的批评，也不适用于对那些不理解幽默中的故事的人进行批评。

2. 接受批评

《孟子·公孙丑上》记载了子路“人告知有过则喜”的故事，人际关系学大师戴尔·卡耐基也说：“即使傻瓜也会为自己的错误辩解，但能承认自己错误的人更会获得他人的尊重，而且有一种高贵怡然的感觉。”可在现实中，由于我们会顾及自尊心和面子，听到批评时，往往心中颇为不快，有的人甚至一批就“爆”。其实，大多数的批评都是用心良苦、意义深远的，真正懂得这一点，我们面对批评时就不会芒刺在背，反而会“闻过则喜”了。

(1)冷静倾听

当对方提出批评时，我们先要冷静倾听，不论对方的批评方法是耐心教诲式的，还是暴跳如雷式的，都让对方把话说完。这样，既显示我们尊重对方，又能让对方看出我们的涵养。

(2)理性分析

我们要快速做出理性分析，根据不同情况，做出不同的应答。如果对方批评得对，我们要承认错误并表示歉意；如果对方批评有误，我们要先承认他对的部分，之后委婉表明自己的立场和态度。

(3)问清原委

有时对方说出带有批评意味的话，其实只是想借此提个建议，甚至是想要引出一段表扬(欲抑先扬)，如果我们没有耐心听完别人的批评就打断对方，急于反驳或为自己辩解，那么就会错过很精彩的建议或赞扬。

应用举例 16

园长对一名职工说：“你最近的表现怎么这么差?”教师问道：“您是指哪些方面？您再说具体点，我好改正。”

(4)同意对方的批评建议

问清原委后，我们就只需同意对方的批评建议了。对于那些因不知情或误解而产生的错误批评，我们该怎么去面对呢？我们既要平和地接受对方的批评，又要保留自己的立场。

应用举例 17

主任对教师说：“你没唱好这首歌啊。”教师进行同意式的回答：“是啊，有一句慢了半拍。下次我会跟上节奏。”

三、致谢语与致歉语运用的策略

（一）致谢语运用的策略

“致谢”是对他人的帮助给予口头或行动上回报的感恩行为。对他人的帮助给予感谢，是社会主义道德和社会基本礼仪的要求，也是个人修养的体现。致谢的行为，在肯定他人付出的同时，也会起到鼓励他人再接再厉、积极努力的作用。反之，我们如果对他人的付出和帮助置若罔闻，就会让对方感到失落，感到其付出得不值得，也会让对方认为我们是不值得帮助的人，是缺乏感恩之心的人，当我们再次需要帮助时，对方也难以再伸出援助之手了。比如：“真得好好谢谢你，你帮我解决了一个大难题。”“多亏你帮忙，不然我可没办法了。”

如果我们不方便当面向对方表示感谢，可以通过电话来表达。电话致谢时，我们要注意以“你好”等问候语开篇，如果和对方没有熟悉到一接电话就能判断出彼此是谁的程度，还要自报家门“我是×××”，之后再切入正题。由于电话致谢时对方看不到我们的身体语言，所以我们更应重视自己的语音、语速、语调等副语言的表现力和感染力，让对方听出我们的诚意。

（二）致歉语运用的策略

大多数人很清楚自己并非十全十美的，可是承认自己犯了错也是个难事，需要学会认错技巧，这些策略会帮助我们鼓起勇气去获得对方的原谅甚至帮助。

1. 夸大过错法

致歉人越是夸大自己的过错，越是反省深刻，对方越不得不原谅。

应用举例 18

教师因工作失误向班长致歉：“千错万错都是我的错，因为我的一时疏忽，影响了评比成绩，真的非常非常抱歉！”

2. “戴高帽”法

因为小的错误或失误致歉时，我们可以给对方戴上“高风亮节”“大人大量”的高帽子，对方也就按照“高风亮节”“大人大量”的标准来对待我们的失误了。

应用举例 19

教师甲把向教师乙借阅的书籍弄破了，还书时教师甲对教师乙说：“把书弄

破了，确实是我不应该。这事要是碰到别人，一定会揪住我不放，幸亏遇到的是你，我知道你一向都不爱计较，我已经将破的地方补好了，你先用着，我以后再买本新的赔给你。”

3. 幽默致歉法

通过使用幽默的表达方式，我们可以机智地化解尴尬，使致歉变得轻松自然，一切误解和不快都会融化在会心一笑之间。幽默致歉法更适合对上司或是比较熟悉的同事和朋友使用。

应用举例 20

解放战争时期，彭德怀元帅有一次错怪了洪学智将军。后来，彭德怀拿了一个梨，笑着对洪学智说："来，吃梨吧！我赔礼(梨)了。"说完两人一起哈哈大笑起来了。

四、说服语、请求语与拒绝语运用的策略

(一)说服语运用的策略

说服就是用理由充分的话使对方心服。这里强调了"心服"。在影响说服效果的三个关键因素中，排在第一位的是说服者的人格，即说服者是什么人，公信力如何；排在第二位的是劝说内容蕴含的力量，即说什么；排在第三位的是说服者的说服方式，即怎么说。可以说，说服就是说服者以自己的公信力为基础，以事实为论据，通过晓之以理、动之以情，试图使对方的态度、行为朝特定方向改变的一种影响性沟通。而说服力，是指说服者运用各种可能的方法和手段去说服受众的能力。我们只要遵循说服的原则，灵活运用说服的技巧，就可以增强说服能力。

(二)请求语运用的策略

说到求人，多数人都感到犯难。但是，求人又是我们经常要去面对的事情，每个人都离不开别人的帮助。那么，我们为什么在求人的时候会产生畏难情绪呢？因为我们有心理障碍：或怕遭到拒绝，或认为求人伤面子。其实，这都是没有自信的表现，是社交恐惧的表现。要想得到他人的帮助，我们必须克服这种自卑心理，摆正对"求人"的认识。有了正确的心态，再掌握好求人的原则和技巧，"求人"就不会那么难了。

拓展阅读 1

求人帮忙的24种委婉表达方式

一、商量法

我们以商量的口气提出请求，令人易于接受。

好的表达："你能否帮我一个忙，把这件事情处理好？"

对照表达："尽快替我把这件事办一下。"

二、谦恭法

我们可以通过抬高对方、贬低自己的方法把请求表达出来，显得彬彬有礼。

好的表达："您是贵宾，我们都在恭候您呢。"

对照表达："请您出席我们的会议。"

三、悲观法

我们可以通过流露不太相信能成功的想法把请求表达出来，给对方和自己退路。

好的表达："我知道这事很不好办，不过还是想麻烦你去一趟。"

对照表达："你去一趟！"

四、知错法

我们表明自己不该提出请求，实属无奈。

好的表达："真不该在这个时候打扰您，但实在没有办法了。"

对照表达："麻烦您去一趟。"

五、乞谅法

我们先请对方谅解，再提出请求，显得友好、和谐。

好的表达："真不好意思，我又来麻烦你了。"

对照表达："这事得麻烦你。"

六、体谅法

我们先说明自己体谅对方的心情，再提出请求。

好的表达："我知道你手头也不宽裕，不过实在没办法，只好向你借一借。"

对照表达："请你借一点钱给我。"

七、迟疑法

我们要首先讲明自己本不愿意打扰对方，再提出请求。

好的表达："这件事我实在不好意思催问，可还是要请您抓抓紧。"

对照表达："您怎么一直没有替我办呀？"

八、述困法

我们在提出请求时把具体原因讲出来，使对方感觉很有道理，应该提供帮助。

好的表达："隔行如隔山，我一点都不懂那里的规矩，你是熟悉的，就麻烦你了！"

对照表达："你帮我办吧！"

九、定规法

我们通过讲述有关的规定来表达相关意思，避免自己直接指明对方，避免有发号施令的口气。

好的表达："上头规定此事由你负责，所以我非求你不可了。"

对照表达："这件事由你负责。"

十、婉转法

我们要避免提及对方，运用代词代替"你""我"来表达相关意思，婉转表达请求对方帮助办事的意图。

好的表达："这事如果谁帮了我，我会感激他一辈子。"

对照表达："这事如果你帮了我，我会感激你一辈子。"

十一、复代法

我们要用"我们"代替"我"表达自己的意思，以免显得武断。

好的表达："我们是实在没有办法了才来找您帮忙的。"

对照表达："我是没法子了才来找你帮忙的。"

十二、谦称法

我们要用谦虚的自称来代替"我"，显得谦和有礼。

好的表达："晚辈失礼了，这点小事还来打扰您。"

对照表达："我失礼了，这点小事还来打扰您。"

十三、暗示法

我们要用暗示语句表达相关意思，以免直接驱使对方，使对方感到难堪。

好的表达："我要出差了，那件事来不及办了，可没人接手不行呀。"

对照表达："那件事你接手吧。"

十四、不言自明法

我们用说半句、留半句的方法来表达请求，点到为止。

好的表达："我已在这个岗位上干了8年了……"

对照表达："我想换个岗位。"

十五、线索法

我们要提供有关线索，间接引导对方考虑自己的请求，给对方留下余地。

好的表达："我们学校离你家很近，几步路就到了。"

对照表达："请你到我学校来谈吧。"

十六、预设法

我们可以通过暗示对方，使对方心领神会，按照我们的要求去做。

好的表达："上周是我值的班。"

对照表达："这周该你值班了。"

十七、淡化法

我们可以有意用轻描淡写的语言表达有关意思，使请求易于让对方接受。

好的表达："请你帮我把这个房间稍微粉刷一下。"

对照表达："请把这个房间彻底粉刷一下。"

十八、缩小法

我们要把要求缩小，以便对方接受，达到满足自己的愿望和要求的目的。

好的表达："你帮我这一步就可以了，我自己来做其余的事情。"

对照表达："(前提是这件事有些为难对方)这件事就全靠你了。"

十九、夸大法

我们要用夸大的语言把自己的窘境表达出来，求得对方的同情和帮助。

好的表达："我是上天无路，入地无门了。"

对照表达："我只能给你添麻烦了。"

二十、重言法

我们要借助同语反复句式来表达请求，显得较为通情达理。

好的表达："领导毕竟是领导。"

对照表达："这件事非得由你来处理。"

二十一、反语法

我们通过使用反语来密切双方的关系，表达自己的请求，显得轻松愉悦。

好的表达："朋友说你帮人很热心的(实际上很冷淡)。"

对照表达："你怎么对这事不热心呀?"

二十二、反问法

我们可以使用反问句表达有关意思，避免直陈己见而显得缺乏涵养。

好的表达："除了请你帮忙，我还能怎么办呢?"

对照表达："我没办法了，只好请你帮忙。"

二十三、笼统法

我们可以用笼统的语言来表达有关请求，避免令人反感的直接吆喝。

好的表达："这里需要盖个章。"

对照表达："请你给我盖个章。"

二十四、含糊其词法

我们可以用不点名道姓的方法来表达请求，照顾人家的面子。

好的表达："好像有人在为难我们。"

对照表达："你在为难我们。"

(三)拒绝语运用的策略

拒绝是一种理性解决问题的方式，并不代表自私冷漠。有时候，拒绝不但是对自己负责，更是对他人负责。当别人有所请托时，我们一定要量体裁衣。当自己无能为力时，要学会拒绝，虽然当时在一定程度上会给他人带来不愉快，但如果硬着头皮答应下来，就可能给自己带来更大的困扰，也可能因无力实现承诺而给对方带来更大麻烦。

应用举例 21

甲把本属于他的工作转交给了乙，乙没有马上拒绝，而是慎重地想了一下，说："我很乐意帮你，可太巧了，我手头的活儿也很多。要不这样，你自己先干着。我一忙完手头上的活儿马上来帮你。"乙的这种拒绝合情合理，使甲知难而退了。

第三节 幼儿园日常行政工作用语规范化训练

能力目标：创设宽松的语言交流环境，掌握日常行政工作规范用语，运用日常行政工作规范用语创造性地开展工作。

一、 实训任务 1： 对同事使用的教师规范用语

(一)实训目的

能够自然地运用幼儿园日常行政用语策略，与同事顺畅沟通。

(二)实训要求

掌握一定的与同事沟通日常行政工作的用语技能。

能够用恰当的语言与同事交谈。

了解同事的基本状况，把握沟通方法。

(三)实训案例

案例 1

公开观摩活动的准备

时间：备课时间。

地点：备课室。

谈话人：教师甲、教师乙。

事件：教师甲还没准备好教具、学具。

20 世纪 80 年代，在一所示范幼儿园里，教师们要经常承担对外观摩教学的任务，由于当时条件有限，为了更好地完成教育教学工作，教师们想尽了办法，经常自己动手，制作大量实用的学具、教具。

教师甲的语言教学活动很出色，教师乙的教学活动也很优秀，园长多次安排教师甲和教师乙承担公开教学活动的任务。教师甲的语言活动多需要图片、头饰等教具、学具，可是教师甲的教具、学具制作方面是弱项，直到活动前一天还没有准备好。

下班后，教师甲和教师乙在备课室进行第二天公开教学活动的准备。

教师甲："明天的公开课就要开始了，今天晚上如果我还没准备好教具、学具，明天可就要丢人了。"

教师乙："你现在正在准备，时间还来得及，准备好了就没事了。"

教师甲："可是我得画几幅画，该怎么画呢?"

教师乙："是得想好了再画哈。"

教师甲："我怎么都画不好，真是急死人了!"

教师乙："是挺让人着急的。"

教师甲："这个《小猫钓鱼》的故事，你说到底该怎么画呢?"

教师乙："你先想，等我忙完了再帮你想。"

教师甲："哎呀，我还没想好怎么画呢。"

教师乙："我还得考虑一下明天的观摩教学活动的细节问题。"

教师甲："可是，现在只有你能帮助我了。"

教师乙："那我来帮你画吧。"

教师甲："太好了！"

教师乙："你看是不是需要画出情节的四幅大图片啊？"

教师甲："是，太辛苦你了！"

教师乙："没关系。只要你满意就好。"

教师甲根据《小猫钓鱼》的故事内容设计了故事情节，画到很晚才离开幼儿园。

第二天，教师甲和教师乙的公开观摩教学活动都取得了成功，省里的领导对教师甲在教学活动中使用的四幅大图片非常赞许，在得知了是教师乙画的之后，对幼儿园教师之间互相帮助的良好风气更加赞赏。

（案例提供：吴艳丽）

由于恰当的口语运用，教师甲在最后紧要关头得到了教师乙的帮助，使省里领导参加的观摩教学活动得以正常进行。教师运用恰当的语言与同事沟通，有利于形成和谐互助的工作环境，保证工作顺利进行。

（四）分析任务

1. 进行日常行政工作的指导思想

> "具有团队合作精神，积极开展协作与交流。"
>
> ——《幼儿园教师专业标准（试行）》

2. 归纳有效的教师用语策略

请求语运用的策略。

反馈语运用的策略。

拒绝语运用的策略。

（五）完成任务

1. 课堂训练

教师把全体师范生分成"甲组"和"乙组"，师范生按照任务要求，分别设计以下活动。

第一，情境对话练习。

第二，分角色实战表演。每个小组成员认真进行创编和准备，然后"甲组"和"乙组"派代表上台练习。

针对各组的表现，同学们进行互评，教师进行点评和打分。“甲组”和“乙组”轮换练习。下课后，教师要求各组上交一份任务型的作业，如情境对话练习的内容、实战练习的过程等。

2. 职场训练

第一，你如何处理幼儿园日常工作中出现的各种问题?

第二，在幼儿园实习的过程中，你作为实习教师，要善于运用恰当的幼儿园日常行政教师用语，向有经验的教师学习，与同事顺利沟通，妥善处理在日常工作中可能出现的各种问题。

(六)心得体会

二、 实训任务 2: 下属对上级使用的教师规范用语

(一)实训目的

能够自然地运用幼儿园日常行政用语策略，成功与上级沟通。

(二)实训要求

掌握一定的与上级沟通日常行政用语的技能。

能够用适当的语言与上级交谈。

(三)实训案例

案例 2

检查阅读环境

时间：幼儿园工作时间。

地点：幼儿园。

谈话对象：教师与园长。

事件：教师请园长提供指导。

园长布置工作，不久要到班级查看阅读环境创设的情况。一名老师前段时间因故没有参加相关培训，为了使这次阅读环境创设工作做得更好，先找到了园长，请求指导。

老师："园长您好！找您有点事。"

园长："什么事啊，等会儿说行不？"

老师："我想把工作做得更好，有些小事想请教您一下。"

园长："啊，想做好工作是好事，你说吧。"

老师："创设阅读环境应该从哪些方面入手呢？"

园长："考虑培养孩子对阅读的兴趣，养成好的阅读习惯，使用正确的阅读方法。相信你会做好的！"

老师："谢谢园长！您忙，我不多打扰了。"

检查阅读环境的日子到了，园长来到了这个老师的班级。

老师："这是我们班的阅读区，为了培养幼儿的阅读兴趣，我们购买了一个环保大垫子，小朋友可以坐在柔软的垫子上阅读，孩子可喜欢了。"

园长："你们能从孩子的年龄特点出发，创设阅读环境，很好啊。如果在培养幼儿阅读习惯方面再动动脑筋，就更好了。"

老师："谢谢园长的指点！阅读习惯方面……这个我考虑得不够，还得请园长再指导！"

园长："想一想，培养孩子良好的阅读习惯需要什么样的环境呢？"

老师："专心阅读，爱护图书……"

园长："过几天我再来看。"

老师："谢谢园长，我知道啦。"

两天后，园长再次来到这个班级。

老师："园长请看，这是阅读桌椅，与其他区域有隔断，保证孩子阅读时不被打扰；孩子还可以自由选择阅读位置，可以坐在垫子上，也可以坐在椅子上。"

园长："这个想法不错。"

老师："这是爱护图书、轻拿轻放的标识，孩子经常看到这些，就会养成爱护图书的习惯。"

"还有，这是图书修补角，孩子们可以在这里修补破损的图书。"

"再看这里，孩子们阅读故事书之后，还可以在表演区里表演故事，能增加阅读的兴趣。”

园长笑着点了点头。

（案例提供：吴艳丽）

教师要在日常工作中使用规范用语，熟练掌握，灵活运用，形成良好的工作环境和积极上进的氛围，使工作当中出现的问题得以顺利解决，不断增强业务能力和水平，提高工作质量。

(四)分析任务

1. 进行日常行政工作的指导思想

> “定期总结评估保教工作实效，接受园长的指导和检查。”
>
> ——《幼儿园工作规程》

2. 归纳有效的教师用语策略

批评语与接受批评语运用的策略。

致谢语运用的策略。

赞美语运用的策略。

(五)完成任务

1. 课堂训练

教师把全体师范生分成“教师组”和“领导组”，师范生按照任务要求，分别设计以下活动。

第一，情境对话练习。

第二，分角色实战表演。每个小组成员认真进行创编和准备，然后“教师组”和“领导组”派代表上台练习。

针对各组的表现，同学们进行互评，教师进行点评和打分。“教师组”和“领导组”轮换练习。下课后，教师要求各组上交一份任务型的作业，如情境对话练习的内容、实战练习的过程等。

2. 职场训练

第一，你如何处理幼儿园日常工作中出现的各种问题？

第二，在幼儿园实习的过程中，你作为实习教师，要善于运用恰当的幼儿园日常行政教师用语，向有经验的教师学习，争取与领导沟通的机会，配合教师做好日常工作，妥善处理在日常工作中可能出现的各种问题。

(六)心得体会

三、 实训任务3： 上级对下属使用的教师规范用语

(一)实训目的

能够自然地运用幼儿园日常行政用语策略，成功与下属沟通。

(二)实训要求

掌握一定的与下属沟通日常行政用语的技能。
能够用恰当的语言与下属交谈。
了解下属的基本情况。

(三)实训案例

案例3

教师对转岗的反映

时间：周某得知自己被转岗后。
地点：幼儿园。
谈话对象：周某。
事件：周某不接受转岗安排。

周某在综合考核中排名最后，经幼儿园领导研究决定安排周某转岗为保育员，周某怒气冲冲地对园长哭喊着："凭什么！今天必须给我个说法！"周某大声抱怨无处讲理。为避免事态恶化，园长说："刚才你反映的问题，我非常重视，这样，咱们一起去会议室谈谈。"周某同意，并与园长一起去了会议室。（此类事件在公众场合是不方便沟通的，此时转移到独立安静的环境中比较妥当。）

周某进入会议室坐下后，继续不停地讲幼儿园对其如何不公正，园长几次想打断周某说话，都没办法，并且周某越说越激动。(面对情绪不稳的职工，此时，领导千万别轻易说“别生气”之类的话，因为人在气头上是最听不得这种话的。所以这时最好的方法是转移他的怒火。)

园长为安抚周某的情绪，给她倒了杯水：“你先喝点水。”此时，周某已经说得口干舌燥了，接过水杯喝了起来。(领导可以暂时缓一缓。)

园长又说道：“有话慢慢说，你说的很重要，我要重点记录下来。”(一般人在怒气中的语速是很快的，如果能使周某放慢语速，怒气自然也在慢慢减轻，当周某能真正冷静下来的时候，再进行下一步处理会顺利很多，并且园长耐心地倾听周某抱怨，周某也发泄了出来，最后解决问题就有希望了。)

园长说：“你若觉得不公平，我们就召开职工扩大会议，对照综合考核结果来表决你的问题，本来是想照顾你的自尊心，你要不要看一看这次民主测评的结果?”园长拿出了民主测评的结果请周某看，让周某明白，此次能有这样的结果，完全是周某平时工作表现积累所致。周某终于停了下来，不说话了。(每个人都会关心自己在集体的民主测评中的排名，周某也不例外，其实她很想证实一下自己到底是不是排在最后面。停下不语是思考的表现。)

园长又及时说道：“你还年轻，以后的路长着呢。每个人都要时常反思自己的行为，我也不例外。处理问题要讲究方法。”周某说：“事情已经这样了，我辞职吧。”“我听说××单位正在招聘员工，你不妨去试试看，总会找到适合你的位置的。”周某说：“我知道你是为我好，谢谢你了。”(园长引导周某反思自己的工作表现和行为，之后给周某指出一条出路，使其对未来抱有希望。)

(案例提供：吴艳丽)

(四)分析任务

1. 进行日常行政工作的指导思想

> “幼儿园的教师、医师、保健员、保育员和其他工作人员，由幼儿园园长聘任，也可由举办幼儿园的单位或个人聘任。”
>
> ——《幼儿园管理条例》

2. 归纳有效的教师用语策略

倾听语运用的策略。

委婉语运用的策略。

(五)完成任务

1. 课堂训练

教师把全体师范生分成“领导组”和“教师组”，师范生按照任务要求，分别设计以下活动。

第一，情境对话练习。

第二，分角色实战表演。每个小组成员认真进行创编和准备，然后“领导组”和“教师组”派代表上台练习。

针对各组的表现，同学们进行互评，教师进行点评和打分。“领导组”和“教师组”轮换练习。下课后，教师要求各组上交一份任务型的作业，如情境对话练习的内容、实战练习的过程等。

2. 职场训练

第一，你如何处理幼儿园日常工作中出现的各种问题?

第二，在幼儿园实习的过程中，作为实习教师，你要善于运用恰当的幼儿园日常行政教师用语，向有经验的教师学习，争取与领导沟通的机会，配合教师做好日常工作，妥善处理在日常工作中可能出现的各种问题。

(六)心得体会

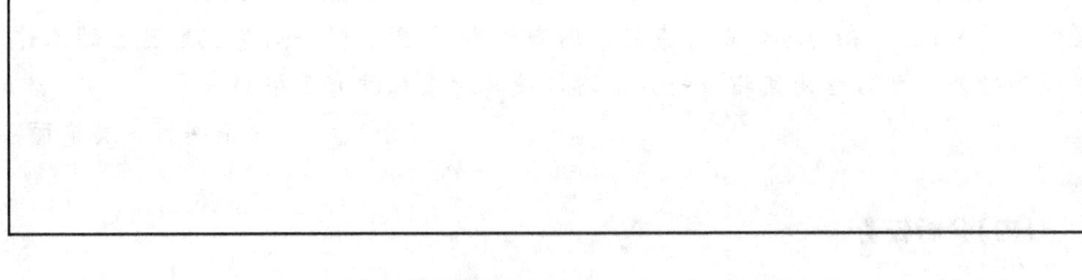

★本章考核方案★

师范生的教师口语技能实战表演

一、活动背景

目前，师范生的语言素养和语言运用水平面临着新的挑战。大家必须加强幼儿教师口语的实战演练，尽快熟练地掌握规范化的教师口语技能。

幼儿教师肩负着儿童启蒙教育的重任，其语言素养直接影响着行政工作的语言环境，关系到沟通的效率和结果。因此，师范生必须学会表达、学会认知、学会做事和学会共同生活，以适应未来职业发展的需要。

二、活动目标

旨在指导师范生掌握幼儿园行政工作用语常识与规范，优化幼儿教师口语知识结构，通过进行幼儿园行政工作用语的实战技能表演，提升他们的教师口语技能和教育水平，培养一批高素质、技能型的师范人才。

三、活动内容

（一）第一阶段

考考你的判断力！测测你的实战力！

——幼儿园行政工作用语知识竞赛

要求：

第一，本章的推荐幼儿园日常行政工作用语百句举例是知识竞赛的必考题。

第二，比赛采取口答或笔答的形式，分小组进行。

第三，比赛时间由任课教师灵活安排，可以在课上或课后进行。

（二）第二阶段

考考你的判断力！测测你的实战力！

——挑战幼儿园教育实战情境

要求：

第一，所有参赛选手均需在学校、幼儿园指导教师的指导下，进行“幼儿园行政工作用语技能实战表演”的排练。

第二，第一轮是“综合知识问答”。知识点涵盖本章全部内容（推荐用语内容除外），参赛选手需要认真准备。

第三，第二轮是“实力大比拼”，如表演“情境对话练习”等。

第四，第三轮是“挑战幼儿园教育实战情境”，如表演本章第三节的“职场训练”部分，或者表演与本章内容相关的案例故事。

第五，指导教师要制定竞赛优胜者的奖励办法，并把竞赛成绩计入平时成绩的考核。

附　录

附录1：普通话必读轻声词语表

A　爱人　案子

B　巴掌　把子　把子　爸爸　白净　班子　板子　帮手　梆子　膀子　棒槌　棒子　包袱　包涵　包子　豹子　杯子　被子　本事　本子　鼻子　比方　鞭子　扁担　鞭子　别扭　饼子　拨弄　脖子　簸箕　补丁　不由得　不在乎　步子　部分

C　裁缝　财主　苍蝇　差事　柴火　肠子　厂子　场子　车子　称呼　池子　尺子　虫子　绸子　除了　锄头　畜生　窗户　窗子　锤子　刺猬　凑合　村子

D　耷拉　答应　打扮　打点　打发　打量　打算　打听　大方　大爷　大夫　带子　袋子　耽搁　耽误　单子　胆子　担子　刀子　道士　稻子　灯笼　提防　笛子　底子　地道　地方　弟弟　弟兄　点心　调子　钉子　东家　东西　动静　动弹　豆腐　豆子　嘟囔　肚子　肚子　缎子　对付　对头　队伍　多么

E　蛾子　儿子　耳朵

F　贩子　房子　份子　风筝　疯子　福气　斧子

G 盖子 甘蔗 杆子 杆子 干事 杠子 高粱 膏药 稿子 告诉 疙瘩
哥哥 胳膊 鸽子 格子 个子 根子 跟头 工夫 弓子 公公 功夫
钩子 姑姑 姑娘 谷子 骨头 故事 寡妇 褂子 怪物 关系 官司
罐头 罐子 规矩 闺女 鬼子 柜子 棍子 锅子 果子

H 蛤蟆 孩子 含糊 汉子 行当 合同 和尚 核桃 盒子 红火 猴子
后头 厚道 狐狸 胡琴 糊涂 皇上 幌子 胡萝卜 活泼 火候 伙计
护士

J 机灵 脊梁 记号 记性 夹子 家伙 架势 架子 嫁妆 尖子 茧子
剪子 见识 毽子 将就 交情 饺子 叫唤 轿子 结实 街坊 姐夫
姐姐 戒指 金子 精神 镜子 舅舅 橘子 句子 卷子

K 咳嗽 客气 空子 口袋 口子 扣子 窟窿 裤子 快活 筷子 框子
困难 阔气

L 喇叭 喇嘛 篮子 懒得 浪头 老婆 老实 老太太 老头子 老爷 老子
姥姥 累赘 篱笆 里头 力气 厉害 利落 利索 例子 栗子 痢疾
连累 帘子 凉快 粮食 两口子 料子 林子 翎子 领子 溜达 聋子
笼子 炉子 路子 轮子 萝卜 骡子 骆驼

M 妈妈 麻烦 麻利 麻子 马虎 码头 买卖 麦子 馒头 忙活 冒失
帽子 眉毛 媒人 妹妹 门道 眯缝 迷糊 面子 苗条 苗头 名堂
名字 明白 蘑菇 模糊 木匠 木头

N 那么 奶奶 难为 脑袋 脑子 能耐 你们 念叨 念头 娘家 镊子
奴才 女婿 暖和 疟疾

P 拍子 牌楼 牌子 盘算 盘子 胖子 狍子 盆子 朋友 棚子 脾气
皮子 痞子 屁股 片子 便宜 骗子 票子 漂亮 瓶子 婆家 婆婆
铺盖

Q 欺负 旗子 前头 钳子 茄子 亲戚 勤快 清楚 亲家 曲子 圈子
拳头 裙子

R 热闹 人家 人们 认识 日子 褥子

S 塞子 嗓子 嫂子 扫帚 沙子 傻子 扇子 商量 上司 上头 烧饼
勺子 少爷 哨子 舌头 身子 什么 婶子 生意 牲口 绳子 师父
师傅 虱子 狮子 石匠 石榴 石头 时候 实在 拾掇 使唤 世故
似的 事情 柿子 收成 收拾 首饰 叔叔 梳子 舒服 舒坦 疏忽
爽快 思量 算计 岁数 孙子

T 他们 它们 她们 台子 太太 摊子 坛子 毯子 桃子 特务 梯子 蹄子 挑剔 挑子 条子 跳蚤 铁匠 亭子 头发 头子 兔子 妥当 唾沫

W 挖苦 娃娃 袜子 晚上 尾巴 委屈 为了 位置 位子 蚊子 稳当 我们 屋子

X 稀罕 席子 媳妇 喜欢 瞎子 匣子 下巴 吓唬 先生 乡下 箱子 相声 消息 小伙子 小气 小子 笑话 谢谢 心思 星星 猩猩 行李 性子 兄弟 休息 秀才 秀气 袖子 靴子 学生 学问

Y 丫头 鸭子 衙门 哑巴 胭脂 烟筒 眼睛 燕子 秧歌 养活 样子 吆喝 妖精 钥匙 椰子 爷爷 叶子 一辈子 衣服 衣裳 椅子 意思 银子 影子 应酬 柚子 冤枉 院子 月饼 月亮 云彩 运气

Z 在乎 咱们 早上 怎么 扎实 眨巴 栅栏 宅子 寨子 张罗 丈夫 帐篷 丈人 帐子 招呼 招牌 折腾 这个 这么 枕头 镇子 芝麻 知识 侄子 指甲 指头 种子 珠子 竹子 主意 主子 柱子 爪子 转悠 庄稼 庄子 壮实 状元 锥子 桌子 字号 自在 粽子 祖宗 嘴巴 作坊 琢磨

附录 2：儿化词语表

1 a——刀把儿　号码儿　戏法儿　在哪儿　找碴儿　打杂儿　板擦儿

ai——名牌儿　鞋带儿　壶盖儿　小孩儿　加塞儿

an——快板儿　老伴儿　蒜瓣儿　脸盘儿　脸蛋儿　收摊儿　栅栏儿　包干儿　笔杆儿　门槛儿

2 ang——药方儿　赶趟儿　香肠儿　瓜瓤儿

3 ia——掉价儿　一下儿　豆芽儿

ian——小辫儿　照片儿　扇面儿　差点儿　一点儿　雨点儿　聊天儿　拉链儿　冒尖儿　坎肩儿　牙签儿　露馅儿　心眼儿

4 iang——鼻梁儿　透亮儿　花样儿

5 ua——脑瓜儿　大褂儿　麻花儿　笑话儿　牙刷儿

uai——一块儿

uan——茶馆儿　饭馆儿　火罐儿　落款儿　打转儿　拐弯儿　好玩儿　大腕儿

6 uang——蛋黄儿　打晃儿　天窗儿

7 üan——烟卷儿　手绢儿　出圈儿　包圆儿　人缘儿　绕远儿　杂院儿

8 ei——刀背儿　摸黑儿

en——老本儿　花盆儿　嗓门儿　把门儿　哥们儿　纳闷儿　后跟儿　高跟鞋儿　别针儿　一阵儿　走神儿　大婶儿　小人儿书　杏仁儿　刀刃儿

9 eng——钢镚儿　夹缝儿　脖颈儿　提成儿

10 ie——半截儿　小鞋儿

üe——旦角儿　主角儿

11 uei——跑腿儿　一会儿　耳垂儿　墨水儿　围嘴儿　走味儿

uen——打盹儿　胖墩儿　砂轮儿　冰棍儿　没准儿　开春儿

12 ueng——小瓮儿

13 i——瓜子儿　石子儿　没词儿　挑刺儿　墨汁儿　锯齿儿　记事儿

i——针鼻儿　鞋底儿　肚脐儿　玩意儿

in——有劲儿　送信儿　脚印儿

14　ing——花瓶儿　打鸣儿　图钉儿　门铃儿　眼镜儿　蛋清儿　火星儿　人影儿

15　ü——毛驴儿　小曲儿　痰盂儿

üe——合群儿

16　e——模特儿　逗乐儿　唱歌儿　挨个儿　打嗝儿　饭盒儿　在这儿

17　u——碎步儿　没谱儿　儿媳妇儿　梨核儿　泪珠儿　有数儿

18　ong——果冻儿　门洞儿　胡同儿　抽空儿　酒盅儿　小葱儿

iong——小熊儿

19　ao——红包儿　灯泡儿　半道儿　手套儿　跳高儿　叫好儿　口罩儿　绝着儿　口哨儿　蜜枣儿

20　iao——鱼漂儿　火苗儿　跑调儿　面条儿　豆角儿　开窍儿

21　ou——衣兜儿　老头儿　年头儿　小偷儿　门口儿　纽扣儿　线轴儿　小丑儿

22　iou——顶牛儿　抓阄儿　棉球儿　加油儿

23　uo——火锅儿　做活儿　大伙儿　邮戳儿　小说儿　被窝儿

o——耳膜儿　粉末儿

参考文献

[1]李莉. 幼儿园教师口语训练[M]. 上海：华东师范大学出版社，2013：7.

[2]向多佳. 幼儿教师必知的礼仪规范[M]. 北京：中国轻工业出版社，2015：2.

[3]强月霞，唐邈芳，陈伟莲. 人际沟通概论[M]. 上海：华东师范大学出版社，2014：11.

[4]施良方，崔允漷. 教学理论：课堂教学的原理、策略与研究[M]. 上海：华东师范大学出版社，1999：56.

[5]冯克诚，范英，刘双林. 教师行为规范全书6：教师语言行为规范[M]. 北京：华语教学出版社，1996.

[6]郭启明，赵林森 . 教师语言艺术(修订本)[M]. 北京：语文出版社，1998：12.

[7]傅惠钧. 教师口语艺术[M]. 杭州：浙江教育出版社，1999.

[8]邓萌. 学前教育专业教师口语技能培养研究[D]. 武汉：华中师范大学，2011.

[9]魏丽杰. 高师“教师口语”课程建设的思考[D]. 济南：山东师范大学，2007.

[10]赵红霞. 幼儿园教师教学语言运用策略研究[D]. 长春：东北师范大学，2006.

[11]孙燕. 幼儿园教师教学语言的研究[D]. 长沙：湖南师范大学，2010.

[12]彭玲. 教师有效课堂教学言语行为研究[D]. 桂林：广西师范大学，2010.

[13]卢乃桂，钟亚妮. 国际视野中的教师专业发展[J]. 比较教育研究，2006(2)：72.

[14]姜勇. 论教师的个人知识：教师专业发展的新转向[J]. 教育理论与实践，2004(6)：56-60.

[15]杨小蔚. 浅谈教师语言素养对幼儿语言发展的影响[J]. 文理导航·教育研究与实践，2010(8).